最新税收优惠49问

案例精解与操作指引

叶 韧 著

河北科学技术出版社

图书在版编目（CIP）数据

最新税收优惠49问：案例精解与操作指引 / 叶韧著
. —石家庄：河北科学技术出版社，2014. 9
ISBN 978 - 7 - 5375 - 7241 - 5

Ⅰ. ①最… Ⅱ. ①叶… Ⅲ. ①企业管理 - 税收优惠 - 中国 - 问题解答 Ⅳ. ①F812. 422 - 44

中国版本图书馆 CIP 数据核字（2014）第 216289 号

最新税收优惠49问：案例精解与操作指引
叶 韧 著

出版发行 河北科学技术出版社
地　　址 石家庄市友谊北大街330号（邮编：050061）
印　　刷 香河县宏润印刷有限公司
经　　销 新华书店
开　　本 710×1000 1/16
印　　张 22
字　　数 300千字
版　　次 2015年1月第1版
　　　　 2015年1月第1次印刷
定　　价 49. 80元

最新税收优惠49问 诞生记

牛宏发：大维，听媒体说咱们市去年落实税收优惠政策为企业减免了80多亿元的税负！

叶大维：是啊，税收优惠政策是体现国家宏观经济政策导向，促进市场竞争和经济协调发展的重要措施，直接的体现就是减轻纳税人负担，促进社会和谐发展。据统计，仅仅小微企业暂免征收增值税和营业税一项，全国就有超过600万户小微企业受惠呢！

牛宏发：哇！看来享受税收优惠也是降低企业运营成本的良招啊！吴会计，我们宏发集团作为市里的纳税大户，到底享受了多少税收优惠，是否用足税收优惠政策啊？

吴薇薇：牛总，这个很难统计啊！税收优惠政策种类繁多，条款复杂，我们也只能保证尽力去争取享受更多优惠。

刘芳芳：是啊，吴会计他们很努力了，但要全面准确掌握现行的税收优惠政策并不是一件容易的事情，据有关部门抽样调查，税收优惠政策完全落实的仅有35.64%，不清楚相关惠企政策的企业竟高达50%。

叶小玮：刘总监，情况没那么糟糕！税务部门一直在很努力地落实税收优惠政策，但从工作中纳税人的咨询情况来看，我发现的确有不少企业对政策了解不透，掌握不到位，导致错失享受优惠的机会。

吴薇薇：其实我们企业会计也有苦衷，我数给你们看：第一，税收优惠政策与其他政策文件交织在一起，区分起来要耗费大量的时间和精力。第二，税收优惠政策历经多年积累，数量众多，要在众多税收优惠政策中寻找自己适用的政策犹如大海捞针！第三，税收优惠政策清理工作相对滞后，在税收优惠政策中有效和失效政策并存，往往使人难以区分！

叶大维：你们的苦衷我们都明白，落实优惠政策需要税企双方的共同努力，一方面，税务部门要加强国家税收优惠政策宣传，努力帮助纳税人用准、用足、用好各项税收优惠政策。另一方面，纳税人也应全面清晰地了解自己可以享受哪些优惠政策，并通过科学的筹划享受优惠政策。

刘芳芳：可我们企业掌握的信息有限，也没那么多时间去整理和梳理政策啊！

吴薇薇：是啊，网上的优惠政策资料都是零零散散的，市场上关于税收优惠政策的书籍基本上是罗列政策，缺少归纳总结，指导性不强。

叶大维：对你所提出的问题，我们已经在着手解决了——目前已编写了《最新税收优惠49问：案例精解与操作指引》，在全面梳理现行税收优惠政策的基础上，按税种、行业和专题进行分类编写，让纳税人能够迅速找到自己需要的政策。

叶小玮：同时，通过讲解优惠政策应用案例、操作要点提示、指引办税流程、解答疑难问题，让纳税人一书在手，尽享优惠。

吴薇薇：哇塞，那太给力了！

TAX PREFERENCES

CONTENTS……………………目　录

第二篇

增值税最新优惠

第三篇

消费税最新优惠

第四篇

出口退（免）税最新优惠

第五篇

营业税最新优惠

第六篇

个人所得税最新优惠

第七篇

其他税种最新优惠

本书出场人物

叶大维

“税草”一根，32 岁，淳朴敬业，穗城区国税局税收管理员，精通税收业务，人称“税收百事通”。

叶小玮

“税花”一枚，26 岁，干练端庄，穗城区地税局办税员，服务热心，人称办税厅“叫号王”，百问不烦。

吴薇薇

“菜鸟”一个，24 岁，勤快好学，宏发集团新入职的小会计，财务管理专业科班毕业，立志成为职场上的财税达人。

牛宏发

“高管”一枚，45 岁，土鳖出身，宏发集团老总，经商多年，雄心壮志做大做强企业。

刘芳芳

“达人”一个，36 岁，高端大气，宏发集团财务总监，兢兢业业，统管集团旗下十多家企业的财税事务。

面对税收优惠，你准备好了吗

我国现行的税收优惠政策状况·

当前企业利用税收优惠政策的现状·

企业如何做好税收优惠筹划·

1 我国现行的税收优惠政策状况

【优惠提要】

我国税收优惠政策是税收调节经济职能的手段，是扶持特定地区、行业、企业和业务的发展，或对特定纳税人给予扶持、照顾的举措，在经济社会发展中起着重要的作用。

大维讲税

Hello，大家好，我是叶大维，作为一名税收管理员，被纳税人咨询最多的问题之一，就是“我们能享受什么税收优惠啊”、“最近有什么新的优惠政策啊”这一类，纳税人的心情，我当然懂，做生意嘛，当然希望能享受优惠，减轻税收负担。可我国现行的税收优惠政策种类繁多，一两句说不清楚啊，下面我开个专题来全面深入地进行介绍吧。

一、税收优惠政策的概念

简单地说，税收优惠是国家在税收方面给予纳税人和征税对象的各种优待的总称，比如国家为了扶持某些特定地区、行业、企业和业务的发展，或者对某些具有实际困难的纳税人给予照顾，在税法中作出某些特殊规定，给予扶持。这些优惠规定包括免除其应缴纳的全部或者部分税款，或者按照其缴纳税款的一定比例给予返还等等，从而减轻其税收负担。

二、税收优惠政策的类型

税收优惠从目的来看，一类是激励性税收优惠，主要目的是调动纳税人的积极性，引导纳税人从事某项经济行为，调整产业结构、产品结构、地区结构等；另一类是照顾性税收优惠，为保护特定的国民经济部门，保持经济的平衡发展，维护社会稳定，扶持困难企业、困难群众等制定的照顾性优惠政策。当然，从不同的角度可以对税收优惠政策作不同的分类。表 0－1 给大家介绍几种常见的类型。

表 0－1　税收优惠类型

分类依据	优惠类型	详解
按经济发展目标分类	区域性优惠	对特定地区制定的税收优惠，例如中西部及少数民族地区等区域性税收优惠
	行业性优惠	对特定行业、产业制定的税收优惠，例如高新技术产业、环保、能源、福利产业等税收优惠
按优惠性质分类	税基优惠	通过直接缩小计税依据的方式来减轻纳税人税收负担的税收优惠，例如起征点、免征额、税项扣除、盈亏互抵等
	税率优惠	通过降低税率的方式来减轻纳税人税收负担的税收优惠，例如增值税 13％低税率优惠
	税额优惠	指通过直接减少纳税人的应纳税额的方式来减轻纳税人的税收负担的税收优惠
按照优惠方式分类	直接优惠	包括税收减免、税收豁免、优惠税率、延期纳税、税收饶让等
	间接优惠	包括税收抵免、加速折旧、税收扣除等
按享受期限分类	定期优惠	指明确规定享受期限的税收优惠，包括税法规定在某一段确定时期内纳税人所能享受到的税收优惠，以及某些纳税人可在规定的期限内所能享受到的税收优惠
	长期优惠	指并没有明确享受期限的税收优惠，比如，税法规定，农业生产单位和个人销售的自产初级农业产品免征增值税
按程序分类	自然享受的税收优惠	指无须经税务机关批准即能享受到的税收优惠，比如个人所得税法规定的免征额
	经批准享受的税收优惠	指必须经税务机关批准才能享受的税收优惠

三、税收优惠的方式

税收优惠政策无论怎么分类，最终是要以优惠的方式去体现（见表0—2），当然，无论是哪种优惠方式，它的直接目的和直接效果是减轻纳税人的税收负担，让特定纳税人和征税对象享受到各种鼓励性和照顾性的规定。

表0—2 税收优惠方式

优惠方式	详解	举例
减免税	减免税是对特定纳税人或征税对象给予从应税额中减征部分税额或免除全部应纳税额的政策	对资源综合利用产品免税；对从事农、林、牧、渔项目所得减免税
起征点	起征点中征税对象达到征税数额开始征税的界限，达到的或超过的，要就全部征税对象征税，未达到的不征税	增值税、营业税起征点政策
免征额	免征额是征税对象全部数额中免征税的数额，免征额部分不征税，只就超过免征额的部分征税	个人所得税法对于工资、薪金所得，免征额为3 500元
优惠税率	是指政府为了支持或引导纳税人从事某项经济活动或针对纳税人的特殊困难而对其课以较一般税率偏低的税率以减轻其税收负担的一种税收优惠形式	纳税人销售粮食、自来水、图书、报纸、杂志、饲料、化肥、农药等按13%税率计算征收增值税
加速折旧	是指按税法规定，对缴纳所得税的纳税人，准予采取缩短折旧年限、提高折旧率的方式，加快折旧速度，减少应纳税所得额的一种税收优惠措施	对机器设备进行加速折旧，降低企业固定资产使用前期的企业所得税税负
加计扣除	是指按照税法规定在实际扣除数额的基础上，再增加一定比例，作为计算应纳税所得额时的扣除数额的一种税收优惠措施	企业开发新技术、新产品、新工艺发生的研究开发费用，可以在计算应纳税所得额时加计扣除
减计收入	是指按照税法规定准予对经营活动取得的应税收入，按照一定的比例减少计算，进而减少应纳税所得额的一种税收优惠措施	企业资源综合利用生产符合规定的产品取得的收入，减按90%计入收入总额

续表

优惠方式	详解	举例
盈亏互抵	指在计算缴纳所得税时，准许纳税人在某一年度发生的亏损，以以后年度的盈利去弥补，从而减少以后年度的应付税款的规定	企业所得税法规定，纳税人发生年度亏损的，可以用下一年度的所得弥补，弥补亏损期不得超过5年
税收退还	是指对纳税人的应纳税额先按照税法规定全额征收入库，然后按照一定程度将已经征收的全部或部分税款退还给纳税人或特定的对象	包括先征后退、出口退税等形式
延期纳税	是对纳税人应纳税款的部分或全部税款的缴纳期限适当延长的一种特殊规定	如纳税人发生资金周转困难，申请缓交税款
税收饶让	是指居住国政府对跨国纳税人在非居住国获得的减税或免税优惠，视同已经缴纳的税款在缴纳居住国税收时予以抵免	有了税收饶让，纳税人可以享受到在他国进行投资活动所享受的税收优惠

四、税收优惠政策的作用

税收优惠政策是税收调节经济职能的具体手段，在经济社会发展中起着重要的作用。纵观我国 1994 年税制改革以来的税收法规，税收优惠主要用于鼓励农、林、牧、渔、水利等行业的发展，鼓励能源、交通、邮电等基础产业的发展，促进科技、教育、文化、宣传、卫生、体育等事业的进步，体现国家的民族政策和扶持社会福利事业，鼓励发展第三产业，鼓励环境保护和自然资源的综合利用，鼓励商品出口，吸引外商投资，搞好经济特区。可以说，我国的税收优惠政策促进了我国的经济发展和经济体制改革，充分地发挥税收调节社会经济的作用（见表 0—3）。

表 0—3 税收优惠政策的作用

税收作用	详解	举例
1. 促进产业结构的调整	国家可以通过税收优惠，扶持某些特定产业、企业、产品、业务和服务的发展，实现产业结构的调整。国家可以按照既定的产业政策，对某些特定产业、企业、产品、业务和服务给予减税免税、优惠税率、退税等税收优惠，降低其税收负担，增加其利润，从而吸引更多的资金投入到这些产业、企业、产品、业务和服务中去，促进这些产业、企业、产品、业务和服务的发展，实现产业结构的调整和优化	例如，国家对高新技术企业给予减税免税的优惠，就可以吸引更多的资金投入到高新技术产业中去，从而促进高新技术产业的发展
2. 促进社会经济的协调发展	一方面，对地区间社会经济发展的不平衡，通过区域性税收优惠政策可以促进地区社会经济的发展。另一方面，国民经济不同产业、行业之间由于种种原因也产生比例失衡现象，可以通过税收优惠政策，减轻相对落后的产业、行业的税收负担，吸引更多的资金投入到这些产业、行业中去，促进这些产业、行业的发展，从而实现社会经济的协调发展	例如，国家对为鼓励集成电路和软件产业给予减免优惠
3. 实现社会公平	国家通过税收优惠政策，给予某些特殊社会成员以税收上的优惠，可以增加某些特殊社会成员的收入，提高其收入水平，实现社会公平	例如，对吸收残疾人员进行生产经营的福利企业给予免征所得税优惠
4. 促进商品流通，实现市场繁荣	国家可以根据某一时期市场状况，对某些特殊产品或服务的流通给予税收优惠政策，这样就可以促进某些特殊产品和服务的流通，促进商品交换的发展和市场的繁荣	例如，对蔬菜免征流通环节增值税；部分鲜活肉蛋产品免征流通环节增值税
5. 刺激消费	国家可以根据某一时期消费市场的特定情况，通过税收优惠政策，刺激某些特殊产品和服务的消费，促进消费结构合理化和消费水平的不断提高	例如，给予购置新能源车辆减免税优惠

2 当前企业利用税收优惠政策的现状

【优惠提要】

税收优惠政策是企业发展的“及时雨”和“助推器”，但部分企业对优惠政策掌握不全面，存在应用误区和风险。

大维讲税

前一节从国家经济社会发展乃至国计民生的层面谈税收优惠政策，其实，企业最关心的当然是享受优惠的切身利益啦，下面就给大家介绍企业享受税收优惠的情况。

一、税收优惠政策促进企业发展

为了鼓励和扶持行业、企业发展，近些年，我国先后出台的一系列税收优惠政策，给很多纳税人带来了实实在在的好处，仅 2013 年国家出台暂免征收小微企业增值税和营业税的政策，据说就给超过 600 多万户的小微企业带来实惠。大维本想拿一些数据来说明国家在落实税收优惠政策上有多“给力”，可目前还没有一个部门对此有过准确的统计，但地方的数据也能说明情况：据《中国税务报》报道，2014 年，记者分别在东、中、西部选择了深圳、青岛和兰州作为样本，并且从三个城市的国税机关了解到最近 10 年税收优惠的落实情况：10 年间，深圳市国税局落实各类税收优惠的总额从 32.56 亿元增长到 243.99 亿元，青岛市国税局从 24 亿元增长到 84.12 亿元；兰州市国税局从2.65亿元增长到8.81亿元。从这些数据来看，税收优惠是实实在在地为企业减负，促进企业发展。

二、企业了解税收优惠政策的状况

作为税收政策执行单位，税务部门大力推行和落实税收优惠政策，国家税务总局对各地税务部门要求“不折不扣落实税收优惠政策，激发市场主体活力、支持企业发展，尤其是落实好对部分小微企业暂免征收增值税和营业税等保障改善民生税收政策”。但企业了解和掌握政策情况却不容乐观。2013年9月，工信部中小企业发展促进中心首次发布《全国企业负担调查评价报告》，抽样调查数据显示，税收优惠政策完全落实的仅有35.64%，不清楚相关惠企政策的企业竟高达50%。对此，税务部门当然要加大政策宣传和辅导的力度，但纳税人也要主动了解和掌握政策。

三、企业应用税收优惠政策的风险

企业经营的日标是在以最小的投入获取最人的收益，通过享受优惠政策减轻税负是企业应当享有的权利。但是，企业往往可能因为对税收政策理解得不全面、不透彻，或者税收优惠政策本身就存在冲突，就会产生某些税收优惠政策未能享受或未能享受到位，从而缴纳更多的税款，影响正常的收益，甚至引起税收风险（见表0—4）。

表0—4 企业应用税收优惠政策的风险

误区	详解	举例
只要享受税收优惠待遇就能获得节税收益	税收优惠政策大多是从扶持特定行业或照顾某些特定群体的角度考虑，企业要权衡自身实际，通盘考虑，否则不仅得不到实质优惠，反倒引起某些纳税负担的上升	例如，纳税人是货物或劳务接受对象不是最终消费环节，而是继续生产环节的企业。客户需要索取增值税专用发票抵扣，如果该类纳税人享受免税权的话，由于不得开具增值税专用发票，将直接影响产品的销售，乃至企业的正常生产经营

续表

误区	详解	举例
只要符合税收优惠条件就有资格享受优惠待遇	纳税人申请享受某些税收优惠待遇，必须经过资格认定，或者按照要求进行核算，报送相关资料，向税务机关报批或备案，否则即使符合税收优惠的条件，也没有资格享受优惠待遇	例如，资源综合利用企业享受减计收入的前提是必须通过资格认定，然后要在规定的时限内携认定证书、产品的技术标准等说明等材料到主管税务机关办理备案
争取享受税收优惠待遇是财务部门的职责	一些企业负责人认为，为企业积极争取税收优惠待遇就是财务部门的事。事实上纳税义务往往在企业生产经营环节就已经发生，企业是否符合享受税收优惠的条件，需要得到其他业务部门的协同配合，从业务流程的角度进行筹划，才可能使企业争取到税收优惠待遇	例如，企业购置专用设备抵免优惠，所购置的设备必须是国家有关部门规定的《目录》里的环境保护、节能节水、安全生产等专用设备，才能享受抵免优惠政策
曲解税收优惠条款忽视涉税风险	利用税收优惠政策发展生产是纳税人的愿望，通过筹划使企业的生产和经营活动符合税收优惠条件，也是税务筹划倡导的基本方法，但不能曲解税收优惠条款，为了筹划而筹划，忽视涉税风险	例如，个体工商户的生产经营所得，在计征个人所得税时，允许扣除成本、费用、损失，但如果投资者误把其家庭发生的生活费用与生产经营费用混合在一起扣除，可能导致“全部视为投资者个人及其家庭发生的生活费用，不允许在税前扣除”的后果
滥用税收优惠打“擦边球”	由于我国的税收优惠政策涉及多个税种，优惠方式灵活多样，惠及的行业较多，一些企业过分追求利益，利用税收优惠条款的漏洞，弄虚作假打“擦边球”，甚至不惜偷税漏税	例如，个别企业利用安置残疾人工作的税收优惠政策弄虚作假

3 企业如何做好税收优惠筹划

【优惠提要】

企业充分应用税收优惠政策，合理、合法地享受税收优惠，就是效益最大、风险最低的税收筹划。

大维讲税

针对上一节提到企业在应用税收优惠政策方面存在的误区和风险问题，大维结合税收工作实践，谈谈如何做好税收优惠的筹划和涉税办理。

一、税收优惠筹划是最划算的筹划

企业都喜欢“税收筹划”，希望通过“高明”的筹划来节税、避税，实现税后利润最大化。其实，充分利用税收优惠政策，就是效益最大、风险最低的筹划。别以为税收优惠筹划很简单，不是“高大上”的筹划，其实，我国的税收优惠政策涉及税种多，税收优惠方式多样，税收优惠条款繁杂，适用要求较高，操作起来并不容易，因此，企业在税收实践中要掌握下面四个操作要点。

◆ **要点一：掌握政策**

企业要享受税收优惠政策，应弄懂、学会、掌握税收优惠政策，最大限度地避免误解、曲解。要严格执行政策，运用多种方式、准确把握企业基本情况和减免税项目，并核实其是否真正符合享受优惠政策的条件。了解掌握优惠政策的途径很多，企业可以通过网络搜索查阅，咨询主管税务机关进行沟通确认，或聘请涉税中介机构进行整体规划和专题筹划等。同时，企业应不断搜集、定期补充，调整掌握我国现行有效的税收优惠政策，并及时了解最新政策变化，更好地执行和运用优惠政策。

◆ 要点二：综合权衡

企业要合理选择税收优惠政策。首先，要综合比较，在适用多项税收优惠政策时，必须进行比较分析，根据自身的情况和现行税收优惠政策的规定，通过合理选择和运用，以达到节税的目的。其次，要分析成本，不同的优惠政策所带来的预期税收利益和成本费用，以及对税后利润总额的影响是不一样的。税收优惠政策的成本包括直接成本和间接成本，只有当税收利益大于成本因素时，税收优惠政策的运用才具有可行性。第三，要有所取舍。各个企业的情况不一样，并不是享受优惠政策一定能节税，例如增值税“高征低扣”、“低征高扣”等情况，享受了优惠反而会影响其他环节税收成本。另外，有些优惠政策不能重复享受，优惠不能累加执行，企业只能从中选择适用其中一项税收优惠。

◆ 要点三：及时办理

企业要按照税收优惠政策的具体要求及时办理相关涉税事项。每一项税收优惠政策都有办理的具体要求，各个地区主管税务机关还有不同的个性化规定，企业如果没有按照规定及时办理相关手续，则无法享受优惠。例如对需要申请备案的税收优惠政策，纳税人未依法履行减免税审批手续，不仅会失去国家规定的减免税优惠政策的条件，而且还有可能受到查处。因此，企业要增强主动性和计划性，按照税收优惠事项的规程及时办理相关的涉税事项。

◆ 要点四：防范风险

企业的经营是动态的，政策也会发生调整，企业要掌握两者的变动情况。税务机关落实税收优惠政策，不仅会在事前做好调查摸底，严格按程序审批，而且会在事后做好跟踪检查管理，对达不到优惠条件的、不属于优惠范围的、优惠期限届满的和失去享受优惠资格的，停止其享受的税收优惠；对属于弄虚作假骗取优惠的及时查处。因此，纳税人需谨防已经享受的税收优惠政策失效。

二、税收优惠办理

税收优惠分为报批类税收优惠和备案类税收优惠（表 0—5）。纳税人享受报批类税收优惠，需按照规定申请，经有审批权限的税务机关审批确认，方能享受税收优惠；纳税人享受备案类税收优惠，需按规定进行备案，否则不得享受税收优惠。

表0－5 税收优惠办理

类型	详解	办理方法
报批类	指应由税务机关审批并下达书面批复的税收优惠项目	纳税人申请报批类减免税的，应当在政策规定的减免税期限内，向主管税务机关提出书面申请，并报送减免税申请表（报告）和主管税务机关要求提供的其他资料，按规定经过具有审批权限的税务机关审批确认后执行
备案类	指取消审批手续的减免税项目和不需要税务机关审批、但须纳入税务机关后续管理的税收优惠	纳税人在执行备案类减免税之前，须向主管税务机关提交减免税备案表和主管税务机关要求提供的有关资料，主管税务机关应在受理纳税人减免税备案后规定期限内完成登记备案工作

三、纳税人的责任和要求

企业在应用税收优惠政策的过程中有不少要注意的要求，这里先提主要的四个方面：

1. 纳税申报要求。纳税人已享受减免税的，应当纳入正常申报，进行减免税申报。享受减免税到期的，应当申报缴纳税款。

2. 财务核算要求。纳税人同时从事减免项目与非减免项目的，应分别核算，独立计算减免项目的计税依据以及减免税额度。不能分别核算的，不能享受减免税；核算不清的，由税务机关按合理方法核定。

3. 涉税报告责任。纳税人享受减免税的条件发生变化的，应自发生变化之日起15个工作日内向税务机关报告，经税务机关审核后，停止其减免税。

4. 企业法律责任。纳税人实际经营情况不符合减免税规定条件的或采用欺骗手段获取减免税的、享受减免税条件发生变化未及时向税务机关报告的，以及未按本办法规定程序报批而自行减免税的，税务机关按照税收征管法有关规定予以处理。

第一篇

企业所得税 最新优惠

小型微利企业减征优惠·

企业利息、股息、红利收入免税优惠·

高新技术企业所得税减免优惠·

企业研发费税前加计扣除优惠·

企业技术转让所得减免优惠·

企业购置专用设备税额抵免优惠·

……

1 小型微利企业减征优惠

【优惠提要】

为支持中小企业发展，国家出台政策对符合条件的小型微利企业，给予其所得减计所得优惠和企业所得税低税率优惠。

大维讲税

小型微利企业减征优惠条件如何确定？

【案例 1—1】 穗城区启力公司是一家小型微利企业，一直按照小型微利企业 20%的优惠税率申报缴纳企业所得税。今年，管理员叶大维通过对启力公司的检查，发现该公司从业人数全年平均值超过 100 人，不符合优惠条件，要求其按一般企业 25%的税率进行汇算清缴。启力公司对此提出异议，认为公司年末从业人数为 88 人，其余 20 多人是临时聘请的劳务派遣人员，不算正式员工，为何不符合减征条件？

叶大维： 启力公司认为劳务派遣人员不算小型微利企业优惠条件规定的“从业人数”，这是对政策的曲解。享受小型微利企业优惠的企业，其从事行业、应纳税所得额、从业人数、资产总额，都要符合减征优惠条件，且满足非核定征收的居民企业的要求。根据《财政部 国家税务总局关于执行企业所得税优惠政策若干问题的通知》（财税［2009］69 号）规定，从业人数按企业全年月平均值确定，具体计算公式为：月平均值＝（月初值＋月末值）÷2，全年月平均值=全年各月平均值之和÷12，年度中间开业或者终止经营活动的，以其实际经营期作为一个纳税年度确定上述相关指标。另外，该文件还规定，《企业所得税法实施条例》第九十二条第一款和第二款所称从业人数，是指与企业建立劳动关系的职工人数和企业接受的劳务派遣用工人数之和，因此，接受劳务派遣用工的人数需要计算入从业人数。启力公司的 88 个员工加 20 多个劳务派遣人员，显然超过了规定条件，因此，启力公司不能享受小型微利企业 20%的税率优惠。

优惠政策

一、小型微利企业减征规定

《企业所得税法》第二十八条规定，符合条件的小型微利企业，减按 20%的税率征收企业所得税。

二、扩大减征优惠范围规定

《财政部 国家税务总局关于小型微利企业所得税优惠政策有关问题的通知》（财税［2014］34 号）规定，自 2014 年 1 月 1 日至 2016 年 12 月 31 日，对年应纳税所得额低于 10 万元（含 10 万元）的小型微利企业，其所得减按 50%计入应纳税所得额，按 20%的税率缴纳企业所得税。

三、小型微利企业所得税优惠的范围

《国家税务总局关于扩大小型微利企业减半征收企业所得税范围有关问题的公告》（2014 年第 23 号）规定：符合规定条件的小型微利企业（包括采取查账征收和核定征收方式的企业），均可按照规定享受小型微利企业所得税优惠政策。

操作要点

◆ 要点一：符合小型微利企业的条件

《企业所得税法实施条例》第九十二条规定，企业所得税法第二十八条第一款所称符合条件的小型微利企业，是指从事国家非限制和禁止行业，并符合下列条件的企业：

1. 工业企业，年度应纳税所得额不超过30万元，从业人数不超过100人，资产总额不超过3 000万元。

2. 其他企业，年度应纳税所得额不超过30万元，从业人数不超过80人，资产总额不超过1 000万元。

◆ 要点二：从业人数和资产总额标准

《企业所得税法实施条例》第九十二条第一款和第二款所称从业人数，是指与企业建立劳动关系的职工人数和企业接受的劳务派遣用工人数之和；从业人数和资产总额指标，按企业全年月平均值确定，具体计算公式为：月平均值＝（月初值＋月末值）÷2，全年月平均值＝全年各月平均值之和÷12，年度中间开业或者终止经营活动的，以其实际经营期作为一个纳税年度确定上述相关指标。

◆要点三：从事国家非限制和禁止行业

符合条件的小型微利企业，须是从事国家非限制和禁止行业，具体参照《产业结构调整指导目录》（中华人民共和国国家发展和改革委员会令［2011］第9号）执行。

办税指引

符合规定条件的小型微利企业，在预缴和年度汇算清缴企业所得税时，可以按照规定自行享受小型微利企业所得税优惠政策，无需税务机关审核批准，但在报送年度企业所得税纳税申报表时，应同时将企业从业人员、资产总额情况报税务机关备案。

小型微利企业预缴企业所得税时，按以下规定执行：

1. 查账征收的小型微利企业，上一纳税年度符合小型微利企业条件，且年度应纳税所得额低于10万元（含10万元）的，本年度采取按实际利润额预缴企业所得税款，预缴时累计实际利润额不超过10万元的，可以享受小型微利企业所得税优惠政策；超过10万元的，应停止享受其中的减半征税政策；本年度采取按上年度应纳税所得额的季度（或月份）平均额预缴企业所得税的，可以享受小型微利企业优惠政策。

2. 定率征税的小型微利企业，上一纳税年度符合小型微利企业条件，且年度应纳税所得额低于10万元（含10万元）的，本年度预缴企业所得税时，累计应纳税所得额不超过10万元的，可以享受优惠政策；超过10万元的，不享受其中的减半征税政策。

定额征税的小型微利企业，由当地主管税务机关相应调整定额后，按照原办法征收。

3. 本年度新办的小型微利企业，在预缴企业所得税时，凡累计实际利润额或应纳税所得额不超过10万元的，可以享受优惠政策；超过10万元的，应停止享受其中的减半征税政策。

小型微利企业符合享受优惠政策条件，但预缴时未享受的，在年度汇算清缴时统一计算享受。

小型微利企业在预缴时享受了优惠政策，但年度汇算清缴时超过规定标准的，应按规定补缴税款。

符合条件的小型微利企业，要按表1—1规定做好减免税备案。

表 1—1　小型微利企业减免优惠备案

备案时间	在纳税年度终了后至报送年度纳税申报表以前备案
报送资料	1. 企业所得税减免优惠备案表 2. 小型微利企业情况表 3. 资产负债表 4. 企业职工名册、当年度每月工资表、代扣代缴个人所得税凭证和发放工资清单复印件 5. 对照国家发布的产业目录对本企业从事行业的说明 6. 主管税务机关要求提供的其他资料

小玮答疑

Hi，大家好，我是叶小玮，从这一节开始，小玮将在“大维讲税”之后解答大家的问题，有什么疑难问题尽管提，小玮将“急大家之急，答大家之所惑”。

李会计：**我们公司企业所得税是核定征收，可以享受小型微利企业低税率优惠吗？**

叶小玮：小型微利企业，无论采取查账征收还是核定征收企业所得税方式，凡符合小型微利企业规定条件的，均可按规定享受小型微利企业所得税优惠政策。包括企业所得税减按 20％征收，以及自 2014 年 1 月 1 日至 2016 年 12 月 31 日，年应纳税所得额低于 10 万元（含 10 万元）的，其所得减按 50％计入应纳税所得额，并按 20％税率缴纳企业所得税。

黄先生：**请问定额征税的小型微利企业如何享受优惠？**

叶小玮：按照最新政策规定，定额征税的小型微利企业同样可以享受优惠政策。考虑到定额征税企业管理的特殊性，主管税务机关可以根据本地情况，自行调整定额后，按照原办法征收，无需再报送资料备案。

刘会计：**请问小型微利企业汇算清缴环节享受优惠政策问题？**

叶小玮：符合条件的小型微利企业，预缴时未享受税收优惠的，税务机关将依据企业的年度申报情况，结合实际，帮助小型微利企业在年度汇算清缴时统一计算享受；对于预缴时享受了优惠政策，但年度终了后超过规定限额的小型微利企业，汇算清缴时统一计算，并按规定补缴税款。

陈经理：我们公司属于商业企业，**资产总额年末余额**800**万元，请问我们是否符合小型微利企业资产总额不超过**1 000**万元的条件？**

叶小玮：不一定符合条件。《国家税务总局关于小型微利企业所得税预缴问题的通知》（国税函［2008］251号）规定，"资产总额"按企业年初和年末的资产总额平均计算，具体计算公式为：年平均值＝（年初值＋年末值）÷2，"资产总额"数据来源于企业《资产负债表》的"资产合计数"。因此，陈总您得按上述公式算一算才知是否符合啊。

黄先生：我们公司还有以前年度未弥补完的亏损，**请问在计算本年度应纳税所得额时，是按弥补亏损前，还是按弥补亏损后的金额？**

叶小玮：《企业所得税法》第五条规定，企业每一纳税年度的收入总额，减除不征税收入、免税收入、各项扣除以及允许弥补的以前年度亏损后的余额，为应纳税所得额。因此，应纳税所得额应是弥补亏损后的金额。

2 企业利息、股息、红利收入免税优惠

【优惠提要】

符合条件的居民企业之间的股息、红利等权益性投资收益，可以享受免征企业所得税的优惠。

大维讲税

怎样操作才能享受投资收益免税？

【案例 1－2】 H 企业是上市公司，宏发集团的牛总看好 H 企业所在行业的发展前景，让公司于 2012 年 2 月 1 日购买 H 企业公开发行的股票，并准备长期持有。2012 年 11 月 20 日，H 企业进行分红，宏发集团取得该股票分红 200 万元。年底，宏发集团准备筹集资金投入一个新的项目，牛总建议“见好就收”，将持有的 H 企业股票售出。吴薇薇查看了持有时间，发现连续持有 H 企业的股票未满 12 个月，如果此时就卖出恐怕不能享受免税优惠！

叶大维： 宏发集团的这笔分红收入如果希望享受免税优惠，须持满 12 个月再出售。《企业所得税法实施条例》规定，企业所得税法列为免税收入的所称股息、红利等权益性投资收益，不包括连续持有居民企业公开发行并上市流通的股票不足 12 个月取得的投资收益。因此，如果宏发集团连续持有 H 企业的股票未满 12 个月就卖出，将无法享受免税优惠，当年所得税汇算清缴时，200 万元红利不能免税，应并入应纳税所得。如果宏发集团持以到 2013 年 2 月 1 日以后，则连续持有超过 12 个月，那 200 万元股票分红适用免税时间规定。

优惠政策

一、企业利息、股息、红利免税规定

《企业所得税法》第二十六条规定，企业的下列收入为免税收入：

1. 国债利息收入。

2. 符合条件的居民企业之间的股息、红利等权益性投资收益。

3. 在中国境内设立机构、场所的非居民企业从居民企业取得与该机构、场所有实际联系的股息、红利等权益性投资收益。

二、企业取得2012年及以后年度发行的地方政府债券利息收入免征所得税

《关于地方政府债券利息免征所得税问题的通知》（财税［2013］5号）规定：

对企业和个人取得的2012年及以后年度发行的地方政府债券利息收入，免征企业所得税和个人所得税。

地方政府债券是指经国务院批准同意，以省、自治区、直辖市和计划单列市政府为发行和偿还主体的债券。

操作要点

◆ **要点一：企业利息、股息、红利免税的具体界定**

《企业所得税法》列为免税收入的所称国债利息收入，是指企业持有国务院财政部门发行的国债取得的利息收入；所称符合条件的居民企业之间的股息、红利等权益性投资收益，是指居民企业直接投资于其他居民企业取得的投资收益；所称股息、红利等权益性投资收益，不包括连续持有居民企业公开发行并上市流通的股票不足12个月取得的投资收益。

◆ **要点二：企业股息、红利等权益性投资收益收入确认**

企业权益性投资取得股息、红利等收入，应以被投资企业股东会或股东

大会作出利润分配或转股决定的日期，确定收入的实现。被投资企业将股权（票）溢价所形成的资本公积转为股本的，不作为投资方企业的股息、红利收入，投资方企业也不得增加该项长期投资的计税基础。

◆要点三：非居民企业取得股息、红利等权益性投资收益的规定

非境内注册居民企业从中国境内其他居民企业取得的股息、红利等权益性投资收益，按照《企业所得税法》第二十六条和实施条例第八十三条的规定，作为其免税收入。非境内注册居民企业的投资者从该居民企业分得的股息红利等权益性投资收益，根据实施条例第七条第四款的规定，属于来源于中国境内的所得，应当征收企业所得税；该权益性投资收益中符合《企业所得税法》第二十六条和实施条例第八十三条规定的部分，可作为收益人的免税收入。

办税指引

企业的利息、股息、红利等免税收入，实行备案管理，企业要按规定时间到主管税务机关提交减免优惠备案表及相关资料进行备案，方能享受免税优惠。

表1－2　企业的利息、股息、红利等免税收入备案

备案时间	纳税人在执行备案类减免税之前，须向主管税务机关备案申报
报送资料	国债利息收入免税： 1. 减免优惠备案 2. 国债净价交易交割单 3. 企业购买国债的合同或协议复印件 4. 投资方或被投资方属于居民企业的证明材料 5. 主管税务机关要求提供的其他资料
	符合条件的居民企业之间的股息、红利等权益性投资收益： 1. 减免优惠备案表 2. 投资合同或协议书 3. 连续持有上市股票12个月以上的证明材料 4. 被投资企业做出利润分配决定的董事会决议、公告等利润分配相关证明材料 5. 投资方或被投资方属于居民企业的证明材料 6. 主管税务机关要求提供的其他资料

小玮答疑

吴薇薇：小玮，**怎么理解“符合条件的居民企业之间的股息、红利等权益性投资收益”免税？**

叶小玮：投资分为权益性投资和债权性投资。一个企业对另一企业进行权益性投资时，投资企业要从被投资企业取得股息、红利等权益性投资收益。由于权益性投资股息、红利是从被投资企业税后利润中分配的，如果将股息、红利并入投资企业的应税收入中征收企业所得税，会出现对同一经济来源所得的重复征税，为此，税法对权益性投资的股息、红利所得给予了免税优惠。

吴薇薇：**哪些股息、红利收入不能免税？**

叶小玮：免税必须符合税法规定的多个条件，以下企业或者投资取得的股息、红利收入是不免税的：债权性投资利息收入（国债除外）；居民企业投资于非居民企业；居民企业间接投资；未在中国境内设立机构场所的非居民企业投资；虽设立机构场所但与该机构场所没有实际联系的非居民企业投资；连续持有上市公司公开发行流通股票不足12个月的投资。

吴薇薇：**企业取得的国债利息收入需符合哪些规定才能免征企业所得税？**

叶小玮：根据《国家税务总局关于企业国债投资业务企业所得税处理问题的公告》（2011年第36号）第一条第三款规定，根据企业所得税法第二十六条的规定，企业取得的国债利息收入，免征企业所得税。具体按以下规定执行：

1. 企业从发行者直接投资购买的国债持有至到期，其从发行者取得的国债利息收入，全额免征企业所得税。

2. 企业到期前转让国债、或者从非发行者投资购买的国债，其按本公告第一条第二项计算的国债利息收入，免征企业所得税。

吴薇薇：**如果是个人独资企业和合伙企业对外投资分回的利息、股息、红利，可否免税？**

叶小玮：根据《国家税务总局关于〈关于个人独资企业和合伙企业投资者征收个人所得税的规定〉执行口径的通知》（国税函［2001］84号）的规定，个人独资企业和合伙企业对外投资分回的利息或者股息、红利，不并入企业的收入，而应单独作为投资者个人取得的利息、股息、红利所得，按"利息、股息、红利所得"项目计算缴纳个人所得税。以合伙企业名义对外投资分回的利息或者股息、红利的，应按分配比例确定各个投资者的利息、股息、红利所得，分别按"利息、股息、红利所得"项目计算缴纳个人所得税。

3 高新技术企业所得税减免优惠

【优惠提要】

为了促进高新技术产业的发展，国家鼓励创新，对拥有核心自主知识产权并同时符合一定条件的高新技术企业给予低税率优惠。

大维讲税

高新技术企业在资格复审期内税收优惠是否有效？

【案例 1—3】 宏发集团旗下的医药科技公司是高新技术企业，享受 15% 的低税率优惠。年底，吴薇薇整理资料时，发现公司高新技术企业资格快过期了，惊呼大事不好！急忙向总监刘芳芳汇报，派人去申请复审，可资格证书一时恐怕难以批下来。公司的高新技术企业证书显示的发证时间为 2010 年 3 月 1 日，资格有效期为自颁发证书之日起的 3 年，即 2010 年 3 月 1 日至 2013 年 3 月 1 日，而税收优惠资格有效期为自认定当年起的 3 年，即 2010 年 1 月 1 日至 2012 年 12 月 31 日。吴薇薇很焦急：在高新技术企业资格复审期内税收优惠是否有效呢？

叶大维： 针对宏发集团吴薇薇遇到的问题，首先是要赶紧去复审。根据规定，高新技术企业资格期满前 3 个月内企业应提出复审申请，不提出复审申请或复审不合格的，其高新技术企业资格到期自动失效。在复审期间，企业的税收优惠资格有效期实际上已过期。但根据高新技术企业资格复审期间预缴问题的公告（国家税务总局2011年第4号公告），高新技术企业在通过复审之前，在其高新技术企业资格有效期内，其当年企业所得税仍暂按15%税率预缴。有效期满后，如果企业不能通过严格的复审，也就无法继续保留高新技术企业享受减15%的税率征收企业所得税资格。因此，吴薇薇大可不必忧心，只要确保复审通过就OK了。

优惠政策

一、高新技术企业减征优惠

《企业所得税法》第二十八条规定，国家需要重点扶持的高新技术企业，减按15%的税率征收企业所得税。

二、高新技术企业境外所得适用税率及税收抵免

《财政部 国家税务总局关于高新技术企业境外所得适用税率及税收抵免问题的通知》（财税［2011］47号）规定：以境内、境外全部生产经营活动有关的研发费用、总收入、销售收入总额、高新技术产品（服务）收入等指标申请并经认定的高新技术企业，其来源于境外的所得可以享受高新技术企业所得税优惠，对其来源于境外所得可以按照15%的税率缴纳企业所得税，在计算境外抵免限额时，可按照15%的优惠税率计算境内外应纳税总额。

操作要点

◆ 要点一：高新技术企业减征的条件

《企业所得税法》所称国家需要重点扶持的高新技术企业，是指拥有核心自主知识产权，并同时符合下列条件的企业：

1. 产品（服务）属于《国家重点支持的高新技术领域》规定的范围；

2. 研究开发费用占销售收入的比例不低于规定比例；

3. 高新技术产品（服务）收入占企业总收入的比例不低于规定比例；

4. 科技人员占企业职工总数的比例不低于规定比例；

5. 高新技术企业认定管理办法规定的其他条件。

◆**要点二：高新技术企业认定条件**

国家需要重点扶持的高新技术企业，是指拥有核心自主知识产权，并同时符合下列条件的企业：

1. 在中国境内（不含港、澳、台地区）注册的企业，近 3 年内通过自主研发、受让、受赠、并购等方式，或通过 5 年以上的独占许可方式，对其主要产品（服务）的核心技术拥有自主知识产权。

2. 产品（服务）属于《国家重点支持的高新技术领域》规定的范围。

3. 具有大学专科以上学历的科技人员占企业当年职工总数的 30%以上，其中研发人员占企业当年职工总数的 10%以上。

4. 企业为获得科学技术（不包括人文、社会科学）新知识，创造性运用科学技术新知识，或实质性改进技术、产品（服务）而持续进行了研究开发活动，且近 3 个会计年度的研究开发费用总额占销售收入总额的比例符合如下要求：

（1）最近一年销售收入小于 5 000 万元的企业，比例不低于 6%；

（2）最近一年销售收入在 5 000 万元至 20 000 万元的企业，比例不低于 4%；

（3）最近一年销售收入在 20 000 万元以上的企业，比例不低于 3%。

其中，企业在中国境内发生的研究开发费用总额占全部研究开发费用总额的比例不低于 60%。企业注册成立时间不足 3 年的，按实际经营年限计算。

5. 高新技术产品（服务）收入占企业当年总收入的 60%以上。

6. 企业研究开发组织管理水平、科技成果转化能力、自主知识产权数量、销售与总资产成长性等指标符合《高新技术企业认定管理工作指引》（另行制定）的要求。

◆**要点三：同时符合多项优惠的规定**

企业被认定为高新技术企业，同时又符合软件生产企业和集成电路生产企业定期减半征收企业所得税优惠条件的，该居民企业的所得税适用税率可以选择适用高新技术企业的15%税率，也可以选择依照25%的法定税率减半征税，但不能享受15%税率的减半征税。

办税指引

认定（复审）合格的高新技术企业，自认定（复审）批准的有效期当年开始，可申请享受企业所得税优惠。企业取得省、自治区、直辖市、计划单列市高新技术企业认定管理机构颁发的高新技术企业证书后，可持"高新技术企业证书"及其复印件和有关资料，向主管税务机关递交减免税备案表及相关资料，办理减免税备案手续。

表1—3　高新技术企业减征优惠备案

备案时间	在纳税年度终了后至报送年度纳税申报表以前备案
报送资料	1. 减免税备案表 2. 有效的高新技术企业证书（加盖公章的复印件） 3. 产品（服务）属于《国家重点支持的高新技术领域》规定的范围的说明 4. 企业年度研究开发费用结构明细表 5. 企业当年高新技术产品（服务）收入占企业总收入的比例说明 6. 企业具有大学专科以上学历的科技人员占企业当年职工总数的比例说明、研发人员占企业当年职工总数的比例说明 7. 主管税务机关要求提供的其他资料

小玮答疑

宏发集团正在开拓国外市场，因业务发展需要在国外设立了分公司，听说高新技术企业境外的所得可以享受所得税优惠政策，吴薇薇向叶小玮咨询具体细节。

吴薇薇：**小玮，我们集团的医药科技公司是高新技术企业，在计算企业**

所得税时，对于取得的境外所得能享受税收优惠吗？

叶小玮：为了支持国内高新技术企业走出去，公平税负，增强竞争力，《财政部 国家税务总局关于高新技术企业境外所得适用税率及税收抵免问题的通知》(财税 [2011] 47号) 明确规定，高新技术企业来源于境外的所得可以享受高新技术企业所得税优惠政策，即对其来源于境外所得可以按照15%的优惠税率缴纳企业所得税，在计算境外抵免限额时，可按照15%的优惠税率计算境内外应纳税总额。这项规定打破了过去境外所得不享受境内税收优惠的旧框架，也就是说，你们公司取得的境外所得也能享受优惠。

吴薇薇：**小玮，那境外所得适用税率及税收抵免如何计算？**

叶小玮：根据财税 [2011] 47号文件的规定，以境内、境外全部生产经营活动有关的研究开发费用总额、总收入、销售收入总额、高新技术产品(服务) 收入等指标申请并经认定的高新技术企业，其来源于境外的所得可以享受高新技术企业所得税优惠政策，即对其来源于境外所得可以按照15%的优惠税率缴纳企业所得税，在计算境外抵免限额时，可按照15%的优惠税率计算境内外应纳税总额。

吴薇薇：**那国内的分支机构（如分公司）其所得税是否与总公司一样可以享受高新技术企业的优惠？**

叶小玮：《关于印发〈高新技术企业认定管理办法〉的通知》(国科发火 [2008] 172号)、《关于印发〈高新技术企业认定管理工作指引〉的通知》(国科发火 [2008] 362号) 规定，符合高新技术企业认定条件的企业，按规定享受高新技术企业优惠，包括总机构和非法人分支机构。

吴薇薇：**哪些情况不能享受高新技术企业优惠**

叶小玮：已取得资格认定的高新技术企业，要是有下述情况之一的，将被取消其资格：比如在申请认定过程中提供虚假信息的；申请认定之后被发现有偷、骗税等行为的；生产经营存在重大安全、质量事故的问题，或是有环境污染等违法、违规行为，受到有关部门处罚的。按照现行税法的规定，被取消高新技术企业资格的企业，认定机构在5年内不再受理该企业的认定申请。

4 企业研发费税前加计扣除优惠

【优惠提要】

企业开发新技术、新产品、新工艺发生的研究开发费用，可以在计算应纳税所得额时加计扣除。

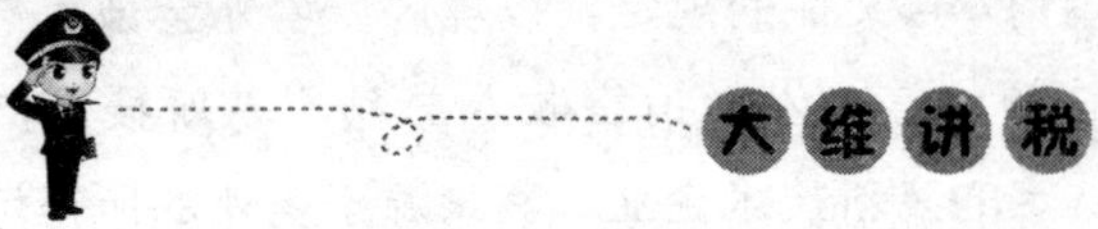

研发费用和生产经营费用要分开核算

【案例 1—4】 宏发集团的医药科技公司在生产医药产品的同时，2011 年开展新药的研制。该新药是用于防治心脑血管疾病的。该公司研究人员在研发新药时要使用药材原料，直接从生产部门调取，使用药材时并没有对生产使用数量和研发使用数量进行分类分别核算。在 2012 年企业所得税汇算清缴期内到穗城区国税局进行研发经费加计扣除备案时，将本年总消耗原材料 1 700万元，扣除按照以往年度产品耗材比率计算生产所需的医药原材料1 500 万元后，其余的 200 万元耗材计入研发费用要求加计扣除。结果，税务机关在审核报表时对此提出调整要求。

叶大维：宏发集团的医药科技公司对研发费用和生产经营费用没按要求分开核算。根据《国家税务总局关于印发〈企业研究开发费用税前扣除管理办法（试行）〉的通知》（国税发［2008］116 号）规定，企业未设立专门的研发机构或企业研发机构同时承担生产经营任务的，应对研发费用和生产经营费用分开进行核算，准确、合理的计算各项研究开发费用支出，对划分不清的，不得实行加计扣除。因此，该公司对申报的结果进行合理调整，如果不能准确核算研发新药所耗用的原材料，那么这部分支出就不能加计扣除。

优惠政策

一、企业研发费用加计扣除规定

《企业所得税法》第三十条规定，企业开发新技术、新产品、新工艺发生的研究开发费用，可以在计算应纳税所得额时加计扣除。

《企业所得税法实施条例》第九十五条明确规定，研究开发费用的加计扣除，是指企业为开发新技术、新产品、新工艺发生的研究开发费用，未形成无形资产计入当期损益的，在按照规定据实扣除的基础上，按照研究开发费用的50%加计扣除；形成无形资产的，按照无形资产成本的150%摊销。

二、允许税前扣除研发费用的执行细则

《国家税务总局关于印发〈企业研究开发费用税前扣除管理办法（试行）〉的通知》（国税发［2008］116号）明确规定：企业从事《国家重点支持的高新技术领域》和国家发展改革委员会等部门公布的《当前优先发展的高技术产业化重点领域指南（2007年度）》规定项目的研究开发活动，其在一个纳税年度中实际发生的下列费用支出，允许在计算应纳税所得额时按照规定实行加计扣除：

1. 新产品设计费、新工艺规程制定费以及与研发活动直接相关的技术图书资料费、资料翻译费。

2. 从事研发活动直接消耗的材料、燃料和动力费用。

3. 在职直接从事研发活动人员的工资、薪金、奖金、津贴、补贴。

4. 专门用于研发活动的仪器、设备的折旧费或租赁费。

5. 专门用于研发活动的软件、专利权、非专利技术等无形资产的摊销费用。

6. 专门用于中间试验和产品试制的模具、工艺装备开发及制造费。

7. 勘探开发技术的现场试验费。

8. 研发成果的论证、评审、验收费用。

三、扩大企业税前加计扣除的研发费用范围

《财政部 国家税务总局关于研究开发费用税前加计扣除有关政策问题的通知》（财税［2013］70号）规定，企业从事研发活动发生的下列费用支出，可纳入税前加计扣除的研究开发费用范围：

1. 企业依照国务院有关主管部门或者省级人民政府规定的范围和标准为在职直接从事研发活动人员缴纳的基本养老保险费、基本医疗保险费、失业保险费、工伤保险费、生育保险费和住房公积金。

2. 专门用于研发活动的仪器、设备的运行维护、调整、检验、维修等费用。

3. 不构成固定资产的样品、样机及一般测试手段购置费。

4. 新药研制的临床试验费。

5. 研发成果的鉴定费用。

操作要点

◆ 要点一：享受加计扣除优惠的研究开发活动的界定

研究开发活动是指企业为获得科学与技术（不包括人文、社会科学）新知识，创造性运用科学技术新知识，或实质性改进技术、工艺、产品（服务）而持续进行的具有明确目标的研究开发活动。

创造性运用科学技术新知识，或实质性改进技术、工艺、产品（服务），是指企业通过研究开发活动在技术、工艺、产品（服务）方面的创新取得了有价值的成果，对本地区（省、自治区、直辖市或计划单列市）相关行业的技术、工艺领先具有推动作用，不包括企业产品（服务）的常规性升级或对公开的科研成果直接应用等活动（如直接采用公开的新工艺、材料、装置、产品、服务或知识等）。

◆ 要点二：研发费加计扣除特殊情况的处理

1. 对企业共同合作开发的项目，由合作各方就自身承担的研发费用分别按照规定计算加计扣除。

2. 对企业委托给外单位进行开发的研发费用，由委托方按照规定计算加

计扣除，受托方不得再进行加计扣除。

3. 企业根据财务会计核算和研发项目的实际情况，对发生的研发费用进行收益化或资本化处理的，可按下述规定计算加计扣除：

（1）研发费用计入当期损益未形成无形资产的，允许再按其当年研发费用实际发生额的50%，直接抵扣当年的应纳税所得额。

（2）研发费用形成无形资产的，按照该无形资产成本的150%在税前摊销。除法律另有规定外，摊销年限不得低于10年。

4. 企业未设立专门的研发机构或企业研发机构同时承担生产经营任务的，应对研发费用和生产经营费用分开进行核算，准确、合理的计算各项研究开发费用支出。

5. 企业集团根据生产经营和科技开发的实际情况，由集团公司进行集中开发的研究开发项目，其实际发生的研究开发费，可以按照合理的分摊方法在受益集团成员公司间进行分摊。

◆ 要点三：不得享受加计扣除的情形

1. 法律、行政法规和国家税务总局规定不允许企业所得税前扣除的费用和支出项目，均不允许计入研究开发费用。

2. 企业对委托开发的项目，受托方应向委托方提供该研发项目的费用支出明细情况，否则，该委托开发项目的费用支出不得实行加计扣除。

3. 企业未设立专门的研发机构或企业研发机构同时承担生产经营任务的，应对研发费用和生产经营费用分开进行核算，准确、合理的计算各项研究开发费用支出，对划分不清的，不得实行加计扣除。

4. 企业应于年度汇算清缴所得税申报时向主管税务机关报送规定的相应资料，申报的研究开发费用不真实或者资料不齐全的，不得享受研究开发费用加计扣除。

5. 企业集团采取合理分摊研究开发费的，企业集团应提供集中研究开发项目的协议或合同，如不提供协议或合同，研究开发费不得加计扣除。

办税指引

企业必须对研究开发费用实行专账管理，同时要准确归集填写年度可加计扣除的各项研究开发费用实际发生金额，向主管税务机关报送相应资料备案（表1—4）。申报的研究开发费用不真实或者资料不齐全的，不得享受研究开发费用加计扣除。

表1—4 研究开发费用加计扣除备案

备案时间	企业应于年度汇算清缴所得税申报时办理备案
报送资料	1. 减免税备案表 2. 自主、委托、合作研究开发项目计划书和研究开发费预算 3. 自主、委托、合作研究开发专门机构或项目组的编制情况和专业人员名单 4. 自主、委托、合作研究开发项目当年研究开发费用发生情况归集表 5. 企业总经理办公会或董事会关于自主、委托、合作研究开发项目立项的决议文件 6. 属于委托、合作研究开发项目的，应提供合同或协议书 7. 研究开发项目的效用情况说明、研究成果报告等资料 8. 主管税务机关要求提供的其他资料
相关规定	纳税人实际发生的研究开发费，在年度中间预缴所得税时，允许据实计算扣除，在年度终了进行所得税年度申报和汇算清缴时，再按规定计算加计扣除企业在一个纳税年度内进行多个研究开发活动的，应按照不同开发项目分别归集可加计扣除的研究开发费用额

小玮答疑

吴薇薇：**小玮，请问企业亏损状态下有没必要申请加计扣除？**

叶小玮：当然有！一些企业由于研究开发新产品、新技术、新材料等活动投入较大产生亏损，并未积极申请加计扣除优惠政策，原因是其认为亏损状态下申请加计扣除没有必要。其实，这些企业只关注正常经营亏损后转弥补的利益，却忽视了加计扣除可以加大亏损，带来更大的抵减效应。《国家税务总局关于企业所得税若干税务事项衔接问题的通知》（国税函［2009］98号）规定，加计扣除部分所形成的亏损可以用以后五年的所得弥补。亏损后转弥补，可以抵减以后五年的应纳税所得额。

吴薇薇：**研发费用税前加计扣除优惠涉及的环节和资料挺多啊，能详细解说一下吗？**

叶小玮：企业首先要判断研发项目是否属于《国家重点支持的高新技术领

域》和国家发展改革委员会等部门公布的高技术产业化重点领域，这是企业享受加计扣除税收优惠的前提。部分地区主管税务机关对企业申报的研究开发项目会要求企业提供地市级以上政府科技部门出具的研究开发项目鉴定意见书。企业还应做好对内部研发资料的归集和整理，如研发项目的立项决议书（包括企业内部立项、省科技局立项）、项目计划书和研究开发费预算、编制项目研究开发人员名单、研发项目效用情况说明以及研发成果报告等资料的搜集与保管。

吴薇薇：**公司的研究开发费用核算该如何规范？**

叶小玮：企业必须对研究开发费用实行专账管理，账务独立核算，应设专门核算科目，以正确归集、核算企业发生的研发费用。若企业未设立专门的研发机构或企业研发机构同时承担生产、经营任务的，应对研发费用和生产经营费用分开核算，准确、合理的计算各项研究开发费用支出，对划分不清的，不得加计扣除。若企业在1个纳税年度内进行多个研究开发活动的，应按照不同开发项目分别归集可加计扣除的研究开发费用额。

吴薇薇：**差旅费能否计入研发费用享受加计扣除？**

叶小玮：根据《企业研究开发费用税前扣除管理办法（试行）》（国税发［2008］116号）的规定，企业从事规定的研发项目的下列费用支出（参见上文），可允许在计算应纳税所得额时按照规定实行加计扣除。你所说的研发人员的差旅费费用不在加计扣除范围内，故也不得加计扣除。

吴薇薇：**什么情形下研究开发费用应当收益化或资本化？**

叶小玮：收益化或资本化要根据财务会计核算和研发项目的实际情况来划分。根据（国税发［2008］116号）第七条的规定：企业根据财务会计核算和研发项目的实际情况，对发生的研发费用进行收益化或资本化处理的，可按下述规定计算加计扣除：

1. 研发费用计入当期损益未形成无形资产的，允许再按其当年研发费用实际发生额的50%，直接抵扣当年的应纳税所得额。

2. 研发费用形成无形资产的，按照该无形资产成本的150%在税前摊销。除法律另有规定外，摊销年限不得低于10年。

5 企业技术转让所得减免优惠

【优惠提要】

随着科技研发型企业的发展，技术转让交易也日渐增多。为鼓励企业创新，政策规定符合条件的技术转让所得，可以免征、减征企业所得税。

大维讲税

技术转让如何才符合条件？

【案例1—5】 宏发集团2012年8月把一项新型生物医药技术转让给G公司，转让收入1 450万元，与技术转让项目相关的技术咨询、技术服务、技术培训等收入150万元，转让设备、仪器等非技术性收入400万元，共计金额为2 000万元。此项技术的转让成本为600万元，该项无形资产在使用期间按照规定已经摊销扣除了90万元，技术转让过程中发生的相关税费累计10万元。吴薇薇请教如何办理才能享受技术转让的税收优惠政策？

叶大维： 根据有关税法规定，宏发集团要享受技术转让优惠，须按程序做好下面工作：首先，将技术转让经省级以上科技部门认定、登记，确定该转让技术属于财政部 国家税务总局规定的范围，确认技术合同的合法有效；其次，按规定单独、准确计算技术转让所得，清晰界定技术转让收入、不得计入技术转让收入的款项、技术转让成本和相关税费；最后，及时到税务部门办理减免税备案手续，方能确保能享受减免优惠。

优惠政策

《企业所得税法》第二十七条规定，符合条件的技术转让所得，可以免征、减征企业所得税。

《企业所得税法实施条例》第九十条规定，“符合条件的技术转让所得”免征、减征企业所得税，是指一个纳税年度内，居民企业技术转让所得不超过500万元的部分，免征企业所得税；超过500万元的部分，减半征收企业所得税。

操作要点

◆要点一：企业技术转让减免优惠应符合的条件

1. 享受优惠的技术转让主体是企业所得税法规定的居民企业；

2. 技术转让属于财政部 国家税务总局规定的范围；

3. 境内技术转让经省级以上科技部门认定；

4. 向境外转让技术经省级以上商务部门认定；

5. 国务院税务主管部门规定的其他条件。

◆要点二：可享受优惠的技术转让的范围

符合优惠的技术转让必须属于财政部 国家税务总局规定的范围，具体包括居民企业转让专利技术、计算机软件著作权、集成电路布图设计权、植物新品种、生物医药新品种，以及财政部和国家税务总局确定的其他技术。其中：专利技术，是指法律授予独占权的发明、实用新型和非简单改变产品图案的外观设计。

◆要点三：签订合法的技术转让合同

要确认技术合同的合法有效，境内的技术转让必须经过省级以上（含省级）科技部门认定登记，跨境的技术转让必须经过省级以上（含省级）商务部门认定登记，涉及财政经费支持产生技术的转让，需要报省级以上（含省级）科技部门审批。

◆要点四：准确计算技术转让所得。

符合条件的技术转让所得的计算公式为：

技术转让所得＝技术转让收入－技术转让成本－相关税费

技术转让收入是指当事人履行技术转让合同后获得的价款，不包括销售或转让设备、仪器、零部件、原材料等非技术性收入。不属于与技术转让项目密不可分的技术咨询、技术服务、技术培训等收入，不得计入技术转让收入。

技术转让成本是指转让的无形资产的净值，即该无形资产的计税基础减除在资产使用期间按照规定计算的摊销扣除额后的余额。

相关税费是指技术转让过程中实际发生的有关税费，包括除企业所得税和允许抵扣的增值税以外的各项税金及其附加、合同签订费用、律师费等相关费用及其他支出。

◆要点五：单独计算技术转让所得

享受技术转让所得税收优惠的企业，应单独计算技术转让所得，并合理分摊企业的期间费用；没有单独计算的，不得享受技术转让所得税收优惠。

办税指引

企业发生技术转让，企业应按的要求向主管税务机关提交企业所得税减免优惠备案表及相关资料（表 1－5），办理减免税备案手续。

表 1—5　符合条件的技术转让所得减免备案

备案时间	在纳税年度终了后至报送年度纳税申报表以前办理备案
境内技术转让的备案报送资料	1. 减免优惠备案表 2. 技术转让合同（副本） 3. 省级以上科技部门出具的技术合同登记证明 4. 技术转让所得归集、分摊、计算的相关资料 5. 实际缴纳相关税费的证明资料 6. 主管税务机关要求提供的其他资料
向境外转让技术的备案报送资料	1. 减免优惠备案表 2. 技术出口合同（副本） 3. 省级以上商务部门出具的技术出口合同登记证书或技术出口许可证 4. 技术出口合同数据表 5. 技术转让所得归集、分摊、计算的相关资料 6. 实际缴纳相关税费的证明资料 7. 主管税务机关要求提供的其他资料

小玮答疑

吴薇薇在参与集团公司的新型生物医药技术转让所得减免优惠的过程中，遇到不少疑难问题，也发现了多个操作风险！为避免风险，她及时与叶小玮进行沟通。

吴薇薇：**小玮，技术转让的所有权和使用权是怎么规定的？**

叶小玮：技术转让是指居民企业转让其拥有符合规定技术的所有权或 5 年以上（含 5 年）全球独占许可使用权的行为。也就是说，对转让 5 年以下的全球独占许可使用权取得的所得，不能享受技术转让减免企业所得税优惠政策。

吴薇薇：**哪些是可以计入技术转让收入的技术咨询、技术服务、技术培训收入？**

叶小玮：国家税务总局公告2013年第62号文明确，可以计入技术转让收入的技术咨询、技术服务、技术培训收入，是指转让方为使受让方掌握所转让的技术投入使用、实现产业化而提供的必要的技术咨询、技术服务、技术培训所产生的收入，并应同时符合以下条件：

1. 在技术转让合同中约定的与该技术转让相关的技术咨询、技术服务、技术培训。

2. 技术咨询、技术服务、技术培训收入与该技术转让项目收入一并收取价款。

吴薇薇：**关联方企业之间的技术转让所得是否能享受减免？**

叶小玮：财税［2010］111号文件规定，居民企业从直接或间接持有股权之和达到100％的关联方取得的技术转让所得，不得享受技术转让减免企业所得税优惠政策。

吴薇薇：**如果有多项技术转让该怎么核算？**

叶小玮：居民企业技术转让所得减免是按一个纳税年度来核算的，是没有次数限制的，只要企业一年内的技术转让所得合计不超过500万元的部分，免征企业所得税；超过500万元的部分，减半征收企业所得税。

吴薇薇：**境外技术转让要注意什么？**

叶小玮：居民企业技术出口应由有关部门按照商务部、科技部发布的《中国禁止出口限制出口技术目录》（商务部、科技部令2008年第12号）进行审查。居民企业取得禁止出口和限制出口技术转让所得，不享受技术转让减免企业所得税优惠政策。

6 企业购置专用设备税额抵免优惠

【优惠提要】

企业购置用于环境保护、节能节水、安全生产等专用设备的投资额，可以按一定比例实行税额抵免。

大维讲税

享受抵免优惠的专用设备有哪些要求？

【案例 1－6】 宏发集团厂房扩建，需要购置一批安全生产和节能节水设备，生产部门已经和相关设备供货商初步达成交易意向，购置金额 1 000 万元。吴薇薇得知这个事项，就想到税收优惠问题，据她所知，专用设备投资额的 10%可以从企业当年的应纳税额中抵免，当年不足抵免的，还可以在以后 5 个纳税年度结转抵免。可是，当吴薇薇拿到拟购置的设备资料，惊讶地发现生产部门挑选的这批设备竟然不在政府部门制定的专用设备优惠目录上，急忙找牛总，建议他制止这笔交易，否则那 100 万元专用设备优惠政策抵免所得税额就要“泡汤”了！

叶大维：吴薇薇遇到的情况正好说明了企业的税收优惠筹划不仅仅是财务部门的事情。根据税法规定，企业购置专用设备抵免优惠所指的设备必须是《环境保护专用设备企业所得税优惠目录》、《节能节水专用设备企业所得税优惠目录》和《安全生产专用设备企业所得税优惠目录》规定的环境保护、节能节水、安全生产等专用设备的，企业所得税优惠目录是由国务院财政、税务主管部门商国务院有关部门制订，报国务院批准后公布施行。财政部 国家税务总局、国家发展改革委公布了《节能节水专用设备企业所得税优惠目录（2008年版）》和《环境保护专用设备企业所得税优惠目录（2008年版）》（财税［2008］115号）；财政部、国家税务总局、安全监管总局联合公布了《安全生产专用设备企业所得税优惠目录（2008年版）》（财税［2008］118号）。但要注意的是，现在公布的专用设备以及相关的技术指标是指2008年执行的标准。随着情况的发展变化，这些专用设备及其相应的指标标准也会调整变化，纳税人需要及时关注这些优惠目录的调整公布。宏发集团购买的设备如果不在目录上，则无法享受优惠。

优惠政策

一、企业购置专用设备可享受税收优惠

《企业所得税法》第三十四条规定，企业购置用于环境保护、节能节水、安全生产等专用设备的投资额，可以按一定比例实行税额抵免。

二、专用设备抵免优惠的具体规定

《企业所得税法实施条例》第一百条规定：企业所得税法第三十四条所称税额抵免，是指企业购置并实际使用《环境保护专用设备企业所得税优惠目录》、《节能节水专用设备企业所得税优惠目录》和《安全生产专用设备企业所得税优惠目录》规定的环境保护、节能节水、安全生产等专用设备的，该专用设备的投资额的10%可以从企业当年的应纳税额中抵免；当年不足抵免的，可以在以后5个纳税年度结转抵免。

享受前款规定的企业所得税优惠的企业，应当实际购置并自身实际投入使用前款规定的专用设备；企业购置上述专用设备在5年内转让、出租的，应当停止享受企业所得税优惠，并补缴已经抵免的企业所得税税款。

三、融资租赁方式租入专用设备的优惠规定

《财政部 国家税务总局关于执行企业所得税优惠政策若干问题的通知》（财税［2009］69号）规定：实施条例第一百条规定的购置并实际使用的环境保护、节能节水和安全生产专用设备，包括承租方企业以融资租赁方式租入的、并在融资租赁合同中约定租赁期届满时租赁设备所有权转移给承租方企业，且符合规定条件的上述专用设备。凡融资租赁期届满后租赁设备所有权未转移至承租方企业的，承租方企业应停止享受抵免企业所得税优惠，并补缴已经抵免的企业所得税税款。

操作要点

◆ 要点一：抵免年限的确定

企业自2008年1月1日起购置并实际使用列入《目录》范围内的环境保护、节能节水和安全生产专用设备，可以按专用设备投资额的10%抵免当年企业所得税应纳税额；企业当年应纳税额不足抵免的，可以向以后年度结转，但结转期不得超过5个纳税年度。

其中，“5年”是向以后年度结转的5年，加上购置并实际使用专用设备的当年，实际享受的抵免年度其实是6年。

◆ 要点二：可抵免投资额的确定

可享受抵免优惠的专用设备投资额，是指购买专用设备发票价税合计价格，但不包括按有关规定退还的增值税税款以及设备运输、安装和调试等费用。

在进行税额抵免时，如增值税进项税额允许抵扣，其专用设备投资额不再包括增值税进项税额；如增值税进项税额不允许抵扣，其专用设备投资额

应为增值税专用发票上注明的价税合计金额。企业购买专用设备取得普通发票的，其专用设备投资额为普通发票上注明的金额。

◆ 要点三：当年应纳税额的确定

可抵免的当年应纳税额，是指企业当年的应纳税所得额乘以适用税率，扣除依照企业所得税法和国务院有关税收优惠规定以及税收过渡优惠规定减征、免征税额后的余额。

◆ 要点四：利用财政拨款购置专用设备不可享受抵免优惠

企业利用自筹资金和银行贷款购置专用设备的投资额，可以按企业所得税法的规定抵免企业应纳所得税额；企业利用财政拨款购置专用设备的投资额，不得抵免企业应纳所得税额。

◆ 要点五：转让或出租已享受抵免优惠政策的专用设备的规定

企业购置并实际投入适用、已开始享受税收优惠的专用设备，如从购置之日起 5 个纳税年度内转让、出租的，应在该专用设备停止使用当月停止享受企业所得税优惠，并补缴已经抵免的企业所得税税款。转让的受让方可以按照该专用设备投资额的 10%抵免当年企业所得税应纳税额；当年应纳税额不足抵免的，可以在以后 5 个纳税年度结转抵免。

办税指引

企业符合规定的专用设备的投资额，对企业所得税的税额抵免实行备案管理。享受专用设备优惠政策的抵免所得税额仅属于纳税申报事项，无须就此事项进行专门的会计处理。

表 1—6　购置专用设备抵免优惠备案

备案时间	纳税人在购置专用设备当年度汇算清缴期结束前办理备案转让的受让方在受让专用设备当年度汇算清缴期结束前办理备案
报送资料	1. 减免优惠备案表 2. 对照目录具体项目说明企业所购买专用设备类别、名称、型号、技术指标、参照标准、应用领域、能效标准等，并提供专用设备说明书、检测报告等技术资料 3. 购置专用设备合同、发票复印件 4. 购置专用设备资金来源说明及相关材料 5. 专用设备投入使用时间及证明投入使用的影像资料 6. 企业原有生产工艺流程及专用设备投入使用后的实际效果 7. 投资额逐年结转抵免明细表 8. 已享受优惠的专用设备是否转让或出租的说明 9. 主管税务机关要求提供的其他资料

小玮答疑

吴薇薇：**我公司有申请专用设备投资抵免企业所得税的项目，该专用设备在 2013 年 1 月份已经办理暂估转资，设备已经正式投入使用，2013 年 5 月份取得相关发票，现在正在办理竣工决算手续。相关发票在申报抵免企业所得税时是否有效？**

叶小玮：有效。你们公司只需证明该环境保护专用设备为贵公司购置、并实际投入使用，贵公司在 2013 年办理环境保护专用设备转资并取得发票，即可在 2014 年度的汇算清缴时向税务机关申报抵免企业所得税应纳税额。

吴薇薇：**如果将来我们公司购置的这批专用设备发生转让、出租的，如何处理？**

叶小玮：企业购置并实际投入使用、且已开始享受税收优惠的专用设备，如从购置之日起 5 个纳税年度内转让、出租的，应在该专用设备停止使用当月停止享受企业所得税优惠，并补缴已经抵免的企业所得税税款。转让的受让方可以按照该专用设备投资额的10%抵免当年企业所得税应纳税额；当年应纳税额不足抵免的，可以在以后5个纳税年度结转抵免。

吴薇薇：**企业以融资租赁方式租入的节能节水专用设备能否享受抵免优惠？**

叶小玮：《企业所得税法实施条例》第一百条规定的购置并实际使用的环境保护、节能节水和安全生产专用设备，包括承租方企业以融资租赁方式租入的、并在融资租赁合同中约定租赁期届满时租赁设备所有权转移给承租方企业，且符合规定条件的上述专用设备。凡融资租赁期届满后所有权未转移至承租方企业的，承租方企业应停止享受抵免企业所得税优惠，并补缴已经抵免的企业所得税税款。

7 创业投资企业抵扣应纳税所得额

【优惠提要】

为培育和扶持创业型企业，促进创业投资企业的发展，税法规定创业投资企业从事国家需要重点扶持和鼓励的创业投资，可以按投资额的一定比例抵扣应纳税所得额。

大维讲税

投资的公司规模“超标”还能享受创投企业优惠吗？

【案例 1—7】 宏发集团旗下的 E 创业投资有限公司于 2010 年 10 月向一家未上市的小型高新技术企业投资，2012 年 E 创业投资有限公司实现应纳税所得额 200 万元，吴薇薇拟申报享受抵扣应纳税额，却发现所投资的该小型高新技术企业投资职工人数和资产总额均已“超标”，吴薇薇捏了一把冷汗：公司是否还可以享受抵扣应纳税所得额的税收优惠？

叶大维： 吴薇薇无须担心！根据《国家税务总局关于实施创业投资企业所得税优惠问题的通知》（国税发［2009］第 87 号）规定，中小企业接受创业投资之后，经认定符合高新技术企业标准的，应自其被认定为高新技术企业的年度起，计算创业投资企业的投资期限。该期限内中小企业接受创业投资后，企业规模超过中小企业标准，但仍符合高新技术企业标准的，不影响创业投资企业享受有关税收优惠。因此，E 创业投资公司仍可享受抵扣应纳税所得额的税收优惠政策。

优惠政策

《企业所得税法》第三十一条规定：创业投资企业从事国家需要重点扶持和鼓励的创业投资，可以按投资额的一定比例抵扣应纳税所得额。

《企业所得税法实施条例》第九十七条明确：企业所得税法第三十一条所称抵扣应纳税所得额，是指创业投资企业采取股权投资方式投资于未上市的中小高新技术企业 2 年以上的，可以按照其投资额的 70%在股权持有满 2 年的当年抵扣该创业投资企业的应纳税所得额；当年不足抵扣的，可以在以后纳税年度结转抵扣。

操作要点

◆ 要点一：创业投资企业的界定

创业投资企业是指依照《创业投资企业管理暂行办法》（国家发展和改革委员会等 10 部委令 2005 年第 39 号，以下简称《暂行办法》）和《外商投资创业投资企业管理规定》（商务部等 5 部委令 2003 年第 2 号）在中华人民共和国境内设立的专门从事创业投资活动的企业或其他经济组织。

◆ 要点二：创业投资企业享受抵扣优惠的条件

1. 经营范围符合《暂行办法》规定，且工商登记为“创业投资有限责任公司”、“创业投资股份有限公司”等专业性法人创业投资企业。

2. 按照《暂行办法》规定的条件和程序完成备案，经备案管理部门年度检查核实，投资运作符合《暂行办法》的有关规定。

3. 创业投资企业投资的中小高新技术企业，除应按照科技部、财政部、国家税务总局《关于印发〈高新技术企业认定管理办法〉的通知》（国科发火［2008］172 号）和《关于印发〈高新技术企业认定管理工作指引〉的通知》（国科发火［2008］362 号）的规定，通过高新技术企业认定以外，还应符合职工人数不超过500人，年销售（营业）额不超过2亿元，资产总额不超过2亿元的条件。

4. 财政部、国家税务总局规定的其他条件。

◆ 要点三：创业投资企业的投资期限的计算

中小企业接受创业投资之后，经认定符合高新技术企业标准的，应自其被认定为高新技术企业的年度起，计算创业投资企业的投资期限。该期限内中小企业接受创业投资后，企业规模超过中小企业标准，但仍符合高新技术企业标准的，不影响创业投资企业享受有关税收优惠。

办税指引

创业投资企业符合政策要求，申请享受投资抵扣应纳税所得额，应在其报送申请投资抵扣应纳税所得额年度纳税申报表以前，向主管税务机关办理备案（表1—7）。

表1—7　创业投资抵扣应纳税所得额优惠备案

备案时间	报送申请投资抵扣应纳税所得额年度纳税申报表以前
报送资料	1. 减免优惠备案表 2. 经备案管理部门核实后出具的年检合格通知书（副本） 3. 关于创业投资企业投资运作情况的说明 4. 中小高新技术企业投资合同或章程的复印件、实际所投资额验资报告等相关材料 5. 中小高新技术企业基本情况说明，包括企业职工人数、年销售（营业）额、资产总额等 6. 由省、自治区、直辖市和计划单列市高新技术企业认定管理机构出具的中小高新技术企业有效的高新技术企业证书（复印件） 7. 主管税务机关要求提供的其他资料

小玮答疑

李先生：**小玮，请问如何设立创业投资企业？**

叶小玮：这个问题很复杂！要设立创业企业，您起码要掌握下面三个问题。

第一，做好创业投资企业的备案，创业投资企业须向国家发改委或省级(含副省级城市)人民政府确定管理部门备案。备案应当具备下列条件：

1. 已在工商行政管理部门办理注册登记。

2. 经营范围符合创业投资企业管理暂行办法规定。

3. 实收资本不低于3 000万元人民币，或者首期实收资本不低于1 000万元人民币且全体投资者承诺在注册后的5年内补足不低于3 000万元人民币实收资本。

4. 投资者不得超过200人。其中，以有限责任公司形式设立创业投资企业的，投资者人数不得超过50人。单个投资者对创业投资企业的投资不得低于100万元人民币。所有投资者应当以货币形式出资。

5. 有至少3名具备2年以上创业投资或相关业务经验的高级管理人员承担投资管理责任。委托其他创业投资企业、创业投资管理顾问企业作为管理顾问机构负责其投资管理业务的，管理顾问机构必须有至少3名具备2年以上创业投资或相关业务经验的高级管理人员对其承担投资管理责任。

第二，明确创业投资企业的投资创业投资企业的经营范围限于：

1. 创业投资业务。

2. 代理其他创业投资企业等机构或个人的创业投资业务。

3. 创业投资咨询业务。

4. 为创业企业提供创业管理服务业务。

5. 参与设立创业投资企业与创业投资管理顾问机构。

创业投资企业不得从事担保业务和房地产业务，但是购买自用房地产除外。对企业的投资，仅限于未上市企业。但是所投资的未上市企业上市后，创业投资企业所持股份的未转让部分及其配售部分不在此限。其他资金只能存放银行、购买国债或其他固定收益类的证券。

第三，对创业投资企业的监管管理部门已予备案的创业投资企业及其管理顾问机构，应当在每个会计年度结束后的4个月内向管理部门提交经注册会计师审计的年度财务报告与业务报告，并及时报告投资运作过程中的重大事件。

钟经理：**请问创业投资企业投资的中小高新技术企业须具备什么样的条件？**

叶小玮：创业投资企业投资的中小高新技术企业要符合下面四个方面的规定。

第一，创业投资企业投资的中小高新技术企业是指依据《高新技术企业认定管理办法》认定的高新技术企业。高新技术企业认定须同时满足以下条件：

1. 在中国境内（不含港、澳、台地区）注册的企业，近3年内通过自主研发、受让、受赠、并购等方式，或通过5年以上的独占许可方式，对其主要产品（服务）的核心技术拥有自主知识产权。

2. 产品（服务）属于《国家重点支持的高新技术领域》规定的范围。

3. 具有大学专科以上学历的科技人员占企业当年职工总数的30%以上，其中研发人员占企业当年职工总数的10%以上。

4. 企业为获得科学技术（不包括人文、社会科学）新知识，创造性运用科学技术新知识，或实质性改进技术、产品（服务）而持续进行了研究开发活动，且近三个会计年度的研究开发费用总额占销售收入总额的比例符合如下要求：

(1) 最近一年销售收入小于5 000万元的企业，比例不低于6%；

(2) 最近一年销售收入在5 000万元至20 000万元的企业，比例不低于4%；

(3) 最近一年销售收入在20 000万元以上的企业，比例不低于3%。

其中，企业在中国境内发生的研究开发费用总额占全部研究开发费用总额的比例不低于60%。企业注册成立时间不足3年的，按实际经营年限计算。

5. 高新技术产品（服务）收入占企业当年总收入的60%以上。

6. 企业研究开发组织管理水平、科技成果转化能力、自主知识产权数量、销售与总资产成长性等指标符合《高新技术企业认定管理工作指引》（另行制定）的要求。

第二，创业投资企业投资的中小高新技术企业职工人数不超过 500 人，年销售额不超过 2 亿元，资产总额不超过 2 亿元。

第三，创业投资企业申请投资抵扣应纳税所得额时，所投资的中小高新技术企业当年用于高新技术及其产品研究开发经费须占本企业销售额的 5%以上（含 5%），技术性收入与高新技术产品销售收入的合计须占本企业当年总收入的 60%以上（含 60%）。

第四，该中小高新技术企业未上市。

王会计：**如何理解创投企业持股 2 年可享所得税优惠的“2 年”？**

叶小玮：企业所得税法实施条例所称创业投资企业采取股权投资方式投资于未上市的中小高新技术企业 2 年以上的可享受抵扣应纳税所得额，关于这“2 年”的计算，是指“满 2 年”的当年。比如说，2011 年 3 月 1 日投资，那到 2013 年 3 月 1 日满 2 年。这时，就可以按投资的 70%抵减 2013 年的应纳税所得额。2013 年不足抵减的可结转到 2014 年继续抵减。

国税发［2009］第 87 号文件作了进一步的规定：中小企业接受创业投资之后，经认定符合高新技术企业标准的，应自其被认定为高新技术企业的年度起，计算创业投资企业的投资期限。该期限内中小企业接受创业投资后，企业规模超过中小企业标准，但仍符合高新技术企业标准的，不影响创业投资企业享受有关税收优惠。

投资时已是高新技术企业的，从投资当月起算满 24 个月的当年享受税收优惠；投资后才认定为高新技术企业的，从认定当年开始算满 24 个月的当年享受税收优惠。判断被投资是否中小企业的时点是投资当年时而非享受税收优惠的当年，这是因为企业在投资持有其内中小企有可能发展为不再符合中小企的具有一定规模的企业。

8 企业投资公共基础设施可享受税收减免

【优惠提要】

为促进国家重点扶持的公共基础设施项目建设，国家对于企业从事《公共基础设施项目企业所得税优惠目录》规定的项目给予“三免三减半”的优惠政策。

大维讲税

多年前批准的公共基础设施项目是否可享受优惠?

【案例 1—8】 宏发集团旗下的 D 公司从事一个公共基础设施项目投资经营，该项目是 2006 年批准的，2010 年才取得第一笔生产经营收入。刘总监让吴薇薇去向税务部门申请“三免三减半”的优惠政策。吴薇薇有些担心，项目批准时间过了这么久，还能按规定享受“三免三减半”的优惠政策吗?

叶大维： 宏发集团的 D 公司的项目虽然是在实施新企业所得税法之前批准的，但手续完备，符合《公共基础设施项目企业所得税优惠目录》规定范围、条件和标准，仍可享受优惠，可按照《财政部 国家税务总局关于公共基础设施项目和环境保护节能节水项目企业所得税优惠政策问题的通知》(财税［2012］10 号) 规定执行，即从 2010 年取得第一笔生产经营收入起，享受“三免三减半”的优惠政策。

优惠政策

一、企业从事公共基础设施减免优惠

《企业所得税法》及实施条例规定，企业从事国家重点扶持的公共基础设施项目的投资经营的所得，可以免征、减征企业所得税。自项目取得第一笔生产经营收入所属纳税年度起，第一年至第三年免征企业所得税，第四年至第六年减半征收企业所得税。

二、可享优惠的公共基础设施项目规定

财政部、国家税务总局、国家发展和改革委员会公布了《公共基础设施项目企业所得税优惠目录（2008 年版）》（财税［2008］116 号），对可以享受优惠的国家重点扶持的公共基础设施项目范围采取列举的办法，明确规定了港口码头、机场、铁路、公路、城市公共交通、电力、水利等 7 大类共 18 个项目为享受优惠的国家重点扶持的公共基础设施项目，可以免征、减征企业所得税。

操作要点

◆ **要点一：享受优惠的公共基础设施项目核算要求**

企业同时从事不在《目录》范围内的项目取得的所得，应与享受优惠的公共基础设施项目所得分开核算，并合理分摊期间费用，没有分开核算的，不得享受上述企业所得税优惠政策。

期间共同费用的合理分摊比例可以按照投资额、销售收入、资产额、人员工资等参数确定。此比例一经确定，不得随意变更。凡特殊情况需要改变的，需报主管税务机关核准。

◆ **要点二：项目转让优惠的继承**

企业在减免税期限内转让所享受减免税优惠的项目，受让方承续经营该

项目的，可自受让之日起，在剩余优惠期限内享受规定的减免税优惠。

减免税期限届满后转让的，受让方不得就该项目重复享受减免税优惠。因此同一项目只能享受一次优惠，不受投资主体的变化影响。

◆ **要点三：不得享受公共基础设施项目企业所得税优惠的情形**

实施条例规定：企业承包经营、承包建设和内部自建自用公共基础设施项目，不得享受三免三减半的企业所得税优惠。

承包经营，是指与从事该项目经营的法人主体相独立的另一法人经营主体，通过承包该项目的经营管理而取得劳务性收益的经营活动。

承包建设，是指与从事该项目经营的法人主体相独立的另一法人经营主体，通过承包该项目的工程建设而取得建筑劳务收益的经营活动。

内部自建自用，是指项目的建设仅作为本企业主体经营业务的设施，满足本企业自身的生产经营活动需要，而不属于向他人提供公共服务业务的公共基础设施建设项目。

办税指引

从事《公共基础设施项目企业所得税优惠目录》范围项目投资的企业应按规定到主管税务机关备案并报送相关材料后，方可享受有关企业所得税优惠。

表1－8　公共基础设施项目投资经营所得优惠备案

备案时间	纳税人应于从该项目取得第一笔生产经营收入后15日内办理备案 纳税人受让的公共基础设施项目应在受让当年度第一次纳税申报前办理备案
报送资料	1. 减免优惠备案表 2. 有关部门批准该项目文件复印件 3. 该项目完工验收报告复印件 4. 该项目投资额验资报告复印件 5. 取得第一笔生产经营收入的会计凭证、发票及账页复印件 6. 属于优惠期内转让的项目，应提供项目权属变动资料及原享受优惠情况有关资料 7. 主管税务机关要求提供的其他资料

小玮答疑

吴薇薇：**小玮，对企业享受所得税优惠的符合《目录》规定的公共基础设施项目在核算、期间费用承担上有何规定？**

叶小玮：企业同时从事不在《目录》范围内的项目取得的所得，应与享受优惠的公共基础设施项目所得分开核算，没有分开核算的，不得享受“三免三减半”的企业所得税优惠政策。企业同时从事不在《目录》范围的生产经营项目取得的所得，要合理分摊企业的期间共同费用，期间共同费用的合理分摊比例可以按照投资额、销售收入、资产额、人员工资等参数确定。上述比例一经确定，不得随意变更。凡特殊情况需要改变的，需报主管税务机关核准。

吴薇薇：**受让的符合《目录》规定的公共基础设施项目能否享受企业所得税优惠？**

叶小玮：企业在减免税期限内转让享受减免税优惠的项目，受让方承续经营该项目的，可自受让之日起，在剩余优惠期限内享受规定的减免税优惠；减免税期限届满后转让的，受让方不得就该项目重复享受减免税优惠。

9　企业固定资产加速折旧优惠

【优惠提要】

企业的固定资产可以通过缩短折旧年限或者采取加速折旧的方法，降低企业固定资产使用前期的企业所得税税负，减轻企业的资金压力。

大维讲税

加速折旧法的优惠一定让企业受益吗？

【案例 1—9】 宏发集团 2012 年 12 月购入一台机器设备，当月投入使用。吴薇薇拟采用加速折旧的方法对设备进行计提折旧，可刘总监却让她别草率决定，要先作优惠政策效果和风险评估，吴薇薇有些疑惑，难道加速折旧优惠还会对企业产生别的影响？

叶大维： 刘总监的建议是对的，企业实行加速折旧，可以在固定资产使用前期进行税前扣除较多的折旧额，在后期相应进行税前扣除较少的折旧额，从而降低企业固定资产使用前期的企业所得税税负，将税负递延到固定资产使用后期，对企业来说相当于政府提供了一笔无息贷款，在一定程度上缓解了企业的资金压力。但是，在特殊情况下，企业采取加速折旧也存在一定的风险，因为企业发生亏损只能向以后结转弥补 5 个年度，因此，不排除由于加速折旧产生的亏损在以后得不到弥补。相反，如果不使用加速折旧，企业的折旧额反而可以在税前扣除。

另外，加速折旧法会使企业各期的会计利润平移，企业在使用加速折旧法时，除去考虑加速折旧法带来的纳税时间推后的利益外，还应当综合考虑企业享有的其他税收优惠政策，作出全面的判断。例如，有些特殊行业的企业可能会享受诸如特定期间内的税率减半或者税收减免优惠，那么在这些期间，企业就不应当使用加速折旧法计提固定资产折旧，而应当使用直线法，以加大当期会计利润。

因此，企业对新购进设备是否采取加速折旧要进行综合评估，根据企业实际灵活应用。

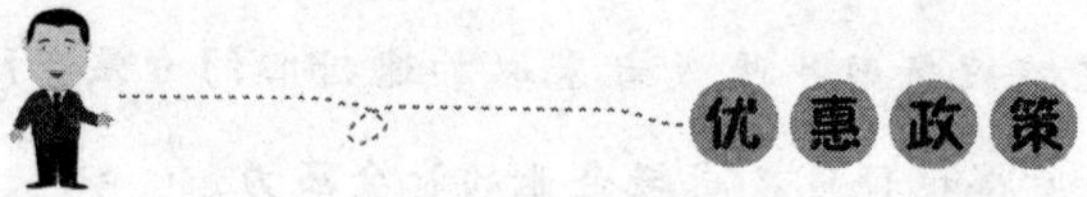

一、可以加速折旧的固定资产

《企业所得税法》及实施条例规定，企业的固定资产由于技术进步等原因，确需加速折旧的，可以缩短折旧年限或者采取加速折旧的方法。

可以采取缩短折旧年限或者采取加速折旧的方法的固定资产，包括：

1. 由于技术进步，产品更新换代较快的固定资产；

2. 常年处于强震动、高腐蚀状态的固定资产。

采取缩短折旧年限方法的，最低折旧年限不得低于《企业所得税法实施条例》第六十条规定折旧年限的60%；采取加速折旧方法的，可以采取双倍余额递减法或者年数总和法。

二、固定资产折旧年限规定

《企业所得税法实施条例》第六十条明确，除国务院财政、税务主管部门另有规定外，固定资产计算折旧的最低年限如下：

1. 房屋、建筑物，为20年；

2. 飞机、火车、轮船、机器、机械和其他生产设备，为10年；

3. 与生产经营活动有关的器具、工具、家具等，为5年；

4. 飞机、火车、轮船以外的运输工具，为 4 年；

5. 电子设备，为 3 年。

操作要点

◆ **要点一：固定资产加速折旧的方法**

企业拥有并使用的固定资产符合可以缩短折旧年限或者加速折旧，可按以下情况分别处理：

1. 企业过去没有使用过与该项固定资产功能相同或类似的固定资产，但有充分的证据证明该固定资产的预计使用年限短于《实施条例》规定的计算折旧最低年限的，企业可根据该固定资产的预计使用年限和国税发［2009］81 号文的规定，对该固定资产采取缩短折旧年限或者加速折旧的方法。

2. 企业在原有的固定资产未达到《实施条例》规定的最低折旧年限前，使用功能相同或类似的新固定资产替代旧固定资产的，企业可根据旧固定资产的实际使用年限和本通知的规定，对新替代的固定资产采取缩短折旧年限或者加速折旧的方法。

◆ **要点二：缩短折旧年限方法的规定**

企业采取缩短折旧年限方法的，对其购置的新固定资产，最低折旧年限不得低于《实施条例》第六十条规定的折旧年限的 60%；若为购置已使用过的固定资产，其最低折旧年限不得低于《实施条例》规定的最低折旧年限减去已使用年限后剩余年限的 60%。最低折旧年限一经确定，一般不得变更。

◆ **要点三：双倍余额递减法的规定**

双倍余额递减法，是指在不考虑固定资产预计净残值的情况下，根据每期期初固定资产原值减去累计折旧后的金额和双倍的直线法折旧率计算固定资产折旧的一种方法。应用这种方法计算折旧额时，由于每年年初固定资产净值没有减去预计净残值，所以在计算固定资产折旧额时，应在其折旧年限到期前的两年期间，将固定资产净值减去预计净残值后的余额平均摊销。计算公式如下：

$$年折旧率=2\div 预计使用寿命（年）\times 100\%$$

$$月折旧率=年折旧率\div 12$$

$$月折旧额=月初固定资产账面净值\times 月折旧率$$

◆ 要点四：年数总和法的规定

年数总和法，又称年限合计法，是指将固定资产的原值减去预计净残值后的余额，乘以一个以固定资产尚可使用寿命为分子、以预计使用寿命逐年数字之和为分母的逐年递减的分数计算每年的折旧额。计算公式如下：

$$年折旧率=尚可使用年限\div 预计使用寿命的年数总和\times 100\%$$

$$月折旧率=年折旧率\div 12$$

$$月折旧额=（固定资产原值-预计净残值）\times 月折旧率$$

◆ 要点五：采取折旧方法的有关规定

企业拥有并使用符合固定资产采取加速折旧方法的，可以采用双倍余额递减法或者年数总和法。加速折旧方法一经确定，一般不得变更。

对于采取缩短折旧年限的固定资产，足额计提折旧后继续使用而未进行处置（包括报废等情形）超过12个月的，今后对其更新替代、改造改建后形成的功能相同或者类似的固定资产，不得再采取缩短折旧年限的方法。

办税指引

企业确需对固定资产采取缩短折旧年限或者加速折旧方法的，应在取得该固定资产后一个月内，向其企业所得税主管税务机关备案（表1-9）。

适用总、分机构汇总纳税的企业，对其所属分支机构使用的符合相关文件规定的固定资产采取缩短折旧年限或者采取加速折旧方法的，由其总机构向其所在地主管税务机关备案。分支机构所在地主管税务机关应负责配合总机构所在地主管税务机关实施跟踪管理。

表1—9　企业固定资产加速折旧办税备案

备案时间	对于需加速折旧的固定资产，纳税人应在取得该固定资产后一个月内办理备案
报送资料	1. 减免优惠备案表 2. 固定资产的功能、预计使用年限短于《实施条例》规定计算折旧的最低年限的理由、证明资料及有关情况的说明 3. 被替代的旧固定资产的功能、使用及处置等情况的说明 4. 固定资产加速折旧拟采用的方法和折旧额的说明 5. 主管税务机关要求提供的其他资料
相关规定	汇算清缴期要补充报送《固定资产、无形资产加速折旧或摊销情况表》

小玮答疑

吴薇薇：**小玮，可以加速折旧固定资产的范围是怎么规定的？**

叶小玮：《国家税务总局关于企业固定资产加速折旧所得税处理有关问题的通知》（国税发［2009］81号）第一条规定：根据《企业所得税法》第三十二条及《实施条例》第九十八条的相关规定，企业拥有并用于生产经营的主要或关键的固定资产，由于以下原因确需加速折旧的，可以缩短折旧年限或者采取加速折旧的方法：由于技术进步，产品更新换代较快的；长年处于强震动、高腐蚀状态的。

吴薇薇：**应用固定资产加速折旧方法需要有什么要求？**

叶小玮：在使用固定资产折旧方法中要严格执行国家税务总局的政策要求，特别要注意以下三条：第一，企业确需对固定资产采取缩短折旧或者加速折旧方法的，应在取得该固定资产后一个月内，向其企业所得税主管税务机关备案并报送相关资料。第二，对于采取缩短折旧年限的固定资产，足额计提折旧后继续使用而未进行处置超过12个月的，今后对其更新替代、改造改建后形成的功能相同，或者类似的固定资产，不得再采取缩短折旧年限的方法。第三，发现不符合规定的，责令企业进行纳税调整。对于企业采取缩短折旧年限或者采取加速折旧方法的，主管税务机关应设立相应的税收管理台账，并加强监督，实施跟踪管理。对发现不符合《实施条例》第九十八条及国税发［2009］81号规定的，主管税务机关要及时责令企业进行纳税调整。

10 企业资源综合利用减计收入优惠

【优惠提要】

为更好地鼓励企业综合利用资源，生产符合国家产业政策规定的产品，政策规定企业资源综合利用可享受减计收入优惠。

大维讲税

企业综合利用资源减计收入如何办理？

【案例 1—10】 宏发集团旗下的 H 公司以废轮胎为原料生产的胶粉，2012 年取得胶粉销售收入 500 万元，公司其他产品销售收入 3000 万元。该公司账面尚存以前年度亏损 150 万元（均为 5 年内）。吴薇薇拟将资源生产产品取得的减计收入弥补公司以前年度亏损，并在季度申报时，将资源综合利用企业减计收入的 10%部分作了预缴。吴薇薇这样操作是否符合规定？

叶大维： 吴薇薇的操作涉及三个方面的问题。

第一，如果 H 公司产生的产品，符合实施条例和《目录》规定范围、条件和技术标准的项目，且其收入与非资源综合利用收入分开核算的，吴薇薇则可以向主管税务机关申请办理减免税备案手续。

第二，根据《国家税务总局关于做好 2009 年度企业所得税汇算清缴的通知》（国税函［2010］148 号），企业取得的免税收入、减计收入以及减征、免征所得额项目，不得弥补当期及以前年度应税项目亏损。当期形成亏损的减征、免征所得额项目，也不得用当期和以后纳税年度应税项目所得抵补。因此，吴薇薇不能把将减计收入弥补公司以前年度亏损。

第三，对资源综合利用企业减计 10%收入部分是否需要季度预缴企业所得税，各地规定有差异。部分省市规定填入《企业所得税月（季）度预缴纳税申报表（A 类）》第 7 行“免税收入”一栏。部分省市规定这块所得税要在所得税汇算清缴时才能结算，季度所得税预缴按正常预缴。具体如何填报，建议符合资源综合利用减计收入条件的企业在预缴时咨询主管税务机关。

优惠政策

《企业所得税法》第三十三条规定：企业综合利用资源，生产符合国家产业政策规定的产品所取得的收入，可以在计算应纳税所得额时减计收入。

《企业所得税法实施条例》明确：《企业所得税法》第三十三条所称减计收入，是指企业以《资源综合利用企业所得税优惠目录》规定的资源作为主要原材料，生产国家非限制和禁止并符合国家和行业相关标准的产品取得的收入，减按 90%计入收入总额。

操作要点

◆ 要点一：《资源综合利用企业所得税优惠目录》

根据经济社会发展需要及企业所得税优惠政策实施情况，国务院财政、税务主管部门会同国家发展改革委等有关部门适时对《目录》内的项目进行调整和修订。现行目录参见《财政部 国家税务总局、国家发展改革委关于公布资源综合利用企业所得税优惠目录（2008 年版）的通知》（财税［2008］117 号）文件内容。

◆ 要点二：生产利用《目录》内所列资源占比规定

企业自 2008 年 1 月 1 日起以《资源综合利用企业所得税优惠目录》中所列资源为主要原材料，生产《目录》内符合国家或行业相关标准的产品取得的收入，在计算应纳税所得额时，减按90%计入当年收入总额。享受上述税收优惠时，《目录》内所列资源占产品原料的比例应符合《目录》规定的技术标准。

◆ 要点三：资源综合利用产品的认定规定

经资源综合利用主管部门按《目录》规定认定的生产资源综合利用产品的企业（不包括仅对资源综合利用工艺和技术进行认定的企业），取得《资源综合利用认定证书》，可按规定申请享受资源综合利用企业所得税优惠。

企业资源综合利用产品的认定程序，按《国家发展改革委 财政部 国家税务总局关于印发〈国家鼓励的资源综合利用认定管理办法〉的通知》（发改环资［2006］1864号）的规定执行。

◆ 要点四：资源综合利用收入核算要求

企业同时从事其他项目而取得的非资源综合利用收入，应与资源综合利用收入分开核算，没有分开核算的，不得享受优惠政策。

办税指引

纳税人符合资源综合利用企业所得税减计收入优惠，在执行备案类减免税之前，必须向主管税务机关备案（表1－10）。

表1－10　资源综合利用减计收入优惠备案

备案时间	纳税人在当年度汇算清缴期结束前（包括预缴期）办理备案
报送资料	1. 减免优惠备案表 2. 有关部门出具的资源综合利用企业（项目、产品）认定证书及检测报告（包括利用资源的名称、数量、占比）的复印件 3. 企业所得税优惠项目报告表，列明享受优惠的理由、依据、综合利用的资源、生产的产品、技术标准、减计收入额等 4. 主管税务机关要求提供的其他资料
相关事项	汇算清缴期报送补充报送《资源综合利用情况及核算情况表》

小玮答疑

吴薇薇：**资源综合利用企业减计收入的资格认定是怎么规定的?**

叶小玮：资源综合利用企业减计收入的前提是必须通过资格认定规定。根据国税函［2009］185号规定，经资源综合利用主管部门按《目录》规定认定的生产资源综合利用产品的企业（不包括仅对资源综合利用工艺和技术进行认定的企业），取得《资源综合利用认定证书》，可按规定申请享受资源综合利用企业所得税优惠。

吴薇薇：**享受资源综合利用企业所得税优惠政策需要办理什么手续?**

叶小玮：税务机关对资源综合利用企业所得税优惠实行备案管理。企业取得《资源综合利用认定证书》后，在申报享受减免税及次年4月底前，凭《企业所得税优惠项目备案登记表》、《资源综合利用认定证书》复印件、综合利用资源和生产产品的名称、产品的技术标准等说明材料，以及税务机关要求提供的其他资料，向主管税务机关办理备案。

吴薇薇：**企业经营状况发生变化的，还能继续享受资源综合利用企业所得税优惠吗?**

叶小玮：享受资源综合利用企业所得税优惠的企业因经营状况发生变化而不符合《资源综合利用企业所得税优惠目录（2008年版）》规定的条件的，应自发生变化之日起15个工作日内向主管税务机关报告，并停止享受资源综合利用企业所得税优惠。

11 企业从事农、林、牧、渔业所得减免优惠

【优惠提要】

国家为促进农业发展，制定了一系列涉农税收优惠政策。企业从事农、林、牧、渔业项目的所得，可以免征、减征企业所得税。

大维讲税

为何这家涉农公司不能享受优惠？

【案例 1—11】这天，税务局来了一个老板模样的中年人，找叶大维申诉。原来，他经营的H公司是涉农企业，从事销售农业生产资料和提供农业技术和农机作业服务。他说国家规定涉农企业能免税，可申报纳税时却被告之不能享受减免。叶大维翻阅了他的财务资料，马上就明白了怎么回事，原来，该公司在实际经营活动中，应税和免税的兼营行为没有分开核算，将农作物病虫害防治、农业技术推广和技术服务及农机作业收入隐含在农业生产资料销售收入中，导致会计账面上只核算了应税项目即农业生产资料的批发和零售业务，而没有对免税项目分开核算。

叶大维：H公司对非减免税项目（销售货物）与减免税项目（提供劳务）业务，没有分别确认销售收入并分开核算，因此不能享受农技推广、农机作业免征企业所得税的优惠。该公司原本是符合涉农减免优惠政策的，因为核算导致无法享受优惠政策，非常可惜。今后须从加强会计核算入手，将货物销售收入与应享受企业所得税免税优惠的病虫害防治、农业技术推广、农机

作业等收入分开核算，分别开具票据等。同时对成本项目按照各自归属明确划分开来，分别核算。

优惠政策

《企业所得税法》第二十七条规定：企业从事农、林、牧、渔业项目的所得，可以免征、减征企业所得税。

《企业所得税法实施条例》第八十六条明确指出：企业从事农、林、牧、渔业项目的所得可以免征、减征企业所得税，是指：

一、企业从事下列项目的所得，免征企业所得税

1. 蔬菜、谷物、薯类、油料、豆类、棉花、麻类、糖料、水果、坚果的种植；

2. 农作物新品种的选育；

3. 中药材的种植；

4. 林木的培育和种植；

5. 牲畜、家禽的饲养；

6. 林产品的采集；

7. 灌溉、农产品初加工、兽医、农技推广、农机作业和维修等农、林、牧、渔服务业项目；

8. 远洋捕捞。

二、企业从事下列项目的所得，减半征收企业所得税

1. 花卉、茶以及其他饮料作物和香料作物的种植；

2. 海水养殖、内陆养殖。

操作要点

◆ **要点一：农、林、牧、渔业项目的范围**

企业从事实施条例第八十六条规定的享受税收优惠的农、林、牧、渔业

项目，除另有规定外，参照《国民经济行业分类》（GB/T4754－2002）的规定标准执行。

企业从事农、林、牧、渔业项目，凡属于《产业结构调整指导目录（2011年版）》（国家发展和改革委员会令第9号）中限制和淘汰类的项目，不得享受实施条例第八十六条规定的优惠政策。

◆ **要点二：涉农优惠项目的具体界定**

1. 企业从事农作物新品种选育的免税所得，是指企业对农作物进行品种和育种材料选育形成的成果，以及由这些成果形成的种子（苗）等繁殖材料的生产、初加工、销售一体化取得的所得。

2. 企业从事林木的培育和种植的免税所得，是指企业对树木、竹子的育种和育苗、抚育和管理以及规模造林活动取得的所得，包括企业通过拍卖或收购方式取得林木所有权并经过一定的生长周期，对林木进行再培育取得的所得。

3. 企业根据委托合同，受托对规定的农产品进行初加工服务，其所收取的加工费，可以按照农产品初加工的免税项目处理。

◆ **要点三：企业从事下列项目所得的税务处理**

1. 猪、兔的饲养，按“牲畜、家禽的饲养”项目处理。

2. 饲养牲畜、家禽产生的分泌物、排泄物，按“牲畜、家禽的饲养”项目处理。

3. 观赏性作物的种植，按“花卉、茶及其他饮料作物和香料作物的种植”项目处理。

4. “牲畜、家禽的饲养”以外的生物养殖项目，按“海水养殖、内陆养殖”项目处理。

◆ **要点四：委托生产和销售贸易的优惠规定**

企业委托其他企业或个人从事《企业所得税法实施条例》第八十六条规定的农、林、牧、渔业项目取得的所得，可享受相应的税收优惠政策。

企业购买农产品后直接进行销售的贸易活动产生的所得，不能享受农、林、牧、渔业项目的税收优惠政策。

◆ 要点五：农产品初加工相关事项的税务处理

1. 企业根据委托合同，受托对符合《财政部 国家税务总局关于发布享受企业所得税优惠政策的农产品初加工范围（试行）的通知》（财税［2008］149 号）和《财政部 国家税务总局关于享受企业所得税优惠的农产品初加工有关范围的补充通知》（财税［2011］26 号）规定的农产品进行初加工服务，其所收取的加工费，可以按照农产品初加工的免税项目处理。

2. 财税［2008］149 号文件规定的“油料植物初加工”工序包括“冷却、过滤”等；“糖料植物初加工”工序包括“过滤、吸附、解析、碳脱、浓缩、干燥”等，其适用时间按照财税［2011］26 号文件规定执行。

3. 企业从事实施条例第八十六条第二款适用企业所得税减半优惠的种植、养殖项目，并直接进行初加工且符合农产品初加工目录范围的，企业应合理划分不同项目的各项成本、费用支出，分别核算种植、养殖项目和初加工项目的所得，并各按适用的政策享受税收优惠。

4. 企业对外购茶叶进行筛选、分装、包装后进行销售的所得，不享受农产品初加工的优惠政策。

办税指引

企业有从事农、林、牧、渔业项目，符合所得减免条件，可向主管税务机关备案（表 1－11）。

表 1－11 农、林、牧、渔业项目所得减免税备案

备案时间	在当年度汇算清缴期结束前（包括预缴期）办理备案
报送资料	1. 减免税备案表 2. 企业从事农、林、牧、渔业项目的产品种类及工艺流程说明 3. 种植业应具体说明种植作物的种类；饲养业应具体说明饲养禽畜的种类；农林牧渔服务项目应具体说明服务的项目、流程；远洋捕捞企业应取得农业部颁发的“远洋渔业企业资格证书”并在有效期内；海水、内陆养殖企业应说明养殖的品种、租赁水域的合同或协议书、证明 4. 减免税项目所得核算明细账、期间费用分摊表 5. 主管税务机关要求提供的其他资料

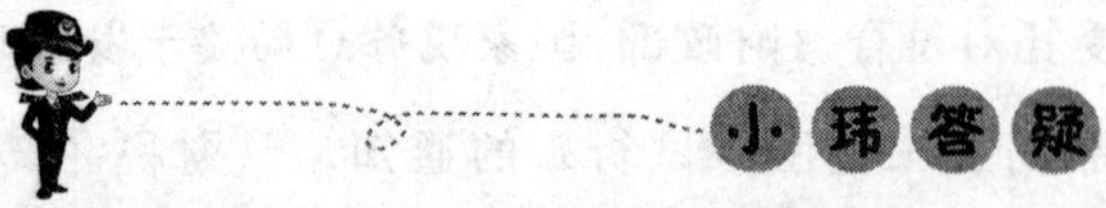

陈会计：**以“公司＋农户”经营模式从事农、林、牧、渔业项目生产的企业，可以享受减免企业所得税优惠政策吗？**

叶小玮：根据国家税务总局印发《关于“公司＋农户”经营模式企业所得税优惠问题的通知》（国家税务总局公告 2010 年第 2 号）规定，以“公司＋农户”经营模式从事农、林、牧、渔业项目生产的企业，可以按照《企业所得税法实施条例》第八十六条的有关规定，享受减免企业所得税优惠政策。

企业采取“公司＋农户”经营模式从事牲畜、家禽的饲养，即公司与农户签订委托养殖合同，向农户提供畜禽苗、饲料、兽药及疫苗等（所有权〈产权〉仍属于公司），农户将畜禽养大成为成品后交付公司回收。鉴于该模式企业直接从事畜禽的养殖，但系委托农户饲养，并承担诸如市场、管理、采购、销售等经营职责及绝大部分经营管理风险，公司和农户是劳务外包关系。对此类以“公司＋农户”经营模式从事农、林、牧、渔业项目生产的企业，可以按照《企业所得税法实施条例》第八十六条的有关规定，享受减免企业所得税优惠政策。

李会计：**农业合作社所得税免税吗？如果免税的话所得税季报 A 类报表收入栏是填在第 7 栏免税收入栏吗？**

叶小玮：如果农业合作社从事《企业所得税法》及其实施条例规定的农、林、牧、渔业项目或其他减免税项目的所得，可以按照有关规定享受所得税免税、减税优惠。如果符合所得税减免税政策规定，在季度申报时填在所得税季报 A 类报表第 7 栏免税收入栏。

12 企业政策性搬迁税收优惠

【优惠提要】

随着城市改造步伐的不断加快，以政府为主导的企业政策性搬迁越来越多。对符合政策性的企业搬迁，政府给予亏损弥补期递延的优惠政策。

大维讲税

政策性搬迁有哪些税收优惠？

【案例 1—12】穗城区因建技校发展职业教育，需要征地，宏发集团的一间工厂纳入征地范围，需要搬迁。企业搬迁复建过程中，会涉及许多复杂的税务问题，吴薇薇向税务部门咨询，政策性搬迁与非政策性搬迁在税务处理上有什么区别？

叶大维：宏发集团遇到的搬迁是由于社会公共利益（发展教育）的需要，在政府主导下企业进行整体搬迁，属于政策性搬迁，可以享受《企业政策性搬迁所得税管理办法》（国家税务总局公告 2012 年第 40 号）中的规定的亏损弥补期递延等政策优惠。同时，政策性搬迁与非政策性搬迁还有不小的区别：第一，企业取得搬迁补偿收入，不立即作为当年度的应税收入征税，而是在搬迁周期内，扣除搬迁支出后统一核算；第二，给予最长 5 年的搬迁期限；第三，企业以前年度发生尚未弥补的亏损的，搬迁期间从法定亏损结转年限中减除。

优惠政策

国家税务总局关于发布《企业政策性搬迁所得税管理办法》的公告（2012年第40号）规定：

1. 企业在搬迁期间发生的搬迁收入和搬迁支出，可以暂不计入当期应纳税所得额，而在完成搬迁的年度，对搬迁收入和支出进行汇总清算。

2. 企业搬迁收入扣除搬迁支出后为负数的，应为搬迁损失。搬迁损失可在下列方法中选择其一进行税务处理：

（1）在搬迁完成年度，一次性作为损失进行扣除。

（2）自搬迁完成年度起分3个年度，均匀在税前扣除。

上述方法由企业自行选择，但一经选定，不得改变。

3. 企业以前年度发生尚未弥补的亏损的，凡企业由于搬迁停止生产经营无所得的，从搬迁年度次年起，至搬迁完成年度前一年度止，可作为停止生产经营活动年度，从法定亏损结转弥补年限中减除；企业边搬迁边生产的，其亏损结转年度应连续计算。

操作要点

◆ **要点一：企业政策性搬迁的界定**

企业政策性搬迁是指由于社会公共利益的需要，在政府主导下企业进行整体搬迁或部分搬迁。企业由于下列需要之一，提供相关文件证明资料的，属于政策性搬迁：

1. 国防和外交的需要；

2. 由政府组织实施的能源、交通、水利等基础设施的需要；

3. 由政府组织实施的科技、教育、文化、卫生、体育、环境和资源保护、防灾减灾、文物保护、社会福利、市政公用等公共事业的需要；

4. 由政府组织实施的保障性安居工程建设的需要；

5. 由政府依照《中华人民共和国城乡规划法》有关规定组织实施的对危房集中、基础设施落后等地段进行旧城区改建的需要；

6. 法律、行政法规规定的其他公共利益的需要。

◆ 要点二：政策性搬迁规定事项要单独作税务管理和核算

企业政策性搬迁过程中涉及的搬迁收入、搬迁支出、搬迁资产税务处理、搬迁所得等所得税征收管理事项，单独进行税务管理和核算。不能单独进行税务管理和核算的，应视为企业自行搬迁或商业性搬迁等非政策性搬迁进行所得税处理。

◆ 要点三：搬迁完成清算的规定

下列情形之一的，为搬迁完成年度，企业应进行搬迁清算，计算搬迁所得：

1. 从搬迁开始，5 年内（包括搬迁当年度）任何一年完成搬迁的；

2. 从搬迁开始，搬迁时间满 5 年（包括搬迁当年度）的年度。

企业同时符合下列条件的，视为已经完成搬迁：

1. 搬迁规划已基本完成；

2. 当年生产经营收入占规划搬迁前年度生产经营收入 50%以上。

◆ 要点四：搬迁期间发生的资产类事项的税务处理

1. 凡在国家税务总局 2012 年第 40 号公告生效前已经签订搬迁协议且尚未完成搬迁清算的企业政策性搬迁项目，企业在重建或恢复生产过程中购置的各类资产，可以作为搬迁支出，从搬迁收入中扣除。但购置的各类资产，应剔除该搬迁补偿收入后，作为该资产的计税基础，并按规定计算折旧或费用摊销。凡在国家税务总局 2012 年第 40 号公告生效后签订搬迁协议的政策性搬迁项目，应按国家税务总局 2012 年第 40 号公告有关规定执行。

2. 企业政策性搬迁被征用的资产，采取资产置换的，其换入资产的计税成本按被征用资产的净值，加上换入资产所支付的税费（涉及补价，还应加上补价款）计算确定。

办税指引

企业政策性搬迁征税实行备案管理，企业在规定的时间内向主管税务机关（包括迁出地和迁入地）报送政策性搬迁依据、搬迁规划等相关材料（表1—12）。逾期未报的，除特殊原因并经主管税务机关认可外，按非政策性搬迁处理，不得适用政策性搬迁所得税政策。

表1—12　企业政策性搬迁优惠备案

备案时间	企业应当自搬迁开始年度，至次年5月31日前报送相关资料
报送资料	向主管税务机关（包括迁出地和迁入地）报送政策性搬迁依据、搬迁规划等相关材料： 1. 减免税备案表 2. 政府搬迁文件或公告 3. 搬迁重置总体规划 4. 拆迁补偿协议 5. 资产处置计划 6. 其他与搬迁相关的事项 7. 主管税务机关要求的其他相关材料
相关规定	企业迁出地和迁入地主管税务机关发生变化的，由迁入地主管税务机关负责企业搬迁清算 企业搬迁完成当年，其向主管税务机关报送企业所得税年度纳税申报表时，应同时报送《企业政策性搬迁清算损益表》及相关材料

小玮答疑

企业政策性搬迁或处置收入有关企业所得税处理问题比较复杂，在实际税收征管过程中，由于理解不一，经常产生一些争议，公司面临搬迁，吴薇薇与叶小玮就其中的一些涉税问题进行咨询。

吴薇薇：**小玮，政策性搬迁范围有哪些？**

叶小玮：企业政策性搬迁，是指由于社会公共利益的需要，在政府主导下企业进行整体搬迁或部分搬迁。企业由于下列需要之一，提供相关文件证明资料的，属于政策性搬迁：

1. 国防和外交的需要；

2. 由政府组织实施的能源、交通、水利等基础设施的需要；

3. 由政府组织实施的科技、教育、文化、卫生、体育、环境和资源保护、防灾减灾、文物保护、社会福利、市政公用等公共事业的需要；

4. 由政府组织实施的保障性安居工程建设的需要；

5. 由政府依照《中华人民共和国城乡规划法》有关规定组织实施的对危房集中、基础设施落后等地段进行旧城区改建的需要；

6. 法律、行政法规规定的其他公共利益的需要。

吴薇薇：**政策性搬迁涉及的资产如何进行税务处理？**

叶小玮：企业政策性搬迁所涉及的资产，区分两种情况进行处理：一是，搬迁后原资产经过简单安装或不安装（如无形资产）仍可以继续使用的，在该资产重新投资使用后，继续计提折旧或摊销费用；二是，搬迁后原资产需要大修理后才能重新使用的，该资产的净值加上大修理支出，为该资产的计税成本。在该资产重新投资使用后，就该资产尚可使用的年限计提折旧。同时，该大修理支出应进行资本化，不得从搬迁收入中扣除。

吴薇薇：**企业政策性搬迁，新购置的资产如何进行税务处理？**

叶小玮：企业政策性搬迁后新购置的资产，一律按税法的规定进行处理，其支出不得从搬迁收入中扣除。

吴薇薇：**怎样理解国家税务总局公告 2013 年第 11 号文件？**

叶小玮：国家税务总局《关于企业政策性搬迁所得税有关问题的公告》

（国家税务总局公告2013年第11号）规定，凡在国家税务总局2012年第40号公告生效前已经签订搬迁协议且尚未完成搬迁清算的企业政策性搬迁项目，企业在重建或恢复生产过程中购置的各类资产，可以作为搬迁支出，从搬迁收入中扣除。但购置的各类资产，应剔除该搬迁补偿收入后，作为该资产的计税基础，并按规定计算折旧或费用摊销。

根据该公告的规定，2012年9月30日前已签订搬迁协议，但在2012年企业所得税汇算清缴前尚未完成搬迁清算的，按国家税务总局公告2013年第11号执行。即如果搬迁所得（搬迁收入－国家税务总局2012年第40号公告第八条所述搬迁支出）－重置资产＞0时，在搬迁完成年度，计入应纳税所得额，重置资产不再计提折旧和摊销费用；如果搬迁所得＞0，但搬迁所得－重置资产≤0，只能递减至0；如果搬迁所得≤0时，在搬迁完成年度以实际金额计入应纳税所得额，重置资产不得在当期扣除，可按规定计算折旧或摊销费用。

13 企业公益性捐赠可享税前扣除优惠

【优惠提要】

为鼓励社会公益性捐赠行为，对于企业发生的公益性捐赠支出，在年度利润总额12%以内的部分，准予在计算应纳税所得额时扣除。

大维讲税

公益性捐赠扣除如何做纳税调整？

【案例1—13】 宏发集团旗下的D公司实行按季预缴企业所得税，年终汇算清缴。2013年4月，D公司通过某经认定的基金会向某受灾地区捐赠人民币100万元，取得符合规定的票据。2013年终了，D公司2013年实现会计利润800万元，假设没有其他纳税调整事项。2013年一到四季度累计缴纳企业所得税240万元。请问D公司该如何做纳税调整？

叶大维： 企业发生的公益性捐赠，在利润总额12%比例范围内的，准予在税前扣除，超过利润12%比例的部分，要做纳税调增，增加应纳税所得额。本案例中，D公司2010年可在税前扣除的公益性捐赠＝800×12%＝96（万元），D公司2010年发生的公益性捐赠为100万元，大于可税前扣除公益性捐赠96万元，因此公益性捐赠100万元需要进行纳税调整增加4万元。D公司2010年应纳企业所得税额＝（800＋4）×25%＝201（万元），减去已累计缴纳的企业所得税240万元，D公司2010年度汇算清缴可申请退（抵）企业所得税39万元。

优惠政策

《企业所得税法》第九条规定：企业发生的公益性捐赠支出，在年度利润总额12%以内的部分，准予在计算应纳税所得额时扣除。

《企业所得税法实施条例》第五十三条规定：企业发生的公益性捐赠支出，不超过年度利润总额12%的部分，准予扣除。年度利润总额，是指企业依照国家统一会计制度的规定计算的年度会计利润。

操作要点

◆要点一：社会公益性团体条件

《企业所得税法实施条例》明确指出，企业所得税法第九条所称公益性捐赠，是指企业通过公益性社会团体或者县级以上人民政府及其部门，用于《中华人民共和国公益事业捐赠法》规定的公益事业的捐赠。公益性社会团体，是指同时符合下列条件的基金会、慈善组织等社会团体：

1. 依法登记，具有法人资格；

2. 以发展公益事业为宗旨，且不以营利为目的；

3. 全部资产及其增值为该法人所有；

4. 收益和营运结余主要用于符合该法人设立目的的事业；

5. 终止后的剩余财产不归属任何个人或者营利组织；

6. 不经营与其设立目的无关的业务；

7. 有健全的财务会计制度；

8. 捐赠者不以任何形式参与社会团体财产的分配；

9. 国务院财政、税务主管部门会同国务院民政部门等登记管理部门规定的其他条件。

◆**要点二：对捐赠支出的规定**

税法上所指的公益性捐赠支出，要通过获得公益性捐赠税前扣除资格的公益性社会团体或县级以上人民政府及其组成部门和直属机构，用于公益事业的捐赠支出，才允许年度利润总额12%以内的部分在计算应纳税所得额时扣除。

◆**要点三：扣除比例的规定**

企业发生的公益性捐赠，在利润总额12%比例范围内的，准予在税前扣除，超过利润12%比例的部分，要做纳税调增，增加应纳税所得额。

一、取得捐赠相关票据

企业通过公益性社会团体或县级以上人民政府及其部门捐赠时，应注意向受赠单位索取省级以上（含省级）财政部门印制并加盖接受捐赠单位印章的公益性捐赠票据，或加盖接受捐赠单位印章的《非税收入一般缴款书》收据联，以作为公益性捐赠支出税前扣除的证明材料。

二、在计算应纳税所得额时自行扣除

公益性捐赠支出税前扣除不属于行政审批事项，企业应根据捐赠支出的情况，按照企业所得税法及其实施条例的规定自行将公益性捐赠支出在计算应纳税所得额时扣除。

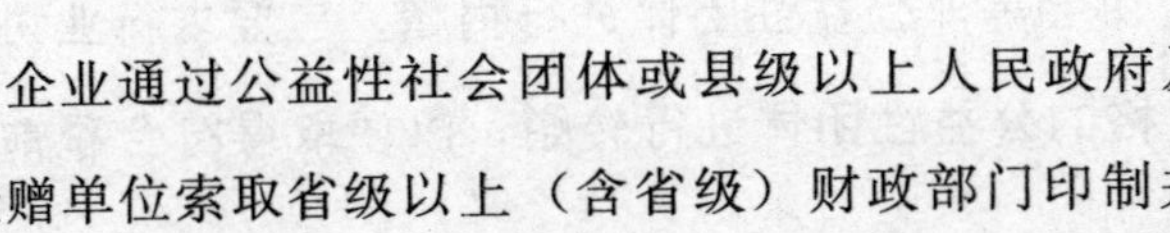

吴薇薇：**企业的捐赠支出能否在企业所得税税前扣除？**

叶小玮：企业发生的公益性捐赠支出可以按规定在税前扣除，非公益性捐赠支出和非广告性的赞助支出不得在税前扣除（广告性的赞助支出可凭广告业发票在税前扣除）。

吴薇薇：**企业进行公益性捐赠应注意什么问题？**

叶小玮：企业进行公益性捐赠应注意以下问题：

1. 企业不得向受援对象直接进行捐助，直接的捐赠支出不能在税前扣除；

2. 企业应通过县级以上人民政府及其部门和公益性团体（含社会团体和群众团体）进行公益性捐赠。如果是公益性团体的话，建议企业先查询或咨询该团体当年度是否具备公益性捐赠税前扣除资格；

3. 企业进行公益性捐赠一定要取得相关票据方能在税前扣除。具体来说，包括加盖接受捐赠单位印章的公益性捐赠票据，或加盖接受捐赠单位印章的《非税收入一般缴款书》收据联；

4. 如果企业通过行业协会等非公益性团体进行捐赠，应要求行业协会等再通过政府部门或具备资格的公益性团体进行转赠，以便取得符合税前扣除条件的捐赠票据。

吴薇薇：**企业如何判断相关团体是否具备公益性捐赠税前扣除资格？**

叶小玮：企业可登陆税务局网站查询公益性捐赠税前扣除资格名单的文件，也可向税务部门咨询或向相关团体直接咨询。

吴薇薇：**企业将自产的货物捐赠给公益性社会团体，是否能享受税收优惠？**

叶小玮：根据税法规定，企业将自产、委托加工和外购的货物用于捐赠，应视同对外销售货物缴纳增值税。按照《增值税暂行条例实施细则》第四条，“单位或个体经营者将自产、委托加工或购买的货物无偿赠送他人，视同销售货物。”比如企业将其自己生产的药品捐给灾区，需要视同销售缴纳增值税。

另外，《中华人民共和国企业所得税法》第二十五条规定："企业发生非货币性资产交换，以及将货物、财产、劳务用于捐赠、偿债、赞助、集资、广告、样品、职工福利或者利润分配等用途的，应当视同销售货物、转让财产或者提供劳务，但国务院财政、税务主管部门另有规定的除外。"因此，捐赠相关货物，不仅要缴纳增值税等流转税，还需视同销售缴纳企业所得税。

14 软件产业和集成电路产业发展减免优惠

【优惠提要】

为推动科技创新和产业结构升级，促进信息技术产业发展，国家对符合条件的软件产业和集成电路产业的企业给予企业所得税减免优惠政策。

大维讲税

软件公司“2 免 3 减半”优惠年度如何确定？

【案例 1—14】 牛总为了推进宏发集团多元化发展，把 IT 部门剥离出去，成立一个软件公司。公司于 2012 年正式成立，2013 年预计首次盈利，刘总监研究了国家的软件产业所得税优惠政策，让软件公司于 2014 年 1 月去申请资格认定，如果能够在 3 月份取得认定的话，且假设在 2014 年、2015 年均获利，那么公司可以享受哪年的免税优惠？

叶大维： 优惠年度确定是软件产业所得税优惠比较复杂的问题，根据《关于进一步鼓励软件产业和集成电路产业发展企业所得税政策的通知》（财税［2012］27 号）规定，须经认定后享受税收优惠的企业，应在获利年度当年或次年的企业所得税汇算清缴之前取得相关认定资质。如果在获利年度次年的企业所得税汇算清缴之前取得相关认定资质，该企业可从获利年度起享受相应的定期减免税优惠；如果在获利年度次年的企业所得税汇算清缴之后取得相关认定资质，该企业应在取得相关认定资质起，就其从获利年度起计算的优惠期的剩余年限享受相应的定期减免优惠。

根据宏发集团旗下软件公司的情况，我们可以这样推算：该公司2012年成立，预计2013年盈利，2014年1月申请资格认定。如果该公司在2014年5月底之前（企业所得税汇算清缴之前）取得了软件企业的认定资质，可以享受2013—2014年度免税，2015—2017年减半征收企业所得税的税收优惠政策；如果该公司在2014年5月底之后（企业所得税汇算清缴之后）取得了软件企业的认定资质，可以享受2014年度免税，2015—2017年减半征收企业所得税的税收优惠政策。

优惠政策

《财政部 国家税务总局关于进一步鼓励软件产业和集成电路产业发展企业所得税政策的通知》（财税［2012］27号）规定：

1. 集成电路线宽小于0.8微米（含）的集成电路生产企业，经认定后，在2017年12月31日前自获利年度起计算优惠期，第一年至第二年免征企业所得税，第三年至第五年按照25%的法定税率减半征收企业所得税，并享受至期满为止。

2. 集成电路线宽小于0.25微米或投资额超过80亿元的集成电路生产企业，经认定后，减按15%的税率征收企业所得税，其中经营期在15年以上的，在2017年12月31日前自获利年度起计算优惠期，第一年至第五年免征企业所得税，第六年至第十年按照25%的法定税率减半征收企业所得税，并享受至期满为止。

3. 我国境内新办的集成电路设计企业和符合条件的软件企业，经认定后，在2017年12月31日前自获利年度起计算优惠期，第一年至第二年免征企业所得税，第三年至第五年按照25%的法定税率减半征收企业所得税，并享受至期满为止。

4. 国家规划布局内的重点软件企业和集成电路设计企业，如当年未享受免税优惠的，可减按10%的税率征收企业所得税。

5. 符合条件的软件企业按照《财政部 国家税务总局关于软件产品增值税政策的通知》（财税［2011］100 号）规定取得的即征即退增值税款，由企业专项用于软件产品研发和扩大再生产并单独进行核算，可以作为不征税收入，在计算应纳税所得额时从收入总额中减除。

6. 集成电路设计企业和符合条件软件企业的职工培训费用，应单独进行核算并按实际发生额在计算应纳税所得额时扣除。

7. 企业外购的软件，凡符合固定资产或无形资产确认条件的，可以按照固定资产或无形资产进行核算，其折旧或摊销年限可以适当缩短，最短可为 2 年（含）。

8. 集成电路生产企业的生产设备，其折旧年限可以适当缩短，最短可为 3 年（含）。

操作要点

◆ 要点一：软件产业和集成电路产业企业享受优惠的条件

财税［2012］27 号文件所称集成电路设计企业或符合条件的软件企业，是指以集成电路设计或软件产品开发为主营业务并同时符合下列条件的企业：

1. 2011 年 1 月 1 日后依法在中国境内成立并经认定取得集成电路设计企业资质或软件企业资质的法人企业。

2. 签订劳动合同关系且具有大学专科以上学历的职工人数占企业当年月平均职工总人数的比例不低于 40%，其中研究开发人员占企业当年月平均职工总数的比例不低于 20%。

3. 拥有核心关键技术，并以此为基础开展经营活动，且当年度的研究开发费用总额占企业销售（营业）收入总额的比例不低于 6%；其中，企业在中国境内发生的研究开发费用金额占研究开发费用总额的比例不低于 60%。

4. 集成电路设计企业的集成电路设计销售（营业）收入占企业收入总额的比例不低于 60%，其中集成电路自主设计销售（营业）收入占企业收入总额的比例不低于 50%；软件企业的软件产品开发销售（营业）收入占企业收入总额的比例一般不低于50％（嵌入式软件产品和信息系统集成产品开发销售（营业）收入占企业收入总额的比例不低于40％），其中软件产品自主开发销售（营业）收入占企业收入总额的比例一般不低于40％（嵌入式软件产品和信息系统集成产品开发销售（营业）收入占企业收入总额的比例不低于30％）。

5. 主营业务拥有自主知识产权，其中软件产品拥有省级软件产业主管部门认可的软件检测机构出具的检测证明材料和软件产业主管部门颁发的《软件产品登记证书》。

6. 具有保证设计产品质量的手段和能力，并建立符合集成电路或软件工程要求的质量管理体系并提供有效运行的过程文档记录。

7. 具有与集成电路设计或者软件开发相适应的生产经营场所、软硬件设施等开发环境（如EDA工具、合法的开发工具等），以及与所提供服务相关的技术支撑环境。

◆ **要点二：符合优惠条件的集成电路生产企业的规定**

财税［2012］27号文件所称集成电路生产企业，是指以单片集成电路、多芯片集成电路、混合集成电路制造为主营业务并同时符合下列条件的企业：

1. 依法在中国境内成立并经认定取得集成电路生产企业资质的法人企业。

2. 签订劳动合同关系且具有大学专科以上学历的职工人数占企业当年月平均职工总人数的比例不低于40％，其中研究开发人员占企业当年月平均职工总数的比例不低于20％。

3. 拥有核心关键技术，并以此为基础开展经营活动，且当年度的研究开发费用总额占企业销售（营业）收入（主营业务收入与其他业务收入之和，下同）总额的比例不低于5％；其中，企业在中国境内发生的研究开发费用金额占研究开发费用总额的比例不低于60％。

4. 集成电路制造销售（营业）收入占企业收入总额的比例不低于60％。

5. 具有保证产品生产的手段和能力，并获得有关资质认证（包括ISO质量体系认证、人力资源能力认证等）。

6. 具有与集成电路生产相适应的经营场所、软硬件设施等基本条件。

◆ 要点三：认定优惠年度的规定

符合财税［2012］27号文件优惠规定须经认定后享受税收优惠的企业，应在获利年度当年或次年的企业所得税汇算清缴之前取得相关认定资质。如果在获利年度次年的企业所得税汇算清缴之前取得相关认定资质，该企业可从获利年度起享受相应的定期减免税优惠；如果在获利年度次年的企业所得税汇算清缴之后取得相关认定资质，该企业应在取得相关认定资质起，就其从获利年度起计算的优惠期的剩余年限享受相应的定期减免优惠。

◆ 要点四：应取消其享受税收优惠的规定

享受此项税收优惠的企业有下述情况之一的，应取消其享受税收优惠的资格，并补缴已减免的企业所得税税款：

1. 在申请认定过程中提供虚假信息的；

2. 有偷税、骗税等行为的；

3. 发生重大安全、质量事故的；

4. 有环境等违法、违规行为，受到有关部门处罚的。

◆ 要点五：重点软件企业和集成电路设计企业认定规定

国家规划布局内重点软件企业和集成电路设计企业认定，每2年认定一次，认定资格有效期为2年。

1. 符合下列条件之一的软件企业可进行申报：

（1）年度软件产品开发销售（营业）收入总额超过（含）1.5亿元人民币且当年不亏损；

（2）年度软件产品开发销售（营业）收入总额低于1.5亿元人民币，在认定主管部门发布的支持领域内综合评分位居申报企业前五位；

（3）年度软件出口收入总额超过（含）500万美元，且年度软件出口收入总额占本企业年度收入总额比例超过（含）50%。

2. 符合下列条件之一的集成电路设计企业可进行申报：

（1）年度集成电路设计销售（营业）收入总额超过（含）1.5亿元人民币

且当年不亏损；

（2）年度集成电路设计销售（营业）收入总额低于1.5亿元人民币，在认定主管部门发布的支持领域内综合评分位居申报企业前三位。

办税指引

符合享受软件产业和集成电路产业企业所得税优惠条件的企业，应按照规定向主管税务机关办理减免税手续。在办理减免税手续时，企业应提供具有法律效力的证明材料（表1—13）。

表1—13　软件产业和集成电路产业发展企业申请所得税优惠

备案时间	当年度汇算清缴期结束前办理备案
报送资料	1. 减免优惠备案表 2. 软件企业或集成电路设计企业认定文件和认定证书复印件及年审证明复印件（原件核对后退回） 3. 集成电路生产企业生产设备缩短折旧年限要报有关的情况清单 4. 享受增值税即征即退政策所退还的税款要报即征即退增值税证明资料 5. 主管税务机关要求报送的其他资料

小玮答疑

吴薇薇：**小玮，如何理解软件企业和集成电路企业自获利年度享受企业所得税优惠政策的含义？**

叶小玮：根据《财政部 国家税务总局关于进一步鼓励软件产业和集成电路产业发展企业所得税政策的通知》（财税［2012］27号）规定，获利年度，是指该企业当年应纳税所得额大于零的纳税年度。符合该通知规定须经认定后享受税收优惠的企业，应在获利年度当年或次年的企业所得税汇算清缴之前取得相关认定资质。如果在获利年度次年的企业所得税汇算清缴之前取得相关认定资质，该企业可从获利年度起享受相应的定期减免税优惠；如果在获利年度次年的企业所得税汇算清缴之后取得相关认定资质，该企业应在取得相关认定资质起，就其从获利年度起计算的优惠期的剩余年限享受相应的定期减免优惠。

吴薇薇：**我们公司外购的计算机软件，所得税如何处理？**

叶小玮：根据财税［2012］27 号文件规定，企业外购的软件，凡符合固定资产或无形资产确认条件的，可以按照固定资产或无形资产进行核算，其折旧或摊销年限可以适当缩短，最短可为 2 年（含）。需要说明的是，任意企业所得税纳税人外购的软件，只要符合上述条件，均可执行上述优惠政策。

吴薇薇：**假如我们的公司符合软件企业“2 免 3 减半”的优惠，是否还可以享受其他企业所得税优惠？**

叶小玮：根据财税［2012］27 号文件规定，集成电路生产企业、集成电路设计企业、软件企业等依照该文件规定可以享受的企业所得税优惠政策与企业所得税其他相同方式优惠政策存在交叉的，由企业选择一项最优惠政策执行，不叠加享受。

第二篇

增值税 最新优惠

增值税起征点和小微企业免征优惠政策·

企业资源综合利用增值税优惠·

适用增值税低税率和简易办法征收的优惠·

公司安置残疾人就业可享多项增值税优惠·

涉农类增值税减免优惠·

医疗卫生行业增值税减免优惠·

……

15 增值税起征点和小微企业免征优惠政策

【优惠提要】

国家出台对部分小微企业暂免征收增值税的政策，符合条件的小微企业享受税收减免，为超过600万户小微企业带来实惠。

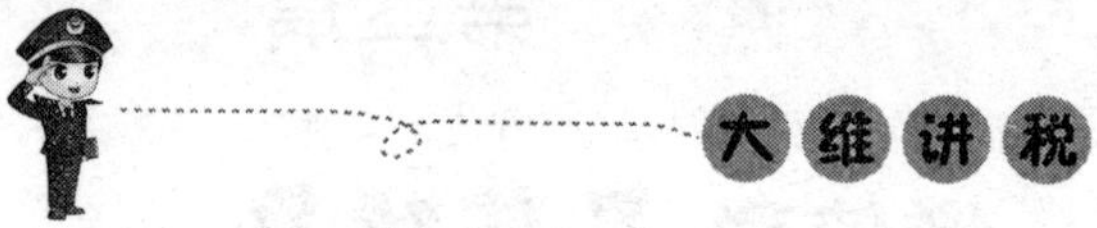

什么条件可以享受“小微企业免征增值税”政策？

【案例2—1】 徐先生经营一家小型汽修店，属于按季申报的小规模纳税人企业，由于生意清淡，他非常羡慕有些个体户同行，可以享受增值税起征点优惠的政策。国家出台了小微企业免征收增值税的政策后，徐先生非常高兴，摆出近三个月的经营情况，向叶大维咨询能否享受减免优惠政策：2014年，徐先生的汽修店从事销售货物、提供加工修理修配劳务，10月份销售货物取得收入3万元（不含税收入，下同），11月份取得加工修理修配收入2万元，12月份取得应税服务收入3万元。

叶大维： 从徐先生汽修店的性质和规模来看，属于典型的小微企业。为了进一步支持小微企业发展，财政部、国家税务总局联合印发了财税［2014］71号文，明确自2014年10月1日至2015年12月31日，对月销售额2万元至3万元的增值税小规模纳税人和营业税纳税人，免征增值税或营业税。不久，国家税务总局发布2014年第57号公告，规定增值税小规模纳税人月销售额或营业额不超过3万元（含3万元）的，免征增值税或营业税。其中，以 1 个季度为纳税期限的增值税小规模纳税人，季度销售额不超过 9 万元的，免征增值税，因此，徐先生符合免征条件。

优惠政策

一、增值税起征点

《增值税暂行条例实施细则》规定：增值税起征点的适用范围限于个人。增值税起征点的幅度规定如下：

1. 销售货物的，为月销售额 5 000～20 000 元；

2. 销售应税劳务的，为月销售额 5 000～20 000 元；

3. 按次纳税的，为每次（日）销售额 300～500 元。

省、自治区、直辖市财政厅（局）和国家税务局应在规定的幅度内，根据实际情况确定本地区适用的起征点。

二、月销售额不超过 3 万元免征增值税

《财政部 国家税务总局关于进一步支持小微企业增值税和营业税政策的通知》（财税［2014］71 号）规定：自 2014 年 10 月 1 日起至 2015 年 12 月 31 日，对月销售额 2 万元（含本数）至 3 万元的增值税小规模纳税人，免征增值税。

三、小微企业免征增值税规定

根据《关于小微企业免征增值税和营业税有关问题的公告》（国家税务总局公告 2014 年第 57 号），自 2014 年 10 月 1 日起，增值税小规模纳税人，月销售额不超过 3 万元（含 3 万元）的，免征增值税。其中，以 1 个季度为纳税期限的增值税小规模纳税人，季度销售额不超过 9 万元的，按照上述文件规定免征增值税。

操作要点

◆ 要点一：小微企业免征增值税的适用对象

增值税小规模纳税人，包含个体工商户、其他个人、企业和非企业性单位，月销售额或营业额不超过3万元（含3万元）的，都可以享受免征增值税的优惠政策。

◆ 要点二：有关开具发票问题的规定

对于增值税小规模纳税人代开增值税专用发票缴纳的税款，在将增值税专用发票全部联次追回或者按规定开具红字专用发票后，可以向主管税务机关申请退还。

◆ 要点三：兼营不同应税项目免税计算问题

兼有增值税应税项目和营业税应税项目的纳税人，既属于增值税纳税人，又属于营业税纳税人。纳税人分别核算增值税应税项目销售额和营业税应税项目营业额，分别享受月销售额不超过3万元（按季纳税9万元）免征增值税和月营业额不超过3万元（按季纳税9万元）免征营业税的优惠政策。

办税指引

未达增值税起征点的个体工商户和其他个人及免征收增值税的小微企业，按表2－1办理纳税申报与发票领购等涉税事项。

表2－1 增值税起征点和小微企业暂免征收办税事项

纳税人 事项	未达起征点的个体工商户和其他个人	符合免税条件的小微企业
纳税申报	纳税人自行申报，由主管税务部门定期核定，未达起征点，领取《未达起征点通知书》，在定额执行期内有效	不需专门申请，在纳税申报时，只要月销售额不超过3万元，即可按免税申报
超规定额（起征点/3万元）的处理	未达起征点定期定额户执行期结束后，应按规定以该期每月实际发生的经营额向税务机关进行分月汇总纳税申报。当月经营额达到起征点的，应在次月法定的申报期限进行纳税申报	当月销售额超过3万元需全额缴纳增值税，次月符合条件仍能享受免税

续表

发票领购	发票领购的数量和版面有效限制，开票金额达到起征点的须征税	符合免税条件的小微企业不可申请代开增值税专用发票；除非申请放弃免税，但放弃免税后，36个月内不得再申请免税

从2014年11月1日起，对小规模纳税人进行增值税纳税申报时使用的《增值税纳税申报表（小规模纳税人适用）》进行调整和细化。申报表中第6栏“免税销售额”的填报内容进行了细化，新增了“小微企业免税销售额”、“未达起征点销售额”、“其他免税销售额”三项，由纳税人根据其享受的免税政策分项填报。在“税款计算”栏目中，新增了“本期免税额”、“小微企业免税额”、“未达起征点免税额”栏次，由纳税人根据当期免税销售额和适用征收率计算填写。详细表格见《国家税务总局关于调整增值税纳税申报有关事项的公告》（2014年第58号）附件：1.《增值税纳税申报表（小规模纳税人适用）》及其附列资料；2.《增值税纳税申报表（小规模纳税人适用）》及其附列资料填写说明。

小玮答疑

李会计：**小微企业免征增值税的优惠政策是否包括个户工商户？**

叶小玮：新出台的财税［2014］71号明确销售额2万～3万元间的增值税小规模纳税人和营业税纳税人（包含个体工商户、其他个人、企业和非企业性单位）免税。

王会计：**我们公司符合小微企业免征收增值税的规定，是否需要专门申请优惠事项？**

叶小玮：不需要专门进行申请，也不需要做税收优惠备案。小规模纳税人（企业或非企业性单位）在按季申报时，填写《增值税季度纳税申报明细表（适用于查账征收的小规模纳税人）》，分月填写数据，按月享受此优惠。

王会计：记得有份文件《关于印发中小企业划型标准规定的通知》（工信部联企业［2011］300 号），**请问享受免征优惠的小微企业如何定义，和工信部的标准一样吗？**

叶小玮：增值税小微企业和企业所得税小型微利企业划分标准不同，二者也不同于工信部中小企业划型标准中的小型、微型企业。

工信部中小企业划型标准根据企业从业人员、营业收入、资产总额等指标。

增值税纳税人按照生产经营规模和财务会计核算健全程度，分为一般纳税人和小规模纳税人。

钟会计：**对于按季申报的纳税人，如何确定享受优惠政策的纳税人范围？**

叶小玮：《国家税务总局关于小微企业免征增值税和营业税有关问题的公告》（2014 年第 57 号）明确，对于以一个季度为纳税期限的纳税人，季度销售额或营业额不超过 9 万元（含 9 万元）的，免征增值税或营业税。

蔡小姐：**个体工商户能否申请代开增值税专用发票？**

叶小玮：《国家税务总局关于小微企业免征增值税和营业税有关问题的公告》（2014 年第 57 号）废止了《国家税务总局关于增值税起征点调整后有关问题的批复》（国税函［2003］1396 号）中有关起征点以下个体工商户不允许代开增值税专用发票的规定，个体工商户可按照《税务机关代开增值税专用发票管理办法（试行）》（国税发［2004］153 号）规定，向主管税务机关申请代开增值税专用发票。这给予小微企业更多的选择权，便于小微企业自由选择不同的商务对象，支持小微企业做大做强。

张先生：**已代开增值税专用发票，并缴纳代开增值税专用发票税款的小**

微企业，如何享受小微企业免征增值税优惠政策？

叶小玮：为最大限度支持小微企业发展，《国家税务总局关于小微企业免征增值税和营业税有关问题的公告》（2014 年第 57 号）明确，对于增值税小规模纳税人代开增值税专用发票缴纳的税款，在将增值税专用发票全部联次追回或者按规定开具红字专用发票后，可以向主管税务机关申请退还。

16 企业资源综合利用增值税优惠

【优惠提要】

资源综合利用增值税优惠政策，覆盖 3 类劳务和 34 类产品，主要包括直接免税、税务部门即征即退、财政部门先征后返等方式。

大维讲税

改用原材料享受资源综合利用优惠

【案例 2—2**】** 陈先生经营一家生产木纤维板（人造板）的企业。该公司采购的木片是由一种细小的木种加工的，该木料属于一种薪材类。听说不少同行享受了资源综合利用优惠政策，每年可节省一笔不小的税款，陈先生特意到税务部门咨询，请教怎样才能享受该税收优惠。

叶大维： 为了节约资源和保护环境，财税部门出台了农林剩余物资源综合利用产品增值税政策。根据《财政部 国家税务总局关于调整完善资源综合利用产品及劳务增值税政策的通知》（财税［2011］115 号）的规定，销售自产的以三剩物、次小薪材和农作物秸秆等 3 类农林剩余物为原料生产的木（竹、秸秆）纤维板、木（竹、秸秆）刨花板、细木工板等货物，可享受增值税即征即退 80％的优惠。陈先生的公司要享受这项优惠政策，首先，要搞清其生产的木纤维板的生产原料是否属于“3 类农林剩余物”原料，如果有差异，可以通过改造工艺，采用符合资源综合利用增值税优惠政策的农林剩余物“次小薪材”作原材料。其次，公司要提请质量技术监督等部门现场观察测量，并出具相关检测报告，使公司可以享受了退税 80%的税收优惠。

优惠政策

《财政部 国家税务总局关于调整完善资源综合利用产品及劳务增值税政策的通知》（财税［2011］115 号）对企业资源综合利用增值税优惠规定如下：

一、对销售自产的以建（构）筑废物、煤矸石为原料生产的建筑砂石骨料免征增值税

生产原料中建（构）筑废物、煤矸石的比重不低于 90%。其中以建（构）筑废物为原料生产的建筑砂石骨料应符合《混凝土用再生粗骨料》（GB/T 25177－2010）和《混凝土和砂浆用再生细骨料》（GB/T 25176－2010）的技术要求；以煤矸石为原料生产的建筑砂石骨料应符合《建筑用砂》（GB/T 14684－2001）和《建筑用卵石碎石》（GB/T 14685－2001）的技术要求。

二、对垃圾处理、污泥处理处置劳务免征增值税

垃圾处理是指运用填埋、焚烧、综合处理和回收利用等形式，对垃圾进行减量化、资源化和无害化处理处置的业务；污泥处理处置是指对污水处理后产生的污泥进行稳定化、减量化和无害化处理处置的业务。

三、对销售下列自产货物实行增值税即征即退 100%的政策

1. 利用工业生产过程中产生的余热、余压生产的电力或热力。发电（热）原料中 100%利用上述资源。

2. 以餐厨垃圾、畜禽粪便、稻壳、花生壳、玉米芯、油茶壳、棉籽壳、三剩物、次小薪材、含油污水、有机废水、污水处理后产生的污泥、油田采油过程中产生的油污泥（浮渣），包括利用上述资源发酵产生的沼气为原料生产的电力、热力、燃料。生产原料中上述资源的比重不低于 80%，其中利用油田采油过程中产生的油污泥（浮渣）生产燃料的资源比重不低于 60%。

上述涉及的生物质发电项目必须符合国家发展改革委《可再生能源发电有关管理规定》（发改能源［2006］13 号）要求，并且生产排放达到《火电厂大气污染物排放标准》（GB13223－2003）第 1 时段标准或者《生活垃圾焚烧污染控制标准》（GB18485－2001）的有关规定。利用油田采油过程中产生的油污泥（浮渣）的生产企业必须取得《危险废物综合经营许可证》。

3. 以污水处理后产生的污泥为原料生产的干化污泥、燃料。生产原料中上述资源的比重不低于 90％。

4. 以废弃的动物油、植物油为原料生产的饲料级混合油。饲料级混合油应达到《饲料级混合油》（NY/T 913－2004）规定的技术要求，生产原料中上述资源的比重不低于 90％。

5. 以回收的废矿物油为原料生产的润滑油基础油、汽油、柴油等工业油料。生产企业必须取得《危险废物综合经营许可证》，生产原料中上述资源的比重不低于 90％。

6. 以油田采油过程中产生的油污泥（浮渣）为原料生产的乳化油调和剂及防水卷材辅料产品。生产企业必须取得《危险废物综合经营许可证》，生产原料中上述资源的比重不低于 70％。

7. 以人发为原料生产的档发。生产原料中 90％以上为人发。

四、对销售下列自产货物实行增值税即征即退 80％的政策

以三剩物、次小薪材和农作物秸秆等 3 类农林剩余物为原料生产的木（竹、秸秆）纤维板、木（竹、秸秆）刨花板，细木工板、活性炭、栲胶、水解酒精、炭棒；以沙柳为原料生产的箱板纸。

五、对销售下列自产货物实行增值税即征即退 50％的政策

1. 以蔗渣为原料生产的蔗渣浆、蔗渣刨花板及各类纸制品。生产原料中蔗渣所占比重不低于 70％。

2. 以粉煤灰、煤矸石为原料生产的氧化铝、活性硅酸钙。生产原料中上

述资源的比重不低于25%。

3. 利用污泥生产的污泥微生物蛋白。生产原料中上述资源的比重不低于90%。

4. 以煤矸石为原料生产的瓷绝缘子、煅烧高岭土。其中瓷绝缘子生产原料中煤矸石所占比重不低于30%，煅烧高岭土生产原料中煤矸石所占比重不低于90%。

5. 以废旧电池、废感光材料、废彩色显影液、废催化剂、废灯泡（管）、电解废弃物、电镀废弃物、废线路板、树脂废弃物、烟尘灰、湿法泥、熔炼渣、河底淤泥、废旧电机、报废汽车为原料生产的金、银、钯、铑、铜、铅、汞、锡、铋、碲、铟、硒、铂等金属，其中综合利用危险废弃物的企业必须取得《危险废物综合经营许可证》。生产原料中上述资源的比重不低于90%。

6. 以废塑料、废旧聚氯乙烯（PVC）制品、废橡胶制品及废铝塑复合纸包装材料为原料生产的汽油、柴油、废塑料（橡胶）油、石油焦、碳黑、再生纸浆、铝粉、汽车用改性再生专用料、摩托车用改性再生专用料、家电用改性再生专用料、管材用改性再生专用料、化纤用再生聚酯专用料（杂质含量低于0.5mg/g、水分含量低于1%）、瓶用再生聚对苯二甲酸乙二醇酯（PET）树脂（乙醛质量分数小于等于1μg/g）及再生塑料制品。生产原料中上述资源的比重不低于70%。

上述废塑料综合利用生产企业必须通过ISO9000、ISO14000认证。

7. 以废弃天然纤维、化学纤维及其制品为原料生产的纤维纱及织布、无纺布、毡、黏合剂及再生聚酯产品。生产原料中上述资源的比重不低于90%。

8. 以废旧石墨为原料生产的石墨异形件、石墨块、石墨粉和石墨增碳剂。生产原料中上述资源的比重不低于90%。

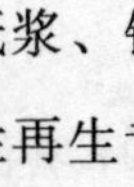

操作要点

◆ **要点一：必须单独核算综合利用产品的销售额**

增值税一般纳税人应单独核算综合利用产品的销售额。一般纳税人同时生产增值税应税产品和享受增值税即征即退产品而存在无法划分的进项税额时，按下列公式对无法划分的进项税额进行划分：

受增值税即征即退产品应分摊的进项税额＝当月无法划分的全部进项税额×当月享受增值税即征即退产品的销售额合计÷当月无法划分进项税额产品的销售额合计

增值税小规模纳税人应单独核算综合利用产品的销售额和应纳税额。

凡未单独核算资源综合利用产品的销售额和应纳税额的，不得享受本通知规定的退（免）税政策。

◆ 要点二：享受优惠须符合环保条件

申请享受资源综合利用产品及劳务增值税优惠政策的纳税人，还应符合下列条件：

1. 纳税人生产、利用资源综合利用产品及劳务的建设项目已按照《中华人民共和国环境影响评价法》编制环境影响评价文件，且已获得经法律规定的审批部门批准同意；

2. 自2010年1月1日起，纳税人未因违反《中华人民共和国环境保护法》等环境保护法律法规受到刑事处罚或者县级以上环保部门相应的行政处罚；

3. 生产过程中如果排放污水的，其污水已接入污水处理设施，且生产排放达到《城镇污水处理厂污染物排放标准》（GB18918－2002）；

4. 申请享受本通知规定的资源综合利用产品，已送交由省级以上质量技术监督部门资质认定的产品质量检验机构进行质量检验，并已取得该机构出具的符合产品质量标准要求及本文件规定的生产工艺要求的检测报告。

◆ 要点三：污染物排放必须达到相应标准

纳税人享受资源综合利用产品及劳务增值税退税、免税政策的，其污染物排放必须达到相应的污染物排放标准。

纳税人在办理资源综合利用产品及劳务增值税优惠事宜时，应同时提交污染物排放地环境保护部门确定的该纳税人应予执行的污染物排放标准，以及污染物排放地环境保护部门在此前 6 个月以内出具的该纳税人的污染物排放符合上述标准的证明材料。已开展环保核查的行业，应以环境保护部门发布的符合环保法律法规要求的企业名单公告作为证明材料。

对未达到相应的污染物排放标准的纳税人，自发生违规排放行为之日起，取消其享受资源综合利用产品及劳务增值税退税、免税政策的资格，且 3 年内不得再次申请。纳税人自发生违规排放行为之日起已申请并办理退税、免税的，应予追缴。

办税指引

申请享受资源综合利用产品及劳务增值税优惠政策的纳税人，须到主管税务机关做好审核备案，并按要求（表 2—2）提交有关的资料。

表 2—2 资源综合利用事项办税规定

优惠内容	减免项目	备案报送资料
免征增值税	再生水	1. 增值税减免税备案表 2.《资源综合利用认定证书》 3. 污染物排放达到排放标准的证明材料 4. 按《中华人民共和国环境影响评价法》编制的环境影响评价文件 5. 符合产品质量标准要求及生产工艺要求的质量检测报告 6. 主管税务机关要求提供的其他资料
	以废旧轮胎为全部生产原料生产的胶粉	
	翻新轮胎	
	原材料中掺兑废渣比例不低于 30% 的特定建材产品	
	以建（构）筑废物、煤矸石为原料生产的建筑砂石骨料	
免征增值税	污水处理劳务	1. 增值税减免税备案表 2. 污染物排放达到排放标准的证明材料 3. 按《中华人民共和国环境影响评价法》编制的环境影响评价文件 4. 主管税务机关要求提供的其他资料
	垃圾处理、污泥处理处置劳务	

续表

优惠内容	减免项目	备案报送资料
增值税即征即退100%	以工业废气为原料生产的高纯度二氧化碳产品	1. 增值税减免税备案表 2.《资源综合利用认定证书》 3. 污染物排放达到排放标准的证明材料 4. 符合产品质量标准要求及生产工艺要求的质量检测报告 5. 按《中华人民共和国环境影响评价法》编制的环境影响评价文件 6. 主管税务机关要求提供的其他资料
	以垃圾为燃料生产的电力或者热力	
	以煤炭开采过程中半生的舍弃物油母页岩为原料生产的页岩油	
	以废旧沥青混凝土为原料生产的再生沥青混凝土	
	采用旋窑法工艺或研磨工艺生产并且生产原料中掺兑废渣比例不低于30%的水泥	
增值税即征即退50%	以退役军用发射药为原料生产的涂料硝化棉粉	1. 增值税减免税备案表 2.《资源综合利用认定证书》 3. 污染物排放达到排放标准的证明材料 4. 符合产品质量标准要求及生产工艺要求的质量检测报告 5. 按《中华人民共和国环境影响评价法》编制的环境影响评价文件 6. 主管税务机关要求提供的其他资料
	对燃煤发电厂及各类工业企业产生的烟气、高硫天然气进行脱硫生产的副产品	
	以废弃酒糟和酿酒底锅水为原料生产的蒸汽、活性炭、白炭黑、乳酸、乳酸钙、沼气	
	以煤矸石、煤泥、石煤、油母页岩为燃料生产的电力和热力	
增值税即征即退50%	利用风力生产的电力	1. 增值税减免税备案表 2. 污染物排放达到排放标准的证明材料 3. 符合产品质量标准要求及生产工艺要求的质量检测报告 4. 主管税务机关要求提供的其他资料
	部分新型墙体材料产品	

续表

优惠内容	减免项目	备案报送资料
增值税即征即退100%	余热、余压生产的电力或热力	1. 增值税减免税备案表 2.《资源综合利用认定证书》 3. 污染物排放达到排放标准的证明材料 4. 符合产品质量标准要求及生产工艺要求的质量检测报告 5. 按《中华人民共和国环境影响评价法》编制的环境影响评价文件 6. 主管税务机关要求提供的其他资料
	以餐厨垃圾等生产的电力、热力、燃料	
	污泥为原料生产的干化污泥、燃料	
	以废弃的动物油生产的饲料级混合油	
	废矿物油为原料生产的工业油料	
	油污泥为原料生产的乳化油调和剂及防水卷材辅料产品	
	人发为原料生产的档发	
增值税即征即退80%	以农林剩余物为原料生产的资源综合利用产品	1. 增值税减免税备案表 2.《资源综合利用认定证书》 3. 污染物排放达到排放标准的证明材料 4. 符合产品质量标准要求及生产工艺要求的质量检测报告 5. 按《中华人民共和国环境影响评价法》编制的环境影响评价文件 6. 主管税务机关要求提供的其他资料
增值税即征即退50%	蔗渣为原料生产的蔗渣浆、蔗渣刨花板及各类纸制品	
	粉煤灰、煤矸石为原料生产的氧化铝、活性硅酸钙	
	以污泥生产的污泥微生物蛋白	
	煤矸石为原料生产的瓷绝缘子、煅烧高岭土	
	以废旧材料生产的金银等贵金属	
	以废塑料等为原料生产的汽油、再生塑料等	
	以废弃纤维生产的纤维纱及织布等	
	以废旧石墨为原料生产的石墨产品	

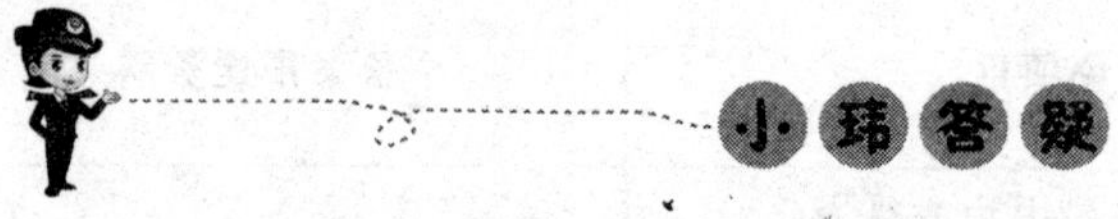

陈先生：**享受增值税优惠政策的资源综合利用产品及劳务涉及的国家标准、行业标准发生变化的，应当如何执行？**

叶小玮：按财税［2011］115号文件所列各类国家标准、行业标准等执行，如在执行过程中有更新、替换，统一按新的国家标准、行业标准执行，财政部、国家税务总局不再另行发文明确。

陈先生：**享受增值税优惠政策的资源综合利用企业，财务核算上应当注意哪些事项？**

叶小玮：根据《增值税暂行条例》和财税［2011］115号文件的规定，享受增值税优惠政策的资源综合利用企业在财务核算上应当注意以下事项：

1. 增值税一般纳税人应单独核算综合利用产品的销售额。

2. 增值税一般纳税人用于免征增值税综合利用产品的进项税额，不得从销项税额中抵扣。纳税人销售（提供）免税产品（劳务），如果已向购买方开具了增值税专用发票，应将专用发票追回后方可申请办理免税。凡专用发票无法追回的，一律按照规定征收增值税，不予免税。

3. 增值税小规模纳税人应单独核算综合利用产品的销售额和应纳税额。凡未单独核算资源综合利用产品的销售额和应纳税额的，不得享受退（免）税政策。

陈先生：**资源综合利用增值税优惠有哪些内容和方式？**

叶小玮：资源综合利用增值税优惠覆盖3类劳务和34类产品。3类劳务包括污水处理劳务、垃圾处理劳务和污泥处理劳务；34类产品是指有机肥料、再生水、胶粉、建筑材料、电力及各类化工产品等。

资源综合利用增值税优惠实行 5 种优惠方式，具体包括如下：

1. 免征增值税。包括有机肥料、再生水等 6 类产品和污水处理劳务等 3 类劳务。

2. 即征即退 100%增值税。包括以工业废气为原料生产的高纯度二氧化碳产品、以垃圾为燃料生产的电力或者热力等 12 类产品。

3. 即征即退 80%增值税。主要指以农林剩余物为原料生产的板材、活性炭、栲胶、水解酒精、炭棒和箱板纸等产品。

4. 即征即退 50%增值税。包括风电、污泥微生物蛋白、再生塑料制品和部分新型墙体材料产品等 14 类产品。

5. 先征后退增值税。主要指以废弃的动物油和植物油为原料生产的生物柴油。

17 适用增值税低税率和简易办法征收的优惠

【优惠提要】

政策规定，部分货物适用增值税抵税率，纳税人销售自己使用过的物品以及销售旧货，以及销售部分自产货物，享受增值税简易办法征收的减免优惠。

大维讲税

这项固定资产销售是否适用简易征收优惠？

【案例 2—3】 宏发集团旗下的软件开发公司成立后不久取得增值税一般纳税人资格，2012 年 3 月，该公司要销售已使用的直接用于科学研究、科学试验的进口仪器、设备等一批固定资产。在处理时，吴薇薇才发现由于这些固定资产购进时符合免税政策，都未抵扣增值税进项税。吴薇薇想知道销售这些固定资产是否可享受增值税简易征收优惠？

叶大维： 根据《增值税暂行条例》第十条和第十五条的规定，企业购进的直接用于科学研究、科学试验的进口仪器、设备等固定资产属于免征增值税的项目，所以软件开发公司购进时未抵扣增值税进项税。根据《关于部分货物适用增值税低税率和简易办法征收增值税政策的通知》（财税［2009］9 号）的规定，“一般纳税人销售自己使用过的属于条例第十条规定不得抵扣且未抵扣进项税额的固定资产，按简易办法依4%征收率减半征收增值税”。同时，销售处理这批固定资产，属于《国家税务总局关于一般纳税人销售自己使用过的固定资产增值税有关问题的公告》（公告2012年第1号）规定的情形，即“增值税一般纳税人发生按简易办法征收增值税应税行为，销售其按照规定不得抵扣且未抵扣进项税额的固定资产”，所以，宏发集团旗下的软件开发公司的该项销售可确认按简易办法依4%的征收率减半征收增值税。

优惠政策

一、适用13%的增值税低税率

下列货物继续适用13%的增值税税率：

1. 农产品；

2. 音像制品；

3. 电子出版物；

4. 二甲醚。

二、销售自己使用过的物品简易征收规定

1. 纳税人销售自己使用过的物品，按下列政策执行：

（1）一般纳税人销售自己使用过的属于条例第十条规定不得抵扣且未抵扣进项税额的固定资产，按简易办法依4%征收率减半征收增值税。

一般纳税人销售自己使用过的其他固定资产，按照《财政部 国家税务总局关于全国实施增值税转型改革若干问题的通知》（财税［2008］170号）第四条的规定执行。

一般纳税人销售自己使用过的除固定资产以外的物品，应当按照适用税率征收增值税。

（2）小规模纳税人（除其他个人外，下同）销售自己使用过的固定资产，减按 2%征收率征收增值税。

小规模纳税人销售自己使用过的除固定资产以外的物品，应按 3%的征收率征收增值税。

三、销售旧货简易征收规定

纳税人销售旧货，按照简易办法依照 4%征收率减半征收增值税。

所称旧货，是指进入二次流通的具有部分使用价值的货物（含旧汽车、旧摩托车和旧游艇），但不包括自己使用过的物品。

四、销售部分自产的货物简易征收规定

一般纳税人销售自产的下列货物，可选择按照简易办法依照 6%征收率计算缴纳增值税：

1. 县级及县级以下小型水力发电单位生产的电力。小型水力发电单位，是指各类投资主体建设的装机容量为 5 万千瓦以下（含 5 万千瓦）的小型水力发电单位。

2. 建筑用和生产建筑材料所用的砂、土、石料。

3. 以自己采掘的砂、土、石料或其他矿物连续生产的砖、瓦、石灰（不含黏土实心砖、瓦）。

4. 用微生物、微生物代谢产物、动物毒素、人或动物的血液或组织制成的生物制品。

5. 自来水。

6. 商品混凝土（仅限于以水泥为原料生产的水泥混凝土）。

五、销售下列货物简易征收规定

一般纳税人销售货物属于下列情形之一的，暂按简易办法依照 4%征收率计算缴纳增值税：

1. 寄售商店代销寄售物品（包括居民个人寄售的物品在内）；

2. 典当业销售死当物品；

3. 经国务院或国务院授权机关批准的免税商店零售的免税品。

以上政策摘自《财政部 国家税务总局关于部分货物适用增值税低税率和简易办法征收增值税政策的通知》（财税［2009］9号）文件。

操作要点

◆ 要点一：销售自己使用过的固定资产

增值税一般纳税人销售自己使用过的固定资产，属于以下两种情形的，可按简易办法依4%征收率减半征收增值税，同时不得开具增值税专用发票：

1. 纳税人购进或者自制固定资产时为小规模纳税人，认定为一般纳税人后销售该固定资产；

2. 增值税一般纳税人发生按简易办法征收增值税应税行为，销售其按照规定不得抵扣且未抵扣进项税额的固定资产。

◆ 要点二：选择简易征收36个月内不得变更

一般纳税人销售自产符合优惠规定的货物，可选择按照简易办法依照6%征收率计算缴纳增值税，但一般纳税人选择简易办法计算缴纳增值税后，36个月内不得变更。

◆要点三：销售旧物或旧货的税务规定

纳税人销售自己使用过的物品（旧物）或者销售旧货，可以归纳成以下几种情况：

表 2—3　纳税人销售自己使用过的物品或者销售旧货

纳税人	销售情形	税务处理	计税公式
一般纳税人	2008 年 12 月 31 日以前购进或者自制的固定资产（未抵扣进项税额）和旧货	按简易办法：依 4%征收率减半征收增值税	增值税＝售价÷（1＋4%）×4%÷2
	销售自己使用过的 2009 年 1 月 1 日以后购进或者自制的固定资产	按正常销售货物适用税率征收增值税（提示：该固定资产的进项税额在购进当期已抵扣）	增值税＝售价÷(1＋17%)×17%
	销售自己使用过的除固定资产以外的物品		
小规模纳税人（除其他个人外）	销售自己使用过的固定资产和旧货	减按 2%征收率征收增值税	增值税＝售价÷（1＋3%）×2%
	销售自己使用过的除固定资产以外的物品	按 3%的征收率征收增值税	增值税＝售价÷（1＋3%）×3%
个人（不含个体工商户，即自然人）	销售的自己使用过的物品	免征增值税	—

办税指引

纳税人销售自己使用过的物品和旧货，适用简易征收办法的，按规定（表 2—4）计算和申报不含税销售额和应纳税额、开具发票和纳税申报。

表 2－4　纳税人销售自己使用过的物品和旧货的税务事项

涉税事项	销售额和应纳税额	发票开具	纳税申报
一般纳税人销售自己使用过的物品和旧货	销售额＝含税销售额/（1＋4%）应纳税额＝销售额×4%/2	应开具普通发票，不得开具增值税专用发票。	一般纳税人销售已使用过固定资产按简易办法征收增值税，在主表第 5 栏“按简易征收办法征税货物销售额”填写不含税销售额，第 21 栏“简易征收办法计算的应纳税额”填写按 4%征收率计算的税额，第 23 栏“应纳税额减征额”中填写按 4%减半计算的税额；在附表一第 10 栏“开具普通发票”或第 11 栏“未开具发票”的“4%征收率”项下填写不含税销售额和按 4%征收率计算的税额
小规模纳税人销售自己使用过的固定资产和旧货	销售额＝含税销售额/（1＋3%）应纳税额＝销售额×2%	应开具普通发票，不得由税务机关代开增值税专用发票	小规模纳税人销售自己使用过的固定资产和旧货，其不含税销售额填写在《增值税纳税申报表（适用于小规模纳税人）》第 4 栏，其利用税控器具开具的普通发票不含税销售额填写在第 5 栏

小玮答疑

吴薇薇：**小玮，“使用过的物品”与“旧货”如何把握？**

叶小玮：财税［2009］9 号文件规定：“所称旧货，是指进入二次流通的具有部分使用价值的货物（含旧汽车、旧摩托车和旧游艇），但不包括自己使用过的物品。”根据上述规定，销售旧货的纳税人是指专门从事旧固定资产买卖的单位，即旧货经营单位；“使用过的物品”指“自己使用过的除固定资产以外的物品”，一般是指企业自己使用过的低值易耗品。一般纳税人销售自己使用过的除固定资产以外的其他物品，应当按照适用税率征收增值税；小规模纳税人销售自己使用过的除固定资产以外的其他物品，应按 3%的征收率征收增值税。

吴薇薇：**如何确定税率或征收率？**

叶小玮：销售已使用过的固定资产计征增值税分两种情况：

1. 纳税人销售的已使用过的固定资产在采购时按规定抵扣进项税的，按当初抵扣时的适用税率计算增值税；

2. 纳税人销售的已使用过的固定资产在采购时按规定未抵扣进项税的，按照 4%征收率减半征收增值税。

吴薇薇：**销售固定资产如何开具发票？**

叶小玮：根据国税函［2009］9 号文件的规定：“一般纳税人销售自己使用过的固定资产，适用按简易办法依 4%征收率减半征收增值税政策的，应开具普通发票，不得开具增值税专用发票；小规模纳税人销售自己使用过的固定资产，应开具普通发票，不得由税务机关代开增值税专用发票。”因此，对购买方而言，不能取得增值税专用发票，就不能抵扣相应的进项税。

18 公司安置残疾人就业可享多项增值税优惠

【优惠提要】

安置残疾人单位既符合促进残疾人就业增值税优惠政策条件，又符合其他增值税优惠政策条件的，可同时享受多项增值税优惠政策。

大维讲税

安置残疾人可同时享受多项增值税优惠

【案例 2—4】 2012 年，穗城区残疾人联合会联系宏发集团，希望该公司能支持残疾人就业，并指出安置残疾人就业可享受税收优惠。宏发集团的牛总翻阅了相关残疾人的资料，有心帮忙他们，一口气接收了 10 名残疾员工，把他们安置在旗下的一间小型家具厂。该厂利用生产家具过程中产生的木截头、锯末、木块等废弃物为原料生产刨花板，符合资源综合利用产品增值税即征即退优惠政策。宏发集团对残疾人就业的大力支持，能享受哪些增值税优惠政策？

叶大维： 宏发集团的家具厂可以同时享受两项增值税优惠政策。第一，根据《关于促进残疾人就业税收优惠政策的通知》（财税［2007］92 号）规定，宏发集团的家具厂符合安置残疾人就业增值税即征即退税收优惠政策规定的条件，实际安置的每位残疾人每年可退还的增值税，适用的经省级（含自治区、直辖市、计划单列市）人民政府批准的最低工资标准的 6 倍确定

（但最高不得超过每人每年 3.5 万元）。第二，根据《关于调整完善资源综合利用产品及劳务增值税政策的通知》（财税［2011］115 号）规定，该厂销售利用“三剩物”生产的刨花板，符合资源综合利用产品增值税优惠规定，可以享受增值税即征即退 80%的政策。另外，根据国家税务总局公告 2011 年第 61 号文件规定，安置残疾人单位既符合促进残疾人就业增值税优惠政策条件，又符合其他增值税优惠政策条件的，可同时享受多项增值税优惠政策，因此，宏发集团可享受以上两项优惠政策。

优惠政策

一、安置残疾人就业限额即征即退增值税政策

《财政部 国家税务总局关于促进残疾人就业税收优惠政策的通知》（财税［2007］92 号）规定：对安置残疾人的单位，实行由税务机关按单位实际安置残疾人的人数，限额即征即退增值税的办法。

1. 实际安置的每位残疾人每年可退还的增值税的具体限额，由县级以上税务机关根据单位所在区县（含县级市、旗，下同）适用的经省级（含自治区、直辖市、计划单列市，下同）人民政府批准的最低工资标准的 6 倍确定，但最高不得超过每人每年 3.5 万元。

2. 主管国税机关应按月退还增值税，本月已交增值税额不足退还的，可在本年度（指纳税年度，下同）内以前月份已交增值税扣除已退增值税的余额中退还，仍不足退还的可结转本年度内以后月份退还。

二、安置残疾人单位可以同时享受多项增值税优惠政策

《国家税务总局关于安置残疾人单位是否可以同时享受多项增值税优惠政策问题的公告》（2011 年第 61 号）规定：安置残疾人单位既符合促进残疾人就业增值税优惠政策条件，又符合其他增值税优惠政策条件的，可同时享受多项增值税优惠政策，但年度申请退还增值税总额不得超过本年度内应纳增值税总额。

操作要点

◆ 要点一：享受税收优惠政策单位的条件

安置残疾人就业的单位，要同时符合以下条件，并经过有关部门的认定后，方可申请享受文件中规定的税收优惠政策：

1. 依法与安置的每位残疾人签订了一年以上（含一年）的劳动合同或服务协议，并且安置的每位残疾人在单位实际上岗工作。

2. 月平均实际安置的残疾人占单位在职职工总数的比例应高于25%（含25%），并且实际安置的残疾人人数多于10人（含10人）。

3. 为安置的每位残疾人按月足额缴纳了单位所在区县人民政府根据国家政策规定的基本养老保险、基本医疗保险、失业保险和工伤保险等社会保险。

4. 通过银行等金融机构向安置的每位残疾人实际支付了不低于单位所在区县适用的经省级人民政府批准的最低工资标准的工资。

5. 具备安置残疾人上岗工作的基本设施。

◆ 要点二：安置残疾人就业优惠政策适应对象

本项增值税优惠政策仅适用于生产销售货物或提供加工、修理修配劳务取得的收入占增值税业务和营业税业务收入之和达到50%的单位，但不适用于上述单位生产销售消费税应税货物和直接销售外购货物（包括商品批发和零售）以及销售委托外单位加工的货物取得的收入。实行营业税改征增值税后，原营业税“服务业”税目（广告服务除外）范围内业务取得的收入占其增值税和营业税业务合计收入的比例达到50%的单位，符合以上条件的，可享受此项限额即征即退增值税的优惠。

◆ 要点三：“劳动合同或服务协议”的定义

财税［2007］92号文件规定的“依法与安置的每位残疾人签订了一年以上（含一年）的劳动合同或服务协议”中的“劳动合同或服务协议”，包括全日制工资发放形式和非全日制工资发放形式劳动合同或服务协议。安置残疾人单位聘用非全日制用工的残疾人，与其签订符合法律法规规定的劳动合同或服务协议，并且安置该残疾人在单位实际上岗工作的，可按照该文件的规定，享受增值税优惠政策。

◆ **要点四：同类优惠政策选择的规定**

如果既适用促进残疾人就业税收优惠政策，又适用下岗再就业、军转干部、随军家属等支持就业的税收优惠政策的，单位可选择适用最优惠的政策，但不能累加执行。

同一单位既是增值税纳税人又是营业税纳税人的，兼营本通知（财税［2007］92 号）规定享受增值税和营业税税收优惠政策业务，可自行选择退还增值税或减征营业税，一经选定，一个年度内不得变更。

办税指引

纳税人申请享受安置残疾人就业单位增值税优惠，在向税务机关申请减免税前，应当先向当地县级以上地方人民政府民政部门提出福利企业的认定申请。

取得民政部门或残疾人联合会认定的单位，可向主管税务机关提出减免税申请（表 2—5）。

表 2—5　安置残疾人就业单位增值税优惠申请规定

优惠类型	属报批类，须向主管税务机关提出减免税申请，提交审批材料
报送资料	1. 纳税人减免税申请审批表 2. 减免税申请报告（列明减免税理由、依据、范围、期限、数量、金额等） 3. 安置残疾人单位税收优惠资格认定表 4. 在职职工名册和残疾人职工情况登记表 5. 与残疾人签订的劳动合同或服务协议及每位残疾人的残疾人证 6. 为残疾人缴纳基本养老保险、基本医疗保险、失业保险和工伤保险等社会保险的有关证明材料 7. 通过金融机构向安置每位残疾人职工支付的工资凭证 8. 主管税务机关要求提供的其他资料

续表

相关规定	纳税人实际安置的残疾人员或在职职工人数发生变化，但仍符合退、减税条件的，应当根据变化事项按规定重新申请认定和审批 纳税人因残疾人员或在职职工人数发生变化，不再符合退、减税条件时，应当自情况变化之日起 15 个工作日内向主管税务机关申报 缴纳增值税的纳税人应当在取得主管税务机关审批意见的次月起，随纳税申报一并书面申请退还增值税

小玮答疑

吴薇薇：**小玮，能详细介绍增值税实行即征即退的方式吗？**

叶小玮：主管税务机关对符合减免税条件的纳税人应当按月退还增值税，当月已交增值税不足退还的，可在当年已交增值税中退还，仍不足退还的可结转当年以后月份退还。当年应纳税额小于核定的年度退税限额的，以当年应纳税额为限；当年应纳税额大于核定的年度退税限额的，以核定的年度退税额为限。纳税人当年应纳税额不足退还的，不得结转以后年度退还。纳税人当月应退增值税额按以下公式计算：

当月应退增值税额＝纳税人当月实际安置残疾人员人数×县级以上税务机关确定的每位残疾人员每年可退还增值税的具体限额÷12

吴薇薇：**如果其中的一个月份未达到残疾人员所占比例要求呢？**

叶小玮：经认定的符合减免税条件的纳税人实际安置残疾人员占在职职工总数的比例应逐月计算，当月比例未达到 25％的，不得退还当月的增值税或减征当月的营业税。

年度终了，应平均计算纳税人全年实际安置残疾人员占在职职工总数的比例，一个纳税年度内累计 3 个月平均比例未达到 25％的，应自次年 1 月 1 日起取消享受此项优惠政策。

吴薇薇：**如果企业“弄虚作假”要承担什么样的法律风险？**

叶小玮：主管税务机关有加强日常监督管理的要求，并会同民政部门、残疾人联合会建立年审制度，对不符合退、减税条件的纳税人，取消其退、减税资格，追缴退、减税资格期间已退或减征的税款，并依照税收征管法的有关规定予以处罚。对采取一证多用或虚构财税［2007］92 号文件第五条规定条件，骗取税收优惠政策的，一经查证属实，将追缴其骗取的税款，并取消其 3 年内申请享受该文件规定的税收优惠政策的资格。

19 涉农类增值税减免优惠

【优惠提要】

国家为了扶持农业，减轻农民和涉农企业负担，对农产品、农业生产资料、涉农企业制定了一系列增值税减免优惠政策。

大维讲税

绿化公司经营项目是否能享受增值税减免优惠？

【案例 2—5】宏发集团旗下的绿化公司经营自己种植的花木，也收购花木销售，同时为客户提供花木养护、绿化工程等相关服务，吴薇薇咨询绿化公司是否可享受增值税减免服务，在财务上该如何处理？

叶大维：绿化公司涉及多种经营业务，能否享受税收优惠要具体分析。

第一，涉及农业生产者销售自产的农产品。根据《增值税暂行条例》及实施细则，农业生产者销售的自产农产品免征增值税，因此，该绿化公司销售自己种植的花木免征增值税。但要注意按税法要求填开票据，对属于征、免范围的农产品分开开具发票。

第二，涉及收购他人的农产品销售。根据《财政部 国家税务总局关于印发〈农业产品征税范围注释〉的通知》（财税字［1995］第 052 号）规定，农业生产者销售外购的农业产品，以及单位和个人外购农业产品生产、加工后销售的仍然属于注释所列的农业产品，不属于免税的范围，应当按照规定税率征收增值税。纳税人兼营免税、减税项目的，应当分别核算免税、减税项目的销售额；未分别核算销售额的，不得免税、减税。

第三，涉及销售免税农产品同时提供相关劳务。根据《国家税务总局关于林木销售和管护征收流转税问题的通知》（国税函［2008］212号）规定，纳税人销售林木以及销售林木的同时提供林木管护劳务的行为，属于增值税征收范围，应征收增值税。因此，该绿化公司的养护费、绿化费、工程费等其他费用属于税法规定养护费等不属于免征范围。

优惠政策

一、自产农产品免征增值税

《增值税暂行条例》及实施细则规定，农业生产者销售的自产农产品，免征增值税。农业，是指种植业、养殖业、林业、牧业、水产业。农业生产者，包括从事农业生产的单位和个人。农产品，是指初级农产品，具体范围由财政部、国家税务总局确定。

二、农业生产资料免征增值税

《财政部 国家税务总局关于若干农业生产资料征免增值税政策的通知》（财税［2001］113号）规定，下列货物免征增值税：

1. 农膜。

2. 生产销售的除尿素以外的氮肥、除磷酸二铵以外的磷肥、钾肥以及免税化肥为主要原料的复混肥（企业生产复混肥产品所用的免税化肥成本占原料中全部化肥成本的比重高于70%）。

3. 批发和零售的种子、种苗、化肥、农药、农机。

三、农产品减免增值税

1. 不带动力的手扶拖拉机（也称“手扶拖拉机底盘”）和三轮农用运输车

（指以单缸柴油机为动力装置的三个车轮的农用运输车辆）属于“农机”，应按有关“农机”的增值税政策规定征免增值税。（财税［2002］89号）

2. 自2007年7月1日起，纳税人生产销售和批发、零售滴灌带和滴灌管产品免征增值税。（财税［2007］83号）

3. 自2008年1月1日起，对纳税人生产销售的磷酸二铵产品免征增值税。（财税［2007］171号）

4. 自2004年12月1日起，对化肥生产企业生产销售的钾肥，由免征增值税改为实行先征后返。（财税［2004］197号）

5. 自2005年7月1日起，对国内企业生产销售的尿素产品增值税由先征后返50%调整为暂免征收增值税。（财税［2005］87号）

6. 自2008年6月1日起，纳税人生产销售和批发、零售有机肥产品免征增值税。享受上述免税政策的有机肥产品是指有机肥料、有机－无机复混肥料和生物有机肥。（财税［2008］56号）

7. 氨化硝酸钙属于氮肥。根据《财政部 国家税务总局关于若干农业生产资料征免增值税政策的通知》（财税［2001］113号）第一条第二款规定，对氨化硝酸钙免征增值税。（国税函［2009］430号）

四、农民专业合作社减免增值税

《财政部 国家税务总局关于农民专业合作社有关税收政策的通知》（财税［2008］81号）规定：

1. 对农民专业合作社销售本社成员生产的农业产品，视同农业生产者销售自产农业产品免征增值税。

2. 增值税一般纳税人从农民专业合作社购进的免税农业产品，可按13%的扣除率计算抵扣增值税进项税额。

3. 对农民专业合作社向本社成员销售的农膜、种子、种苗、化肥、农药、农机，免征增值税。

五、饲料产品免征增值税

《财政部 国家税务总局关于饲料产品免征增值税问题的通知》（财税[2001] 121号）规定，免税饲料产品范围包括：

1. 单一大宗饲料。指以一种动物、植物、微生物或矿物质为来源的产品或其副产品。其范围仅限于糠麸、酒糟、鱼粉、草饲料、饲料级磷酸氢钙及除豆粕以外的菜籽粕、棉子粕、向日葵粕、花生粕等粕类产品。

2. 混合饲料。指由两种以上单一大宗饲料、粮食、粮食副产品及饲料添加剂按照一定比例配置，其中单一大宗饲料、粮食及粮食副产品的搀兑比例不低于95%的饲料。

3. 配合饲料。指根据不同的饲养对象，饲养对象的不同生长发育阶段的营养需要，将多种饲料原料按饲料配方经工业生产后，形成的能满足饲养动物全部营养需要（除水分外）的饲料。

4. 复合预混料。指能够按照国家有关饲料产品的标准要求量，全面提供动物饲养相应阶段所需微量元素（4种或以上）、维生素（8种或以上），由微量元素、维生素、氨基酸和非营养性添加剂中任何两类或两类以上的组分与载体或稀释剂按一定比例配置的均匀混合物。

5. 浓缩饲料。指由蛋白质、复合预混料及矿物质等按一定比例配制的均匀混合物。

六、饲料产品免征增值税的具体规定

1. 饲用鱼油是鱼粉生产过程中的副产品，主要用于水产养殖和肉鸡饲养，属于单一大宗饲料。自2003年1月1日起，对饲用鱼油产品按照现行“单一大宗饲料”的增值税政策规定，免予征收增值税。（国税函[2003] 1395号）

2. 矿物质微量元素舔砖，是以四种以上微量元素、非营养性添加剂和载体为原料，经高压浓缩制成的块状预混物，可供牛、羊等牲畜直接食用，应按照“饲料”免征增值税。（国税函[2005] 1127号）

3. 对饲料级磷酸二氢钙产品可按照现行“单一大宗饲料”的增值税政策规定，免征增值税。（国税函［2007］10 号）

七、农机类低税率优惠规定

《增值税暂行条例》第二条规定，农机适用 13%税率。《国家税务总局关于印发〈增值税部分货物征税范围注释〉的通知》（国税发［1993］151 号）对农机采取了正列举的方式，包括拖拉机、土壤耕整机械、种植机械、收获机械等十四类。农用挖掘机、养鸡设备系列、养猪设备系列产品不在 151 号文件正列举范围之内。国家税务总局公告 2014 年第 12 号明确：农用挖掘机、养鸡设备系列、养猪设备系列产品属于农机，适用 13%增值税税率。

操作要点

◆ 要点一：农业生产者销售的自产农业产品的注释

农业生产者销售的自产农业产品，是指直接从事植物的种植、收割和动物的饲养、捕捞的单位和个人销售的注释所列的自产农业产品；对上述单位和个人销售的外购的农业产品，以及单位和个人外购农业产品生产、加工后销售的仍然属于注释所列的农业产品，不属于免税的范围，应当按照规定税率征收增值税。

◆ 要点二：“公司＋农户”经营模式减免规定

纳税人采取“公司＋农户”经营模式从事畜禽饲养，即公司与农户签订委托养殖合同，向农户提供畜禽苗、饲料、兽药及疫苗等（所有权属于公司），农户饲养畜禽苗至成品后交付公司回收，公司将回收的成品畜禽用于销售，属于农业生产者销售自产农产品，免征增值税。

◆ 要点三：制种行业免征增值税的要求

制种企业在两种经营模式下生产销售种子可免征增值税：制种企业利用自有土地或承租土地，雇用农户或雇工进行种子繁殖，再经烘干、脱粒、风筛等深加工后销售种子。制种企业提供亲本种子委托农户繁殖并从农户手中收回，再经烘干、脱粒、风筛等深加工后销售种子。

◆ 要点四：农机产品征税范围

1. 密集型烤房设备、频振式杀虫灯、自动虫情测报灯、粘虫板属于农机范围，应适用13%增值税税率。

2. 不带动力的手扶拖拉机（也称“手扶拖拉机底盘”）和三轮农用运输车（指以单缸柴油机为动力装置的三个车轮的农用运输车辆）属于“农机”，应按有关“农机”的增值税政策规定征免增值税。

3. 农用水泵、农用柴油机按农机产品依13%的税率征收增值税

4. 拖拉机底盘属于农机零部件，不属于农机产品，因此，拖拉机底盘应按17%的税率征收增值税。

◆ 要点五：不免增值税的饲料

1. 宠物饲料产品不属于免征增值税的饲料，按照饲料产品13%的税率征收增值税。

2. 下面三类饲料产品不免征增值税：膨化血粉、膨化肉粉、水解羽毛粉不属于现行增值税优惠政策所定义的单一大宗饲料产品，应对其照章征收增值税。添加其他成分的膨化血粉、膨化肉粉、水解羽毛粉等饲料产品，不符合现行增值税优惠政策有关混合饲料的定义，应对其照章征收增值税。

◆ 要点六：饲料生产企业需取得产品合格证明

符合免税条件的饲料生产企业，取得有计量认证资质的饲料质量检测机构（名单由省级国家税务局确认）出具的饲料产品合格证明后即可按规定享受免征增值税优惠政策，并将饲料产品合格证明报其所在地主管税务机关备案。

办税指引

纳税人享受农产品和农业生产资料免征增值税备案类减免税，要向主管税务机关提出减免备案申请，报送减免税备案表以及其他主管税务机关要求

提供的资料（表 2—6）。

从事自产免税农业产品的纳税人只能领购、开具普通发票；农业生产者可向所在地国税部门申请代开发票；如果企业兼营征税、免税农产品，要分开开具发票。

表 2—6 涉农增值税减免优惠备案

减免项目	备案需附报资料	减免依据
自产农产品免征增值税	种植、养殖场地需提供承包合同、租赁协议 农民专业合作社需提供依照规定设立和登记的证明资料	《增值税暂行条例》、财税［2008］81 号
生产经营农膜免征增值税	产品质量检测报告	财税［2001］113 号
批发和零售的种子、种苗、化肥、农药和农机免征增值税	生产企业提供的产品质量技术检验合格报告（产品认定证书）	财税［2001］113 号、财税［2002］89 号
生产、批发、零售滴灌带和滴灌管产品免征增值税	省以上质量技术监督部门认定具有相关资质的产品质量检验机构出具的质量技术检测合格报告	财税［2007］83 号
生产氮肥、磷肥及复混肥免征增值税	产品质量检测报告 化肥生产许可证	财税［2001］113 号、财税［2005］87 号、财税［2007］171 号
批发、零售有机肥产品免征增值税	生产企业提供的在有效期内的肥料登记证明 生产企业提供的产品质量检测报告	财税［2008］56 号、国税函［2008］1020 号

小玮答疑

老陈：请问是不是只要销售范围符合《财政部 国家税务总局关于若干农业生产资料征免增值税政策的通知》（财税［2001］113 号）的规定，不管是个体还是公司，都可以享受农资方面的免税吗？是每月在申报表中填报免税

收入还是要报批？

叶小玮：只要符合财税［2001］113号文件内容的规定是可以享受免税的，政策性减免不需要税务机关审批，只需要在主管税务机关简单备案就可以了。

李先生：**从事生猪、肉牛养殖的养殖场，按照规定属于免征增值税，是否必须进行减免税备案？**

叶小玮：按照《中华人民共和国增值税暂行条例实施细则》第三十六条规定："纳税人销售货物或者应税劳务适用免税规定的，可以放弃免税，依照条例的规定缴纳增值税。放弃免税后，36个月内不得再申请免税。"农业生产者销售的自产农产品属于免征增值税范围。根据政策规定，农业生产者必须于每年在规定的时间内向税务机关提交相关资料，进行增值税减免备案，未按规定进行备案的，不得享受减免税。

李老板：**我经营一间饲料店，个体性质，批发零售从饲料生产企业购进的饲料给农业养殖户，是否需要征收增值税？如果不需要，税务机关是否要求办理相应的减免税备案手续？**

叶小玮：根据《关于饲料产品免征增值税问题的通知》（财税［2001］121号）的规定，如该饲料店经营的是符合文件所列项目的饲料，则免征增值税。每年需携带减免税备案表及主管税务机关要求的相关资料去办理备案手续。

张会计：**农机公司取得的农机财政补贴，是否征收增值税？**

叶小玮：应税销售额是指纳税人销售货物或者应税劳务向购买方收取的全部价款和价外费用，因此，企业从政府财政专户取得的政府补助不属于规定的价外费用，不计入应税销售额，不征收增值税。

黄先生：**农业生产者销售自产农产品发票如何办理？**

叶小玮：已办理工商营业执照的农民专业合作社、种养殖大户，可以在办理税务登记后，直接到当地主管国税机关领用普通发票开具。不需办理工商营业执照的种养殖大户、农民个人可以向税务机关申请代开发票。其他农户出售自产零星农产品，可以凭所在村村民委员会出具的农民自产自销证明向主管国税机关申请代开发票。

陈会计：**我们公司是牧业公司，从事奶牛饲养及鲜奶销售，由于畜群规模扩大，公司将部分奶牛卖给关联牧业公司（包含外购已生育和自繁的），请问经历了饲养并繁育过程的奶牛，是否属于农业生产者销售自产农产品可以免增值税？**

叶小玮：根据《财政部 国家税务总局关于印发〈农业产品征税范围注释〉的通知》（财税字［1995］52号）第一条规定，《中华人民共和国增值税暂行条例》第十六条所列免税项目的第一项所称的“农业生产者销售的自产农业产品”，是指直接从事植物的种植、收割和动物的饲养、捕捞的单位和个人销售的注释所列的自产农业产品；对上述单位和个人销售的外购的农业产品，以及单位和个人外购农业产品生产、加工后销售的仍然属于注释所列的农业产品，不属于免税的范围，应当按照规定税率征收增值税。

纳税人销售外购的奶牛、鲜奶，不属于农业生产者销售的自产农业产品范围。

黄先生：**农民个人手工编制竹器销售，是否免征增值税？**

叶小玮：根据《国家税务总局关于农户手工编织的竹制和竹芒藤柳坯具征收增值税问题的批复》（国税函［2005］56号）规定，对于农民个人按照竹器企业提供样品规格，自产或购买竹、芒、藤、木条等，再通过手工简单编织成竹制或竹芒藤柳混合坯具的，属于自产农业初级品，应当免征销售环节增值税。

蔡小姐：**制种行业可否享受增值税免征政策？**

叶小玮：根据《关于制种行业增值税有关问题的公告》（国家税务总局公告2010年第17号）规定，制种企业在下列生产经营模式下生产销售种子，属于农业生产者销售自制农业产品，应根据《增值税暂行条例》有关规定免征增值税。

20 医疗卫生行业增值税减免优惠

【优惠提要】

我国对营利性医疗机构和非营利性医疗机构有不同程度的增值税减免优惠政策。医疗机构自产自用的制剂可享受免征增值税优惠。

大维讲税

个体诊所能否享受免税优惠政策？

【案例2—6】 李医生从穗城区人民医院辞职，准备申请执照开一间小诊所。李医生在医院时知道医院能享受《关于医疗卫生机构有关税收政策的通知》（财税［2000］42号）所规定的税收优惠政策。“单干”后，他向税务部门咨询相关的政策：免征增值税的“医疗机构”是否包括个体（私营）医院、门诊部？“制剂”具体是指什么，与“药品”有何区别？

叶大维： 按照我国《医疗机构管理条例》等规定，经县级以上地方人民政府卫生行政部门审查批准，依法设置的个体（私营）医院、诊所都属于医疗机构。另据《城镇医疗机构分类管理的实施意见》，城镇个体诊所一般定为营利性医疗机构。

关于药品和制剂有何区别的问题，按照《中华人民共和国药品管理法》的规定，生产药品的必须是经所在省、自治区、直辖市卫生行政部门审查批准，获得《药品生产企业许可证》的药品生产企业；而配制制剂的必须是经所在省、自治区、直辖市卫生行政部门审查批准，获得《制剂许可证》的医疗单位。另外，医疗单位配制的制剂是有使用范围限制的，即只限于本单位的临床和科研需要而市场上无供应或供应不足的药物制剂，以自用为原则。

优惠政策

一、非营利性医疗机构

1. 对非营利性医疗机构按照国家规定的价格取得的医疗服务收入，免征各项税收。不按照国家规定价格取得的医疗服务收入不得享受这项政策。

2. 对非营利性医疗机构自产自用的制剂，免征增值税。

二、营利性医疗机构

对营利性医疗机构取得的收入，按规定征收各项税收。但为了支持营利性医疗机构的发展，对营利性医疗机构取得的收入，直接用于改善医疗卫生条件的，自其取得执业登记之日起，3 年内对其自产自用的制剂免征增值税。

三、疾病控制机构和妇幼保健机构等卫生机构

对疾病控制机构和妇幼保健机构等卫生机构按照国家规定的价格取得的卫生服务收入（含疫苗接种和调拨、销售收入），免征各项税收。不按照国家规定的价格取得的卫生服务收入不得享受这项政策。

（以上规定出自《财政部 国家税务总局关于医疗卫生机构有关税收政策的通知》财税［2000］42 号）

四、血站

自 1999 年 11 月 1 日起，对血站供应给医疗机构的临床用血免征增值税。（财税字［1999］264 号）

五、供应非临床用血

属于增值税一般纳税人的单采血浆站销售非临床用人体血液，可以按照简易办法依照6%征收率计算应纳税额，但不得对外开具增值税专用发票；也可以按照销项税额抵扣进项税额的办法依照增值税适用税率计算应纳税额。（国税函［2009］456号）

六、避孕药品和用具

《增值税暂行条例》规定，避孕药品和用具免征增值税。

七、国产抗艾滋病病毒药品

自2011年1月1日起至2015年12月31日止，对国内定点生产企业生产的国产抗艾滋病病毒药品继续免征生产环节和流通环节增值税。（财税［2011］128号）

操作要点

◆ 要点一：医疗机构的界定及范围

医疗机构需要书面向卫生行政主管部门申明其性质，按《医疗机构管理条例》进行设置审批和登记注册，并由接受其登记注册的卫生行政部门核定，在执行登记中注明“非营利性医疗机构”和“营利性医疗机构”。

医疗机构具体包括：各级各类医院、门诊部（所）、社区卫生服务中心（站）、急救中心（站）、城乡卫生院、护理院（所）、疗养院、临床检验中心等。

◆ 要点二：医疗服务的范围

本优惠政策医疗服务是指医疗服务机构对患者进行检查、诊断、治疗、康复和提供预防保健、接生、计划生育方面的服务，以及与这些服务有关的提供药品、医用材料器具、救护车、病房住宿和伙食的业务。

◆ **要点三：医疗服务收入要按国家规定价格执行**

非营利性医疗机构、疾病控制机构和妇幼保健机构等卫生机构享受免税优惠的前提是按照国家规定的价格取得的医疗服务收入，不按照国家规定价格取得的医疗服务收入不得享受免税的政策。

◆ **要点四：药房独立设置的征税规定**

对营利性医疗机构和非营利性医疗机构的药房分离为独立的药品零售企业，应按规定征收各项税收。

办税指引

非营利性医疗机构、营业性医疗机构、疾病控制机构和妇幼保健机构从事财税［2000］42号文所规定的免征增值税业务的，均应持卫生行政主管部门核发的执业登记证件向主管税务机关申请免税备案（见表2—7）。

表2—7　医疗卫生减免税备案

减免事项	报送资料
医疗机构自产自用的制剂	1. 减免优惠备案表 2. 卫生行政主管部门批准从事相关货物生产销售的批准文件或证书证明 3. 主管税务机关要求提供的其他资料
血站供应临床用血	1. 减免优惠备案表 2. 国务院或省级卫生行政部门有关批准材料 3. 主管税务机关要求提供的其他资料
避孕药具和用具	1. 减免优惠备案表 2.《药品生产许可证》 3. 主管税务机关要求提供的其他资料

小玮答疑

王院长：**我们医院是一家特色专科医院，医生大多是由外院专家兼职，我们认为根据国家税法规定医疗机构可以免税，所以医院开业5年没有办理**

税务登记证，也没有正规建账，除了住院收费收据之外，没有任何会计凭证，也未缴、代扣代缴任何税款。近日，税务部门来人，要我们补税，并处以罚款。不是说医疗机构是可以免税的吗，税务局为什么还要找我们的麻烦？

叶小玮：财税［2000］42 号《财政部 国家税务总局关于医疗卫生机构有关税收政策的通知》第二条明确规定：对营利性医疗机构取得的收入，按规定征收各项税收……收入直接用于改善医疗卫生条件的，自取得执业登记之日起 3 年内给予下列优惠：对其取得的医疗服务收入免征营业税；对其自产自用的制剂免征增值税；对营利性医疗机构自用的房产、土地、车船免征房产税、城镇土地使用税和车船使用税。3 年免税期满后恢复征税。因此，营利性医疗机构享受税收优惠政策是有条件限制的：

1. 免税的时间有限制，营利性医疗机构享受免税政策期限为 3 年，而不是无限期；

2. 免税政策条件有限制，即收入要用于改善医疗卫生条件；

3. 免税范围有限制，企业所得税即不在免税之列；

4. 免税是针对机构本身，而不是其工作人员，个人所得税仍要按规定代扣代缴。

李医生：**请问医疗机构自产自用的制剂免征增值税政策具体是怎么规定的？**

叶小玮：1. 享受制剂免征增值税政策的医疗机构是指各级各类医院、门诊部（所）、社区卫生服务中心（站）、急救中心（站）、城乡卫生院、护理院（所）、疗养院、临床检验中心等单位，除此之外，其他单位生产的制剂不享受免征增值税优惠政策。

2. 免征增值税的范围仅限于医疗机构自产自用的制剂，销售给其他医疗机构或药品零售企业的制剂不享受免征增值税优惠政策。

3. 上述医疗机构销售（使用）制剂的明细账应按使用和购买单位设置，详细核算自用和外销情况，不详细核算的，其自用部分也应依法缴纳增值税。

21 宣传文化业增值税减免优惠

【优惠提要】

为推动宣传文化事业的发展繁荣，财税部门延续了宣传文化事业税收减免优惠政策，给予符合条件的出版物免征或先征后退优惠。

大维讲税

实体书店可免征增值税？

【案例 2—7】 李先生经营一家文化书店，近年来，由于面临网络书店低价冲击、阅读习惯的改变和各地商业物业租金的快速上涨，李先生的书店经营陷入困境，特别是13%的增值税，让小店税负很重。2014 年，听说国家出台新政策扶持文化产业，李先生想知道他的文化书店是否可享受优惠？

叶大维： 根据新出台的《财政部 国家税务总局关于延续宣传文化增值税和营业税优惠政策的通知》（财税［2013］87 号）规定：自 2013 年 1 月 1 日起至 2017 年 12 月 31 日，免征图书批发、零售环节增值税。此前，只有新华书店享受税收优惠政策，如今优惠扩大到全行业，李先生的民营书店也可享受免征增值税政策。

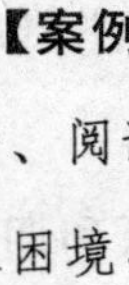

优惠政策

《财政部 国家税务总局关于延续宣传文化增值税和营业税优惠政策的通知》（财税［2013］87 号）规定：

一、出版物增值税先征后退政策

自2013年1月1日起至2017年12月31日，执行下列增值税先征后退政策。

1. 对下列出版物在出版环节执行增值税100%先征后退的政策：

（1）中国共产党和各民主党派的各级组织的机关报纸和机关期刊，各级人大、政协、政府、工会、共青团、妇联、残联、科协的机关报纸和机关期刊，新华社的机关报纸和机关期刊，军事部门的机关报纸和机关期刊。

上述各级组织不含其所属部门。机关报纸和机关期刊增值税先征后退范围掌握在一个单位一份报纸和一份期刊以内。

（2）专为少年儿童出版发行的报纸和期刊，中小学的学生课本。

（3）专为老年人出版发行的报纸和期刊。

（4）少数民族文字出版物。

（5）盲文图书和盲文期刊。

（6）经批准在内蒙古、广西、西藏、宁夏、新疆五个自治区内注册的出版单位出版的出版物。

（7）列入本通知附件1（详见财税［2013］87号）的图书、报纸和期刊。

2. 对下列出版物在出版环节执行增值税先征后退50%的政策：

（1）各类图书、期刊、音像制品、电子出版物，但本通知第一条第一款（即上述1~7小项）规定执行增值税100%先征后退的出版物除外。

（2）列入本通知附件2（详见财税［2013］87号）的报纸。

3. 对下列印刷、制作业务执行增值税100%先征后退的政策：

（1）对少数民族文字出版物的印刷或制作业务。

（2）列入本通知附件3（详见财税［2013］87号）的新疆维吾尔自治区印刷企业的印刷业务。

二、图书免征增值税政策

自2013年1月1日起至2017年12月31日，免征图书批发、零售环节增值税。

操作要点

◆ **要点一：享受优惠出版物的范围界定**

"出版物"是指根据国务院出版行政主管部门的有关规定出版的图书、报纸、期刊、音像制品和电子出版物。所述图书、报纸和期刊，包括随同图书、报纸、期刊销售并难以分离的光盘、软盘和磁带等信息载体。

图书、报纸、期刊（即杂志）的范围，仍然按照国家税务总局关于印发《增值税部分货物征税范围注释》的通知（国税发［1993］151 号）的规定执行；音像制品、电子出版物的范围，仍然按照《财政部 国家税务总局关于部分货物适用增值税低税率和简易办法征收增值税政策的通知》（财税［2009］9 号）的规定执行。

"专为少年儿童出版发行的报纸和期刊"，是指以初中及初中以下少年儿童为主要对象的报纸和期刊。"中小学的学生课本"，是指普通中小学学生课本和中等职业教育课本。"专为老年人出版发行的报纸和期刊"，是指以老年人为主要对象的报纸和期刊，具体范围详见财税［2013］87 号附件 4。

◆ **要点二：享受优惠政策须具有出版许可证**

享受上述增值税先征后退优惠政策的第 1 点和第 2 点（见上文）纳税人，必须是具有相关出版物的出版许可证的出版单位（含以"租型"方式取得专有出版权进行出版物的印刷发行的出版单位）。承担省级及以上出版行政主管部门指定出版、发行任务的单位，因进行重组改制等原因尚未办理出版、发行许可的出版单位，经财政部驻各地财政监察专员办事处商省级出版行政主管部门核准，可以享受相应的增值税先征后退政策。

◆ **要点三：享受优惠的出版物在财务要单独核算**

纳税人应将享受上述税收优惠政策的出版物在财务上实行单独核算，不进行单独核算的不得享受上述规定的优惠政策。

办税指引

纳税人出版销售出版物后，应按照增值税的有关规定及时足额缴纳增值税。

申请退还增值税时，企业提出申请，报送相关资料做好备案（表 2—8）。

表 2—8 宣传文化增值税减免优惠备案

备案时间	首次发生免税业务办理纳税申报前。相关证件证书或文件有明确截止期限的，按此期限作为备案期限；未明确期限的，两个年度备案一次，到期次年一月底前重新办理备案手续
报送资料	1. 减免优惠备案表 2. 文化行政主管部门许可证明 3. 各级宣传部门会同财政、国税、地税确定和发布的名单 4. 文化事业转制单位提供 5. 主管税务机关要求提供的其他资料

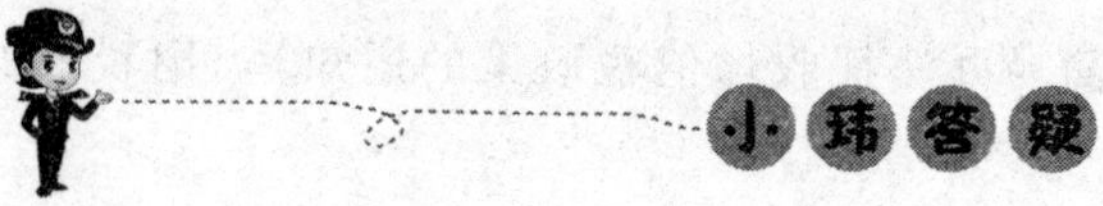

廖先生：**我们公司的一份期刊符合增值税先征后退的政策，但未单独核算，该如何处理？**

叶小玮：纳税人未将符合财税［2013］87 号所规定的增值税税收优惠政策的出版物在财务上实行单独核算，不进行单独核算的不得享受该文件规定的优惠政策。另外，违规出版物、多次出现违规的出版单位及图书批发零售单位不得享受该文件规定的优惠政策，上述违规出版物、出版单位及图书批发零售单位的具体名单由省级及以上出版行政主管部门及时通知相应财政监察专员办事处和主管税务机关。

王会计：**我们公司的电子出版物符合软件产品优惠，是否可同时享受文化出版物优惠？**

叶小玮：根据财税［2013］87 号文件规定，已按软件产品享受增值税退税政策的电子出版物不得再按本通知（财税［2013］87 号）申请增值税先征后退政策。

22 软件产品与动漫产业增值税减免优惠

【优惠提要】

为了进一步促进软件产业发展，财税部门对软件产品增值税政策做出规范、调整，对动漫企业销售自主开发生产的动漫软件给予优惠。

大维讲税

怎样计算嵌入式软件产品应退增值税？

【案例 2—8】 宏发集团旗下的 R 软件开发公司 2012 年实现嵌入式软件产品与计算机硬件、机器设备销售额合计为 35 100 万元（含税），其中计算机硬件、机器设备销售额为 11 700 万元（含税），生产嵌入式软件而购入的材料金额为 2 340 万元（含税）。该企业的销售成本可以在企业所得税前列支的金额为6 000万元，期间费用可列支的金额为 4 000 万元。R 软件开发公司实际应负担的增值税为多少元，应退增值税多少？

叶大维：软件产品即征即退的增值税税额的计算比较复杂，主要应分下面三步进行：

第一步：确认嵌入式软件产品的销售额。按照《财政部 国家税务总局关于软件产品增值税政策的通知》（财税［2011］100 号）第四条规定，在判断和计算即征即退的增值税税额时必须剔除计算机硬件和机器设备的销售额，纳税人应依次选择按以下方法计算机硬件和机器设备销售额的方法：

1. 按纳税人最近同期同类货物的平均销售价格计算确定；

2. 按其他纳税人最近同期同类货物的平均销售价格计算确定；

3. 按计算机硬件、机器设备组成计税价格计算确定。组成计税价格的计算公式为：

组成计税价格＝计算机硬件、机器设备成本×（1＋10％）

不过，如果纳税人选择按照组成计税价格计算确定计算机硬件和机器设备的销售额，除分别核算软件产品与非软件货物或者应税劳务的销售额和进项税额外，还应当分别核算嵌入式软件产品与计算机硬件、机器设备部分的成本，未分别核算或者核算不清的，不得享受即正即退优惠政策。

第二步：确认嵌入式软件产品的进项税额。《财政部 国家税务总局关于软件产品增值税政策的通知》（财税［2011］100 号）第六条规定，增值税一般纳税人在销售软件产品的同时销售其他货物或者应税劳务的，对于无法划分的进项税额，应按照实际成本或销售收入比例确定软件产品应分摊的进项税额；对专用于软件产品开发生产设备及工具的进项税额可不得进行分摊，直接用于抵扣软件产品的销项税额，如：用于软件设计的计算机设备、读与打印器具设备、工具软件、软件平台和测试设备等发生的进项税额。

第三步：计算嵌入式软件产品的实际税负，确认实现的即征即退的增值税数额。

优惠政策

一、软件产品增值税政策

《财政部 国家税务总局关于软件产品增值税政策的通知》（财税［2011］100 号）规定：

1. 增值税一般纳税人销售其自行开发生产的软件产品，按 17％税率征收增值税后，对其增值税实际税负超过 3％的部分实行即征即退政策。

2. 增值税一般纳税人将进口软件产品进行本地化改造后对外销售，其销售的软件产品可享受本条第一款规定的增值税即征即退政策。

本地化改造是指对进口软件产品进行重新设计、改进、转换等，单纯对进口软件产品进行汉字化处理不包括在内。

3. 纳税人受托开发软件产品，著作权属于受托方的征收增值税，著作权属于委托方或属于双方共同拥有的不征收增值税；对经过国家版权局注册登记，纳税人在销售时一并转让著作权、所有权的，不征收增值税。

二、动漫产业增值税减免政策

《财政部 国家税务总局关于动漫产业增值税和营业税政策的通知》（财税［2013］98号）规定：自2013年1月1日至2017年12月31日，对属于增值税一般纳税人的动漫企业销售其自主开发生产的动漫软件，按17%的税率征收增值税后，对其增值税实际税负超过3%的部分，实行即征即退政策。动漫软件出口免征增值税。上述动漫软件，按照《财政部 国家税务总局关于软件产品增值税政策的通知》（财税［2011］100号）中软件产品相关规定执行。

操作要点

◆ 要点一：软件产品界定及分类

上述优惠政策所称软件产品，是指信息处理程序及相关文档和数据。软件产品包括计算机软件产品、信息系统和嵌入式软件产品。嵌入式软件产品是指嵌入在计算机硬件、机器设备中并随其一并销售，构成计算机硬件、机器设备组成部分的软件产品。

◆ 要点二：软件产品享受优惠的条件

满足下列条件的软件产品，经主管税务机关审核批准，可以享受上述规定的增值税政策：

1. 取得省级软件产业主管部门认可的软件检测机构出具的检测证明材料；

2. 取得软件产业主管部门颁发的《软件产品登记证书》或著作权行政管理部门颁发的《计算机软件著作权登记证书》。

◆ **要点三：软件产品增值税即征即退税额的计算**

1. 软件产品增值税即征即退税额的计算方法：

即征即退税额＝当期软件产品增值税应纳税额－当期软件产品销售额×3％

当期软件产品增值税应纳税额＝当期软件产品销项税额－当期软件产品可抵扣进项税额

当期软件产品销项税额＝当期软件产品销售额×17％

2. 嵌入式软件产品增值税即征即退税额的计算：

（1）嵌入式软件产品增值税即征即退税额的计算方法：

即征即退税额＝当期嵌入式软件产品增值税应纳税额－当期嵌入式软件产品销售额×3％

当期嵌入式软件产品增值税应纳税额＝当期嵌入式软件产品销项税额－当期嵌入式软件产品可抵扣进项税额

当期嵌入式软件产品销项税额＝当期嵌入式软件产品销售额×17％

（2）当期嵌入式软件产品销售额的计算公式：

当期嵌入式软件产品销售额＝当期嵌入式软件产品与计算机硬件、机器设备销售额合计－当期计算机硬件、机器设备销售额

计算机硬件、机器设备销售额按照下列顺序确定：

①按纳税人最近同期同类货物的平均销售价格计算确定；

②按其他纳税人最近同期同类货物的平均销售价格计算确定；

③按计算机硬件、机器设备组成计税价格计算确定。

计算机硬件、机器设备组成计税价格＝计算机硬件、机器设备成本×（1＋10％）

按照上述办法计算，即征即退税额大于零时，税务机关应按规定，及时办理退税手续。

◆ **要点四：进项分摊规定**

增值税一般纳税人在销售软件产品的同时销售其他货物或者应税劳务的，

对于无法划分的进项税额，应按照实际成本或销售收入比例确定软件产品应分摊的进项税额；对专用于软件产品开发生产设备及工具的进项税额，不得进行分摊。纳税人应将选定的分摊方式报主管税务机关备案，并自备案之日起一年内不得变更。

专用于软件产品开发生产的设备及工具，包括但不限于用于软件设计的计算机设备、读写打印器具设备、工具软件、软件平台和测试设备。

◆ 要点五：嵌入式软件产品核算规定

对增值税一般纳税人随同计算机硬件、机器设备一并销售嵌入式软件产品，如果适用规定按照组成计税价格计算确定计算机硬件、机器设备销售额的，应当分别核算嵌入式软件产品与计算机硬件、机器设备部分的成本。凡未分别核算或者核算不清的，不得享受上述规定的增值税政策。

办税指引

1. 软件产品增值税优惠资格认定。纳税人在享受软件产品增值税优惠前，应先取得增值税优惠资格认定，并在认定有效期内享受增值税优惠政策，增值税优惠资格认定资料同时作为减免税备案资料存档。

2. 软件产品增值税即征即退办理。经审核批准享受软件产品增值税即征即退优惠政策的一般纳税人，可从取得省级软件产业主管部门认可的软件检测机构出具的检测证明材料、软件产业主管部门颁发的《软件产品登记证书》或著作权行政管理部门颁发的《计算机软件著作权登记证书》后的第一笔收入发生之日起计算退税。

纳税人应在规定的纳税申报期内如实申报并足额缴纳税款，当月销售的软件产品即征即退税额大于零的，于申报纳税后向主管税务机关提出退税申请。

表 2—9 软件产品减免办理事项

事项	报送资料
资格认定	符合软件产品增值税税收优惠条件的纳税人，持规定的资料到主管税务机关办税服务厅进行税收优惠资格备案： 1. 减免优惠备案表 2. 取得省级软件产业主管部门认可的软件检测机构出具的检测证明材料 3. 取得软件产业主管部门颁发的《软件产品登记证书》或著作权行政管理部门颁发的《计算机软件著作权登记证书》原件及复印件（原件查验后归还） 4. 进项税额分摊方式备案表 5. 主管税务机关要求提供的其他资料
申请退税	符合享受软件产品增值税即征即退优惠政策的纳税人，应在规定纳税申报期内向主管税务机关如实申报并缴清税款： 1. 软件产品增值税即征即退审批表 2.《软件产品增值税即征即退明细表》 3. 税收缴款书 4. 嵌入式软件同时报送嵌入式软件销售额计算表、硬件成本明细表 5. 主管税务机关要求提供的其他资料

小玮答疑

吴薇薇：**小玮，请问软件生产企业销售软件产品要注意哪些涉税风险？**

叶小玮：第一，要报税务机关审核批准。软件企业销售软件要享受增值税即征即退政策所退还的税款，必须到当地税务主管部门进行报批，否则没有资格享受税收优惠政策。第二，要合理核算分摊。软件生产企业对享受即征即退增值税的范围把握不准和嵌入式软件产品增值税即征即退税额计算不准，就会使软件生产企业要么多缴纳增值税，要么少缴纳增值税的风险。

吴薇薇：**嵌入式软件需分别开票才能享受即征即退优惠吗？**

叶小玮：根据《财政部 国家税务总局关于软件产品增值税政策的通知》（财税［2011］100号）的规定，对增值税一般纳税人随同计算机硬件、机器设备一并销售嵌入式软件产品，如果适用该通知规定按照组成计税价格计算确定计算机硬件、机器设备销售额的，应当分别核算嵌入式软件产品与计算机硬件、机器设备部分的成本。凡未分别核算或者核算不清的，不得享受本通知规定的增值税政策。因此，纳税人如需享受该通知规定的增值税优惠，应按上述规定分别核算嵌入式软件产品与计算机硬件、机器设备部分的成本。

23 流通环节免征增值税的优惠政策

【优惠提要】

14 个类别 219 个品种的蔬菜免征流通环节增值税；部分鲜活肉蛋产品免征流通环节增值税。

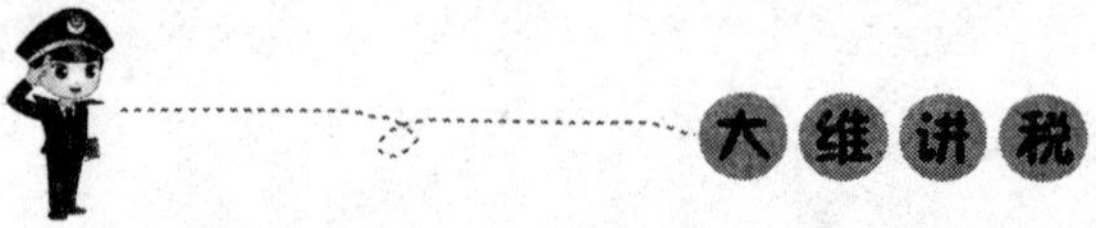

享受农产品免征流通环节增值税优惠如何规避风险？

【案例 2—9】 李总经营一间加工厂，主要是购进生鲜肉加工成半成品供应给多家大型餐饮公司，往来都有正规发票。他的加工厂的进货一般是向各生产基地或公司直接进货，取得的普通发票可以根据农产品买价全额按 13%的扣除率计算进项税额抵扣，销售额则换算为不含税收入按 17%征税，税负3～5个点，利润还不错。最近，国家出台了部分鲜活肉蛋产品免征流通环节增值税的政策，李总十分高兴，不料，会计却告诉他，税务问题遇到麻烦了：加工厂取得的普通发票属于免征的鲜活肉蛋产品，按规定不能抵扣，销售收入要全额按 17%征税，这样一来，利润就非常薄了，李总急坏了，到国税局寻求解决办法。

叶大维：李总之所以会遇到这样的难题，是因为《关于免征部分鲜活肉蛋产品流通环节增值税政策的通知》（财税［2012］75 号）对购进农产品取得销售发票进项抵扣的规定做出新的解释：《增值税暂行条例》第八条所列准予从销项税额中扣除的进项税额的第三款所称的“销售发票”，是指小规模纳税人销售农产品依照3%征收率按简易办法计算缴纳增值税而自行开具或委托税务机关代开的普通发票。批发、零售纳税人享受免税政策后开具的普通发票不得作为计算抵扣进项税额的凭证。

要解决李总遇到的问题，建议李总可以这样筹划：改变进货渠道，通过向农业生产者直接收购，开具收购票抵扣，或直接向一般纳税人采购取得进项发票抵扣的方式解决这个问题。也就是说，农产品加工环节纳税人最好选择直接收购或与一般纳税人特别是生产型一般纳税人交易取得增值税专用发票，以规避风险。

优惠政策

一、免征蔬菜流通环节增值税规定

《财政部 国家税务总局关于免征蔬菜流通环节有关问题的通知》（财税[2011] 137号）规定：自2012年1月1日起，对从事蔬菜批发、零售的纳税人销售的蔬菜，免征蔬菜流通环节增值税。蔬菜是指可作副食的草本、木本植物，包括各种蔬菜、菌类植物和少数可作副食的木本植物。蔬菜的主要品种参照《蔬菜主要品种目录》（详见该文件附件）执行。

二、免征部分鲜活肉蛋产品流通环节增值税规定

《财政部 国家税务总局关于免征部分鲜活肉蛋产品流通环节增值税政策的通知》（财税[2012] 75号）规定：自2012年10月1日起，对从事农产品批发、零售的纳税人销售的部分鲜活肉蛋产品免征增值税。

免征增值税的鲜活肉产品，是指猪、牛、羊、鸡、鸭、鹅及其整块或者分割的鲜肉、冷藏或者冷冻肉，内脏、头、尾、骨、蹄、翅、爪等组织。

免征增值税的鲜活蛋产品，是指鸡蛋、鸭蛋、鹅蛋，包括鲜蛋、冷藏蛋以及对其进行破壳分离的蛋液、蛋黄和蛋壳。

操作要点

◆ 要点一：同时经营免税货物和应税货物应分别核算

纳税人既销售蔬菜又销售其他增值税应税货物的，应分别核算蔬菜和其他增值税应税货物的销售额；未分别核算的，不得享受蔬菜增值税免税政策；

从事农产品批发、零售的纳税人既销售本通知（财税［2012］75 号）第一条规定的部分鲜活肉蛋产品又销售其他增值税应税货物的，应分别核算上述鲜活肉蛋产品和其他增值税应税货物的销售额；未分别核算的，不得享受部分鲜活肉蛋产品增值税免税政策。

◆ 要点二：免税蔬菜和鲜活蛋产品范围

享受免税的蔬菜必须列入通知规定的《蔬菜主要品种目录》；享受免征增值税的鲜活蛋产品不包括《中华人民共和国野生动物保护法》所规定的国家珍贵、濒危野生动物及其鲜活肉类、蛋类产品。

◆ 要点三：加工蔬菜免征范围的界定

经挑选、清洗、切分、晾晒、包装、脱水、冷藏、冷冻等工序加工的蔬菜，属于免征流通环节增值税蔬菜的范围。各种蔬菜罐头（指蔬菜经处理、装罐、密封、杀菌或无菌包装而制成的食品）不属于免征的范围。

◆ 要点四：购进农产品取得销售发票进项抵扣的规定

根据《增值税暂行条例》第八条所列准予从销项税额中扣除的进项税额的第三款所称的“销售发票”，是指小规模纳税人销售农产品依照 3%征收率按简易办法计算缴纳增值税而自行开具或委托税务机关代开的普通发票。批发、零售纳税人享受免征增值税的鲜活蛋产品后，开具的普通发票不得作为计算抵扣进项税额的凭证。

◆ 要点五：应加强对进货来源和抵扣凭证取得的管理

为防范风险，以免税农产品为主要原料的生产企业，应加强对进货来源和抵扣凭证取得的管理，尽可能采取直接收购，开具收购发票进行进项扣除，或向一般纳税人采购，取得增值税专用发票进项抵扣；对确需向小规模纳税人采购的，应注意进货规模（可能影响一般纳税人认定），索取供货方认定信息、征免税认定等相关证明材料，定期核对更新，留存备查。

办税指引

申请享受免征蔬菜、部分鲜活肉蛋产品流通环节增值税的纳税人，应在享受税收优惠之前，到主管税务机关办理税收优惠备案手续。经税务机关登记备案后，自登记备案之日起执行税收优惠。

小玮答疑

李小姐：**哪些单位和个人可以享受部分鲜活肉蛋产品流通环节增值税政策？**

叶小玮：根据财税［2012］75号文件规定，对从事农产品批发、零售的纳税人销售的部分鲜活肉蛋产品免征增值税。这项优惠政策包括两层含义，一是单位和个人销售的部分鲜活肉蛋产品必须符合文件所列的免征增值税的鲜活肉蛋产品范围，二是其经营性质必须是批发、零售，两者同时具备才可以享受免税政策。单位和个人从事鲜活肉蛋产品加工，如鲜活肉产品的屠宰、分割和鲜活蛋产品的蛋壳、蛋液、蛋黄分离等加工业务不属于批发、零售业务，是不能享受免税政策的。

汤先生：**我开了一个食品商店，经营范围就是蔬菜、肉蛋禽、水果等，符合享受免征增值税政策吗？**

叶小玮：根据财税［2012］75号文件规定，对从事农产品批发、零售的纳税人销售的部分鲜活肉蛋产品免征增值税。由于水果没有优惠政策，您在享受此优惠政策时，应将鲜活蛋产品与各类水果的销售额分别核算，否则不得享受鲜活肉蛋产品增值税免税政策。

钟老板：**生产加工蔬菜罐头企业，是否享受免税政策？**

叶小玮：根据文件规定，蔬菜罐头不可以享受免征增值税政策。各种蔬菜罐头不属于本通知所述蔬菜的范围。蔬菜罐头是指蔬菜经处理、装罐、密封、杀菌或无菌包装而制成的食品。

李会计：**我们公司是增值税一般纳税人，主要从事蔬菜零售，请问对外开具发票时，应该开具什么发票？**

叶小玮：根据文件规定，企业对外销售蔬菜时，应该开具增值税普通发票，不得开具增值税专用发票。根据《中华人民共和国增值税暂行条例》第二十一条第二款规定："纳税人销售货物或者应税劳务，应当向索取增值税专用发票的购买方开具增值税专用发票，并在增值税专用发票上分别注明销售额和销项税额。而销售货物或者应税劳务适用免税规定的，不得开具增值税专用发票。"

24 税控系统设备和维护费可抵减增值税

【优惠提要】

增值税税控设备购置及维护费可抵减增值税，减少推行防伪税控系统给纳税人带来的额外负担。

大维讲税

购置哪些税控设备可享受抵减优惠？

【案例 2—10】 穗城 D 公司 2013 年 3 月 13 日，经当地国税机关批准，认定为增值税一般纳税人。3 月 14 日，D 公司初次购买金税卡、IC 卡、金税盘和报税盘等，共支付各种增值税税控系统专用设备价税合计 11 700 元，销售方已按规定开具了增值税专用发票。同时，D 公司支付了以后期间的技术维护费，也按规定从服务方取得了增值税专用发票，价税合计 3 510 元。后来，为更新设备，该公司又增购了电脑和扫描仪作为开票使用，价税合计 5 600 元。2013 年 3 月，甲公司实现的应纳增值税为 50 000 元。请问 D 公司能享受哪些增值税优惠？

叶大维： 第一，根据《财政部 国家税务总局关于增值税税控系统专用设备和技术维护费用抵减增值税税额有关政策的通知》（财税［2012］15 号）规定，增值税一般纳税人支付的购买增值税税控系统专用设备支付的费用以及缴纳的技术维护费在增值税应纳税额中全额抵减的。因此，D 公司 3 月应纳增值税为 50 000 元，购买增值税税控系统专用设备支付的费用以及缴纳的技术维护费价税合计 15 210 元可以抵减当月增值税。

第二，根据财税［2012］15 号文件规定："增值税防伪税控系统的专用设备包括金税卡、IC 卡、读卡器或金税盘和报税盘；货物运输业增值税专用发票税控系统专用设备包括税控盘和报税盘；机动车销售统一发票税控系统和公路、内河货物运输业发票税控系统专用设备包括税控盘和传输盘。"《国家税务总局关于修订〈增值税专用发票使用规定〉的通知》（国税发［2006］156 号）第三条规定，本规定所称防伪税控系统，指经国务院同意推行的，使用专用设备和通用设备、运用数字密码和电子存储技术管理专用发票的计算机管理系统。本规定所称专用设备，指金税卡、IC 卡、读卡器和其他设备。本规定所称通用设备，指计算机、打印机、扫描器具和其他设备。因此，电脑、打印机、扫描仪等属于通用设备，不属于防伪税控系统的专用设备，不适用财税［2012］15 号文件规定的可以抵扣的项目。又根据财税［2012］15 号文件的规定，电脑和扫描仪虽然是和税控设备配套，但不在可抵减的专用设备之列，所以该公司购买款 5 600 元不能计入抵减款中。

优惠政策

《财政部 国家税务总局关于增值税税控系统专用设备和技术维护费用抵减增值税税额有关政策的通知》（财税［2012］15 号）规定：自 2011 年 12 月 1 日起，增值税纳税人购买增值税税控系统专用设备支付的费用以及缴纳的技术维护费可在增值税应纳税额中全额抵减。

1. 增值税纳税人 2011 年 12 月 1 日以后初次购买增值税税控系统专用设备（包括分开票机）支付的费用，可凭购买增值税税控系统专用设备取得的增值税专用发票，在增值税应纳税额中全额抵减（抵减额为价税合计额），不足抵减的可结转下期继续抵减。增值税纳税人非初次购买增值税税控系统专用设备支付的费用，由其自行负担，不得在增值税应纳税额中抵减。

2. 增值税纳税人 2011 年 12 月 1 日以后缴纳的技术维护费（不含补缴的

2011 年 11 月 30 日以前的技术维护费），可凭技术维护服务单位开具的技术维护费发票，在增值税应纳税额中全额抵减，不足抵减的可结转下期继续抵减。技术维护费按照价格主管部门核定的标准执行。

操作要点

◆ 要点一：购买增值税税控系统专用设备抵减办法

增值税纳税人 2011 年 12 月 1 日以后初次购买增值税税控系统专用设备（包括分开票机）支付的费用，可凭购买增值税税控系统专用设备取得的增值税专用发票，在增值税应纳税额中全额抵减（抵减额为价税合计额），不足抵减的可结转下期继续抵减。增值税纳税人非初次购买增值税税控系统专用设备支付的费用，由其自行负担，不得在增值税应纳税额中抵减。

◆ 要点二：增值税税控系统专用设备抵减范围

增值税税控系统包括：增值税防伪税控系统、货物运输业增值税专用发票税控系统、机动车销售统一发票税控系统和公路、内河货物运输业发票税控系统。

增值税防伪税控系统的专用设备包括金税卡、IC 卡、读卡器或金税盘和报税盘；货物运输业增值税专用发票税控系统专用设备包括税控盘和报税盘；机动车销售统一发票税控系统和公路、内河货物运输业发票税控系统专用设备包括税控盘和传输盘。

◆ 要点三：税控系统专用设备技术维护费抵减办法

增值税纳税人 2011 年 12 月 1 日以后缴纳的技术维护费，可凭技术维护服务单位开具的技术维护费发票，在增值税应纳税额中全额抵减，不足抵减的可结转下期继续抵减。技术维护费按照价格主管部门核定的标准执行。

◆ 要点四：抵减金额归属为减征税额

增值税一般纳税人支付的上述二项费用在增值税应纳税额中全额抵减的，其增值税专用发票不作为增值税抵扣凭证，其进项税额不得从销项税额中抵扣。这两项抵减增值税的费用，不属于进项税额抵扣，而是作为增值税的减征税额。

办税指引

纳税人在填写纳税申报表时，对可在增值税应纳税额中全额抵减的增值税税控系统专用设备费用以及技术维护费，按表2—10的要求填报。

表2—10　税控系统专用设备费用以及技术维护费申报表填写

纳税人	填写要求	详解
一般纳税人	将抵减金额填入《增值税纳税申报表（适用于增值税一般纳税人）》第23栏“应纳税额减征额”	当本期减征额小于或等于第19栏“应纳税额”与第21栏“简易征收办法计算的应纳税额”之和时，按本期减征额实际填写
		当本期减征额大于第19栏“应纳税额”与第21栏“简易征收办法计算的应纳税额”之和时，按本期第19栏与第21栏之和填写，本期减征额不足抵减部分结转下期继续抵减
小规模纳税人	将抵减金额填入《增值税纳税申报表（适用于小规模纳税人）》第11栏“本期应纳税额减征额”	当本期减征额小于或等于第10栏“本期应纳税额”时，按本期减征额实际填写
		当本期减征额大于第10栏“本期应纳税额”时，按本期第10栏填写，本期减征额不足抵减部分结转下期继续抵减

小玮答疑

陈先生：**请问是否初次购买才能享受这项优惠政策？**

叶小玮：财税［2012］15号文件明确规定为初次购买才可以享受抵减增值税税额的政策，但是文件强调“纳税人购买的增值税税控系统专用设备自购买之日起3年内因质量问题无法正常使用的，由专用设备供应商负责免费维修，无法维修的免费更换”，也就意味着3年之内无须纳税人再次购买。

纳税人：**增值税税控系统专用设备和技术维护费用抵减增值税额在会计上怎么处理？**

叶小玮：1. 增值税一般纳税人的会计处理：按税法有关规定，增值税一般纳税人初次购买增值税税控系统专用设备支付的费用以及缴纳的技术维护费允许在增值税应纳税额中全额抵减的，应在“应交税费——应交增值税”科目下增设“减免税款”专栏，用于记录该企业按规定抵减的增值税应纳税额。

企业购入增值税税控系统专用设备，按实际支付或应付的金额，借记“固定资产”科目，贷记“银行存款”、“应付账款”等科目。按规定抵减的增值税应纳税额，借记“应交税费——应交增值税（减免税款）”科目，贷记“递延收益”科目。按期计提折旧，借记“管理费用”等科目，贷记“累计折旧”科目；同时，借记“递延收益”科目，贷记“管理费用”等科目。

企业发生技术维护费，按实际支付或应付的金额，借记“管理费用”等科目，贷记“银行存款”等科目。按规定抵减的增值税应纳税额，借记“应交税费——应交增值税（减免税款）”科目，贷记“管理费用”等科目。

2. 小规模纳税人的会计处理：按税法有关规定，小规模纳税人初次购买增值税税控系统专用设备支付的费用以及缴纳的技术维护费允许在增值税应纳税额中全额抵减的，按规定抵减的增值税应纳税额应直接冲减“应交税费——应交增值税”科目。

企业购入增值税税控系统专用设备，按实际支付或应付的金额，借记“固定资产”科目，贷记“银行存款”、“应付账款”等科目。按规定抵减的增值税应纳税额，借记“应交税费——应交增值税”科目，贷记“递延收益”科目。按期计提折旧，借记“管理费用”等科目，贷记“累计折旧”科目；同时，借记“递延收益”科目，贷记“管理费用”等科目。

企业发生技术维护费，按实际支付或应付的金额，借记“管理费用”等科目，贷记“银行存款”等科目。按规定抵减的增值税应纳税额，借记“应交税费——应交增值税”科目，贷记“管理费用”等科目。

“应交税费——应交增值税”科目期末如为借方余额，应根据其流动性在资产负债表中的“其他流动资产”项目或“其他非流动资产”项目列示；如为贷方余额，应在资产负债表中的“应交税费”项目列示。

25 进口货物免征增值税优惠

【优惠提要】

国家在规定进口货物征税的同时，对于某些进口货物制定了减免税的特殊规定，免征进口环节增值税。

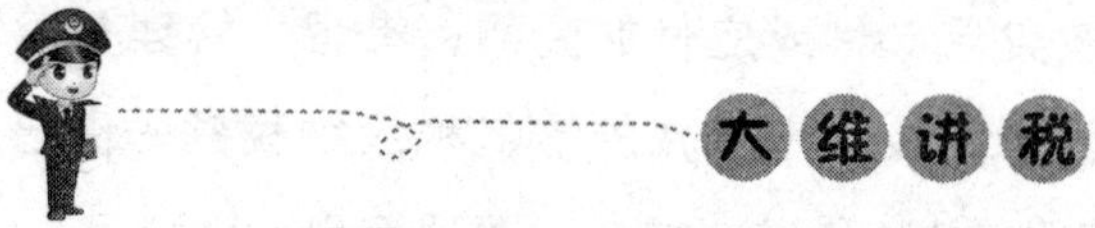

代购行为是否需要缴纳增值税？

【案例 2—11】 K 公司是一家汽车贸易公司，提供代客户购买汽车的业务。在代购过程中，由供应商直接给客户开具购买汽车发票，K 公司向客户收取汽车价款后转交给供应商，同时，K 公司向客户额外收取一定的手续费。在代购过程中，K 公司有时也发生代垫资金的行为。请问 K 公司的这种代购行为是否需要缴纳增值税？如果需要的话，是就代购收入（即手续费）缴纳增值税还是就代购收入加汽车价款缴纳增值税？

叶大维：《国家税务总局关于印发〈增值税问题解答（之一）〉的通知》（国税函发［1995］288 号）规定，代理进口货物的行为，属于增值税条例所称的代购货物行为，应按增值税代购货物的征税规定执行。但鉴于代理进口货物的海关完税凭证有的开具给委托方，有的开具给受托方的特殊性，对代理进口货物，以海关开具的完税凭证上的纳税人为增值税纳税人。即对报关进口货物，凡是海关的完税凭证开具给委托方的，对代理方不征增值税；凡是海关的完税凭证开具给代理方的，对代理方应按规定增收增值税。

《国家税务总局关于加强进口环节增值税专用缴款书抵扣税款管理的通知》（国税发［1996］32 号）规定，对海关代征进口环节增值税开具的增值税专用缴款书上标明有两个单位名称，即，既有代理进口单位名称，又有委托进口单位名称的，只准予其中取得专用缴款书原件的一个单位抵扣税款。

依据上述规定，受托方代购货物垫付货款，不符合代购货物条件，无论会计制度规定如何核算，受托方应缴纳增值税。代理进口货物，以海关开具的完税凭证上的纳税人为增值税纳税人。海关代征进口环节增值税开具的增值税专用缴款书上标明有两个单位名称，只准予其中取得专用缴款书原件的一个单位抵扣税款。

因此，如 K 公司在代购汽车过程中有代垫资金的行为，应按规定缴纳增值税，计算缴纳增值税的销售额为汽车销售价款加手续费的合计数。

优惠政策

一、法定项目免税

《增值税暂行条例》第十五条规定，下列项目免征进口增值税：

1. 直接用于科学研究、科学试验和教学的进口仪器、设备；
2. 外国政府、国际组织无偿援助的进口货物和设备；
3. 由残疾人的组织直接进口供残疾人专用的物品。

二、重大技术装备进口免税

1.《财政部、工业和信息化部、海关总署、国家税务总局关于调整重大技术装备进口税收政策有关目录的通知》（财关税［2012］14 号）规定：从 2012 年 4 月 1 日起，凡符合最新修订的《国家支持发展的重大技术装备和产品目录》和《重大技术装备和产品进口关键零部件、原材料商品清单》中所列重大技术装备和产品而进口清单中相关零部件和原材料商品，将免征关税和进口环节增值税。

2.《财政部、工业和信息化部、海关总署、国家税务总局关于调整重大技术装备进口税收政策有关目录的通知》（财关税［2013］14 号）规定：自 2013 年 4 月 1 日起，对符合规定条件的国内企业为生产国家支持发展的直流场设备、高速铁路信号系统、生活垃圾精分选成套系统装备、举高消防车、染色机、新型农业机械、太阳能电池设备、集成电路关键设备、新型平板显示器件生产设备、锂离子动力电池设备、电子元器件生产设备等装备（见该文件附件 1）而确有必要进口部分关键零部件、原材料（见该文件附件 2），免征关税和进口环节增值税。

三、文化教育相关进口免税

1. 进口科普影视作品免税。自 2012 年 1 月 1 日至 2015 年 12 月 31 日，对公众开放的科技馆、自然博物馆、天文馆（站、台）和气象台（站）、地震台（站）、高校和科研机构对外开放的科普基地，从境外购买自用科普影视作品播映权而进口的拷贝、工作带，免征进口关税，不征进口环节增值税；对上述科普单位以其他形式进口的自用影视作品，免征进口关税和进口环节增值税。进口科普影视作品的商品名称及税号见附件（财关税［2012］4 号）。

2. 进口所需科技、科研等用品免税规定。列名（见该文件）科学研究、技术开发机构，在 2015 年 12 月 31 日前，在合理数量范围内进口国内不能生产或者性能不能满足需要的科技开发用品，免征进口关税和进口环节增值税、消费税。免税进口科技开发用品的具体范围，按照该文件的附件《免税进口科技开发用品清单》执行。列名科学研究机构和学校，以科学研究和教学为目的，在合理数量范围内进口国内不能生产或者性能不能满足需要的科学研究和教学用品，免征进口关税和进口环节增值税、消费税。免税进口科学研究和教学用品的具体范围，按照该文件的附件《免税进口科学研究和教学用品清单》执行。（财政部令 2011 年第 63 号）

3. 科技类民办非企业进口科学研究和教学用品税收优惠规定。自 2013 年

1月1日起，对符合条件的科技类民办非企业单位以科学研究为目的，在合理数量范围内进口国内不能生产或者性能不能满足需要的科研用品，免征进口关税和进口环节增值税、消费税。（财关税［2012］54号）

四、捐赠慈善助残相关进口免税

1. 接受捐赠用品免税。接受捐赠进口的科研、教学用品和残疾人专用品，免征进口增值税。（署税字［1997］227号）

2. 残疾人物品免税。进口的供残疾人专用的物品，免征进口增值税。（财政部、海关总署、国家税务总局公告第45号令）

3. 捐赠救灾物资免税。外国团体、企业、个人向中国境内捐赠的食品、药品、生活必需品和抢救工具等救灾物资，免征进口增值税。（财税字［1998］98号）

4. 扶贫慈善捐赠进口物资免税。从2001年1月15日起，对境外捐赠人无偿向扶贫、慈善全国性社会团体、国务院有关部门和各省级政府捐赠直接用于扶贫慈善事业的生活必需品、食品类及饮用水、医疗、教学用品和环保专用仪器等物资，免征进口增值税。（财税［2000］152号）

操作要点

◆ 要点一：对下列进口设备恢复征税

1. 自2009年1月1日起，对《国务院关于调整进口设备税收政策的通知》（国发［1997］37号）中国家鼓励发展的国内投资项目和外商投资项目进口的自用设备、外国政府贷款和国际金融组织贷款项目进口设备、加工贸易外商提供的不作价进口设备以及按照合同随上述设备进口的技术及配套件、备件，恢复征收进口环节增值税。

2. 自2009年1月1日起，对《海关总署关于进一步鼓励外商投资有关进口税收政策的通知》（署税［1999］791号）中规定的外商投资企业和外商投资设立的研究开发中心进行技术改造以及按《中西部地区外商投资优势产业目录》批准的外商投资项目进口的自用设备及其配套技术、配件、备件，恢复征收进口环节增值税。

3. 自2009年1月1日起，对软件生产企业、集成电路生产企业、城市轨道交通项目以及其他比照《国务院关于调整进口设备税收政策的通知》（国发[1997]37号）执行的企业和项目，进口设备及其配套技术、配件、备件，一律恢复征收进口环节增值税。

◆ 要点二：部分进口设备可申请免征进口环节增值税

外国政府贷款和国际金融组织贷款项目单位利用外国政府贷款和国际金融组织贷款项目进口的设备，其中用于环保、公安、消防、教科文卫等单位的，可以按相关规定到海关直接办理免征进口环节增值税的手续。

◆ 要点三：投资项目减免税申请人的管辖地原则

1. 投资项目所在地与减免税申请人所在地海关不是同一海关的，由投资项目所在地海关负责受理减免税备案、审批申请。

2. 投资项目涉及多个海关的，由有关海关的共同上级海关（直属海关的共同上级海关为海关总署，隶属海关的共同上级海关为直属海关）指定受理减免税备案、审批申请的主管海关。

3. 投资项目由项目单位所属非法人分支机构具体实施的，在投资项目所在地办理工商注册登记的非法人分支机构获得项目单位授权后，投资项目所在地海关可以作为主管海关受理非法人分支机构的减免税备案、审批申请以及负责减免税货物进口后的后续管理。

◆ 要点四：减免税备案的管理要求事项实施备案管理

对于一事一议、短期性、未实行额度管理等减免税事项一般不需要经过备案环节。需要实施备案管理的减免税事项由海关总署通过公告或规范性文件形式予以明确，并根据政策调整及工作需要，不定期对实施备案管理的减免税事项范围进行调整。减免税申请人在申请进出口减免税货物前，应当事前了解拟进出口的货物是否需要进行减免税备案；需要备案的，应当在申请减免税审批前及时在主管海关办理相关手续，以免影响进出口货物享受相关优惠政策。

办税指引

进口货物的增值税由海关代征。纳税义务发生时间为报关进口的当天。其纳税地点应当是进口人或其代理人向报关海关申报纳税。

进出口货物减免税申请人应当向其所在地海关申请办理减免税备案、审批手续，也可以委托他人办理前述手续。

表 2—11 进口货物减免税办理

事项	办理要求和报送资料
减免税备案	减免税申请人按照有关进出口税收优惠政策的规定申请减免税进出口相关货物，海关需要事先对减免税申请人的资格或者投资项目等情况进行确认的，减免税申请人应当在申请办理减免税审批手续前，向主管海关申请办理减免税备案手续，并同时提交下列材料： 1.《进出口货物减免税备案申请表》 2. 企业营业执照或者事业单位法人证书、国家机关设立文件、社团登记证书、民办非企业单位登记证书、基金会登记证书等证明材料 3. 相关政策规定的享受进出口税收优惠政策资格的证明材料 4. 海关认为需要提供的其他材料
减免税审批	减免税申请人应当在货物申报进出口前，向主管海关申请办理进出口货物减免税审批手续，并同时提交下列材料： 1.《进出口货物征免税申请表》 2. 企业营业执照或者事业单位法人证书、国家机关设立文件、社团登记证书、民办非企业单位登记证书、基金会登记证书等证明材料 3. 进出口合同、发票以及相关货物的产品情况资料 4. 相关政策规定的享受进出口税收优惠政策资格的证明材料 5. 海关认为需要提供的其他材料

小玮答疑

吴经理：**利用外国政府贷款和国际金融组织贷款项目进口的自用设备，是否可免征进口增值税。**

叶小玮：恢复征收。根据财政部、海关总署、国家税务总局公告 2008 第 43 号，自 2009 年 1 月 1 日起国家鼓励发展的国内投资项目和外商投资项目、外国政府贷款和国际金融组织贷款项目、由外商提供不作价进口设备的加工贸易企业、中西部地区外商投资优势产业项目、外商投资企业和外商投资设立的研究开发中心利用自有资金进行技术改造项目等等进口的自用设备以及按照合同随上述设备进口的技术及配套件、备件，恢复征收进口环节增值税，但继续免征关税。

张会计：**我公司通过一般贸易进口的货物，在中国境内没有任何加工的状态下，直接出口时，进口时缴纳的海关增值税可否退税？**

叶小玮：如属于一般纳税人的外贸企业，出口国家规定可以退税的产品，在单证齐全的情况下，可以退税。申报出口退税需提供如下资料：

(1) 外贸企业出口退税汇总申报表。

(2) 外贸企业出口退税出口明细申报表。

(3) 外贸企业出口退税进货明细申报表。

(4) 外贸企业出口退税电子申报数据。

(5) 出口货物报关单（出口退税专用）。

(6) 经认证的增值税专用发票（抵扣联）。对进货分批出口的，应提供《外贸企业出口退税进货分批申报单》及原增值税专用发票复印件。

(7) 出口发票。

(8) 出口消费税应税货物的，还须提供消费税税收（出口退税专用）缴款书或出口货物完税分割单。

(9) 如属于委托其他外贸企业代理出口货物的，还须提供《代理出口货物证明》。

但如不能将上述资料提供齐全的，根据《国家税务总局关于出口货物退（免）税若干问题的通知》（国税发［2006］102号）的规定，出口企业未在规定期限内申报退（免）税的货物；出口企业虽已申报退（免）税但未在规定期限内向税务机关补齐有关凭证的货物，需视同内销货物计提销项税额或征收增值税。如您企业的情形属于需视同内销计提销项税额或征收增值税的，那相应的进项税额可抵扣。

26 增值税的税额抵扣优惠

【优惠提要】

税额抵扣是在计算缴纳税款时对于以前环节缴纳的税款准予扣除的一种税收政策。由于税额抵扣是对已缴纳税款的全部或部分抵扣，可以说是一种特殊的减免税。

大维讲税

无法划分不得抵扣的进项税额怎么计税？

【案例 2—12】 宏发集团旗下的 R 公司是生产食用植物油的一般纳税人，R 公司收购菜籽加工销售菜籽油和菜籽粕（免税），同时购进成品植物油直接销售。2013 年 1 月份 R 公司实现全部销售收入 5 000 万元，其中，菜籽粕销售收入 300 万元，外购成品植物油直接对外销售收入 2 000 万元，外购成品植物油进项税金为 200 万元，当月全部进项税金为 500 万元。由于无法划分用于免税的菜籽粕对应的进项税额，公司财务吴薇薇问该怎么计算应纳税额？

叶大维：计算当期不予抵扣进项税时，按照《增值税暂行条例实施细则》第二十六条计算公式的规定：

不得抵扣的进项税额＝当月无法划分的全部进项税额×（当月免税项目销售额、非增值税应税劳务营业额合计）÷（当月全部销售额、营业额合计）

在计算时，首先要明确“当月全部销售额、营业额合计”应该指与“当月无法划分的全部进项税额”有关联的应税项目、免税项目及非应税项目的收入，即与“当月无法划分的全部进项税额”无关联的其他收入不应该计算在内。其次，根据《关于分摊不得抵扣进项税额时免税项目销售额如何确定问题的批复》（国税函［1997］529号）规定，纳税人在计算不得抵扣进项税额时，对其取得的销售免税货物的销售收入和经营非应税项目的营业收入额，不得进行不含税收入的换算。

根据以上的规定，R公司应纳税额计算如下：

不得抵扣的进项税金＝（500－200）×300÷（5000－2000）＝30（万元）

1月份应纳税增值税：（5000－300）×13%－（500－30）＝141（万元）

优惠政策

一、进项税额抵扣

《增值税暂行条例》规定，下列增值税扣税凭证上注明的增值税税额，其进项税额准予从销项税额中抵扣：

1. 从销售方取得的增值税专用发票上注明的增值税额。

2. 从海关取得的海关进口增值税专用缴款书上注明的增值税额。

3. 购进农产品，除取得增值税专用发票或者海关进口增值税专用缴款书外，按照农产品收购发票或者销售发票上注明的农产品买价和13%的扣除率计算的进项税额。

4. 购进或者销售货物以及在生产经营过程中支付运输费用的，按照运输费用结算单据上注明的运输费用金额和7%的扣除率计算的进项税额。（注：“营改增”后交通运输业一般纳税人税率为11%）

二、固定资产进项税额抵扣

《财政部 国家税务总局关于全国实施增值税转型改革若干问题的通知》（财税［2008］170号）规定：自2009年1月1日起，增值税一般纳税人（以下简称纳税人）购进（包括接受捐赠、实物投资，下同）或者自制（包括改扩建、安装，下同）固定资产发生的进项税额（以下简称固定资产进项税额），可根据《增值税暂行条例》和《增值税暂行条例实施细则》的有关规定，凭增值税专用发票、海关进口增值税专用缴款书和运输费用结算单据从销项税额中抵扣，其进项税额应当记入“应交税费——应交增值税（进项税额）”科目。

三、特殊进项税额抵扣规定

1. 免税粮食抵扣。从国有粮食企业购进的免税粮食，按购进金额13%的扣除率计算准予抵扣的进项税额。（财税字［1999］198号）

2. 国产钢材抵扣。对列名钢铁企业以不含税价格销售给加工企业用于生产出口产品的钢材，其进项税额准予在其他内销产品的销项税额中抵扣。（财税字［1999］144号）

3. 广告业务购进货物抵扣。文化出版单位用于广告业务的购进货物的进项税额，应以广告版面占整个出版物版面的比例为划分标准，据此计算制作、印刷广告所用购进货物不得抵扣的进项税额，最终确定出版物准予抵扣的进项税额。（国税发［2000］188号）

4. 销售援助项目货物抵扣。从2001年8月1日起，对销售给外国政府和38个列名国际组织无偿援助项目的免税货物，其进项税额准予在其他内销货物的销项税额中抵扣。（财税［2002］2号）

5. 成品油销项扣除。从2002年5月1日起，加油站通过税控加油机加注成品油，在计征增值税销项税额时，允许在当月成品油销售数量中扣除下列项目：（国家税务总局令［2002］年第2号）

（1）经主管税务机关确定的加油站自有车辆自用油；

（2）外单位购买的，利用加油站的油库存放的代储油；

（3）加油站本身倒库油；

（4）加油站检测用油（回罐油）。

6. 期货交易购进货物抵扣。对增值税一般纳税人在商品交易所通过期货交易购进货物，其通过商品交易所转付货款可视同向销货单位支付货款。对

其取得的合法增值税专用发票允许抵扣。（国税发［2002］45号）

操作要点

◆ **要点一：进口环节增值税专用缴款书抵扣税款规定**

对海关代征进口环节增值税开具的增值税专用缴款书上标明有两个单位名称，即既有代理进口单位名称，又有委托进口单位名称的，只准予其中取得专用缴款书原件的一个单位抵扣税款。申报抵扣税款的委托进口单位，必须提供相应的海关代征增值税专用缴款书原件、委托代理合同及付款凭证，否则，不予抵扣进项税款。

◆ **要点二：部分行业试行农产品增值税进项税额核定扣除**

自2012年7月1日起，以购进农产品为原料生产销售液体乳及乳制品、酒及酒精、植物油的增值税一般纳税人，纳入农产品增值税进项税额核定扣除试点范围，其购进农产品无论是否用于生产上述产品，增值税进项税额均按照《农产品增值税进项税额核定扣除试点实施办法》（财税［2012］38号）的规定抵扣：即试点纳税人购进农产品增值税进项税额实施核定扣除办法，不再凭增值税扣税凭证抵扣增值税进项税额；农产品进项税额扣除率为纳税人再销售时货物的适用税率，即纳税人销售的货物适用13%税率的，则扣除率为13%，纳税人销售的货物适用17%税率的，则扣除率为17%。

◆ **要点三：不得抵扣的进项税额**

1. 取得的增值税扣税凭证不符合法律、行政法规或相关规定。

2. 一般纳税人会计核算不健全，或者不能够提供准确税务资料的；除另有规定的外，纳税人销售额超过小规模纳税人标准，未申请办理一般纳税人认定手续。

3. 用于非增值税应税项目、免征增值税项目、集体福利或个人消费的购进货物或应税劳务。

4. 非正常损失的购进货物及其相关的应税劳务。

5. 非正常损失的在产品、产成品所耗用的购进货物或应税劳务。

6. 国务院财政、税务主管部门规定的纳税人自用消费品（纳税人自用的应征消费税的摩托车、汽车、游艇，其进项税额不得抵扣）。

7. 上述 3～6 项的运费和销售免税货物的运费。

◆ 要点四：因客观原因未按期申报抵扣增值税进项税额的规定

增值税一般纳税人取得的增值税扣税凭证已认证或已采集上报信息但未按照规定期限申报抵扣；实行纳税辅导期管理的增值税一般纳税人以及实行海关进口增值税专用缴款书“先比对后抵扣”管理办法的增值税一般纳税人，取得的增值税扣税凭证稽核比对结果相符但未按规定期限申报抵扣，属于发生真实交易且符合下列规定的客观原因的，经主管税务机关审核，允许纳税人继续申报抵扣其进项税额。客观原因包括如下类型：

1. 因自然灾害、社会突发事件等不可抗力原因造成增值税扣税凭证未按期申报抵扣；

2. 有关司法、行政机关在办理业务或者检查中，扣押、封存纳税人账簿资料，导致纳税人未能按期办理申报手续；

3. 税务机关信息系统、网络故障，导致纳税人未能及时取得认证结果通知书或稽核结果通知书，未能及时办理申报抵扣；

4. 由于企业办税人员伤亡、突发危重疾病或者擅自离职，未能办理交接手续，导致未能按期申报抵扣；

5. 国家税务总局规定的其他情形。

办税指引

1. 一般纳税人增值税的申报缴纳整个实务流程主要有认证、抄税、报税、申报、缴税等步骤。

2. 一般纳税人每月的经营业务结束之后，将该月取得的增值税进项发票录入“增值税纳税申报系统”中，每月 20 号至月末前一天进行增值税进项发票的网上认证工作。具体抵扣认证的规定见表 2－12。

表2—12 增值税纳税人抵扣凭证及规定

抵扣凭证类型		适用税率或扣除率	抵扣税额	抵扣条件	抵扣时限
增值税专用发票	增值税专用发票	17%、13%、6%、3%（代开）、11%	按照发票上注明的增值税额抵扣进项税额（取得代开货物运输业增值税专用发票，按照价税合计金额和7%扣除率计算进项税额）	在抵扣时限内抵扣，抵扣前需到主管税务机关办理认证	在开具之日起180日内到税务机关办理认证，并在认证通过的次月申报期内，向主管税务机关申报抵扣进项税额
	货物运输业增值税专用发票	3%（代开）			
	机动车销售统一发票	17%			
海关进口增值税专用缴款书		17%、13%	按照发票上注明的增值税额抵扣进项税额	从海关取得海关进口增值税专用缴款书，应在抵扣时限内抵扣，抵扣前需到主管税务机关申请稽核比对，稽核结果为相符的方可抵扣	在开具之日起180天内向主管税务机关报送《海关完税凭证抵扣清单》（包括纸质资料和电子数据）申请稽核比对，对稽核结果为相符的海关缴款书，应在税务机关提供稽核结果的当月申报期内申报抵扣，逾期不予抵扣
运输费用结算单据		7%扣除率	按照结算单据上注明的运输费用金额和7%的扣除率计算进项税额	接受交通运输业服务，取得非试点地区纳税人开具的运输费用结算单据，公路内河货物运输业统一发票应在抵扣时限内抵扣，抵扣前需到主管税务机关办理认证	取得公路内河货物运输业统一发票，应在开具之日起180日内到税务机关办理认证，并在认证通过的次月申报期内，向主管税务机关申报抵扣进项税额。其他运输费用结算单据没有抵扣时限

续表

抵扣凭证类型	适用税率或扣除率	抵扣税额	抵扣条件	抵扣时限
农产品收购发票 农产品销售发票	13%扣除率	按照发票上注明的农产品买价和13%的扣除率计算进项税额	从农业生产者收购农产品，由收购单位自行开具农产品收购发票抵扣；从小规模纳税人购进农产品，取得农产品销售发票抵扣	未规定抵扣时限
中华人民共和国通用税收缴款书	11%、6%	按照通用缴款书上注明的增值税额抵扣进项税额	接收境外单位或者个人提供的应税服务（不含加工、修理修配劳务），从税务机关或境内代理人取得中华人民共和国税收通用缴款书，同时需备书面合同、付款证明和境外单位的对账单或者发票	未规定抵扣时限

3. 进项税额抵扣的时间限定见表2—13。

表2—13 增值税进项税额抵扣的时间限定

发票名称	进项税额抵扣时间
增值税专用发票	1. 专用发票开具之日起180日内到税务机关认证； 2. 认证通过的专用发票，在认证通过的当月申报抵扣，否则不予抵扣进项税额
海关完税凭证	在开具之日起180天后的第一个纳税申报期结束前申报抵扣，逾期不得抵扣进税额
运费发票	开票之日起180天内向主管税务机关申报抵扣，逾期不得抵扣进项税额

4. 增值税一般纳税人发生真实交易但由于客观原因造成增值税扣税凭证

未按期申报抵扣的，可向主管税务机关申请办理抵扣手续。申请办理抵扣时，应报送如下资料：

（1）《未按期申报抵扣增值税扣税凭证抵扣申请单》；

（2）《已认证增值税扣税凭证清单》；

（3）增值税扣税凭证未按期申报抵扣情况说明；

（4）未按期申报抵扣增值税扣税凭证复印件。

小玮答疑

吴薇薇：**我们公司从海关进口的货物，但海关完税凭证不慎丢失，抵扣进项需要提供什么资料？**

叶小玮：根据《国家税务总局关于调整增值税扣税凭证抵扣期限有关问题的通知》（国税函［2009］617号）第四条的规定：增值税一般纳税人丢失海关缴款书，应在本通知第二条规定期限内，凭报关地海关出具的相关已完税证明，向主管税务机关提出抵扣申请。主管税务机关受理申请后，应当进行审核，并将纳税人提供的海关缴款书电子数据纳入稽核系统进行比对。稽核比对无误后，方可允许计算进项税额抵扣。

根据《国家税务总局关于调整增值税扣税凭证抵扣期限有关问题的通知》（国税函［2009］617号）第二条的规定：实行海关进口增值税专用缴款书（以下简称海关缴款书）"先比对后抵扣"管理办法的增值税一般纳税人取得2010年1月1日以后开具的海关缴款书，应在开具之日起180日内向主管税务机关报送《海关完税凭证抵扣清单》（包括纸质资料和电子数据）申请稽核比对。

吴薇薇：**我们公司以前是将一定数额的油款以转账支票的形式存到石油公司，一般三天之后公司车辆就可以开始加油，并取得石油公司开具的发票。现在由于使用招行卡加油有优惠且可以划款后立即加油，所以我公司从网上**

银行将油款划到司机的招行卡，再由司机从招行卡转存石油公司，取得石油公司的发票而付款人是个人，请问这样的付款在税务上是否可以？

叶小玮：根据《国家税务总局关于加强增值税征收管理若干问题的通知》(国税发［1995］192号）第一条第三款的规定：“购进货物或应税劳务支付货款、劳务费用的对象。纳税人购进货物或应税劳务，支付运输费用，所支付款项的单位，必须与开具抵扣凭证的销货单位、提供劳务的单位一致，才能够申报抵扣进项税额，否则不予抵扣。”

按照上述文件规定，由于开票方和付款方不一致，因此贵公司即使取得了增值税专用发票也不允许抵扣。

吴薇薇：**我公司有间工厂离市区较远，因生产经营需要，为方便职工就餐，自办了食堂。食堂非独立核算，只对内不对外，食堂向职工收取**30%**食堂经办成本，**70%**亏损由公司负担。请问我公司现取得食堂购买液化气的增值税专用发票，该进项发票是否可抵扣？**

叶小玮：依据《增值税暂行条例》第十条规定，下列项目的进项税额不得从销项税额中抵扣：用于非增值税应税项目、免征增值税项目、集体福利或者个人消费的购进货物或者应税劳务。

根据上述规定，企业购买的液化气用于职工食堂，属于用于集体福利的购进货物，其进项税额不可以抵扣。

27 放弃增值税免税权减轻总体税负的窍门

【优惠提要】

由于增值税的链条式征收和抵扣的特征，非最终产品的免税、高征低扣、低征高扣等情况，可权衡是否放弃免税权以减轻总体税负。

大维讲税

“高征低扣”是否适合放弃免税权？

【案例 2—13】宏昌集团是专门从事废旧物资回收并加工的企业，为一般纳税人。2007 年宏昌集团旗下的甲公司收购社会上的废旧物资价值 234 万元，没有增值税专用发票。宏昌集团旗下的乙公司将废旧物资加工为 A 型钢材，出售给属于本集团的另一制造企业——F 机械制造公司（属于一般纳税人），开出增值税专用发票，价款 400 万元，增值税销项税额 68 万元。该企业据国税发［2007］43 号文件，拟选择免税，以降低税负。请问宏昌集团放弃免税权是否能达到节税目的？

叶大维：宏昌集团公司如果选择免税，那么 A 型钢材的销售价格 400 万元减去成本 234 万元，毛利润为 166 万元。反之，如果宏昌集团公司选择放弃免税权，则根据财政部门的规定可以按 10％的税率计算可抵扣的进项税，那么，234 万元的废旧物资的进项税为 23.4 万元，销项税额 68 万元减去 23.4 万元，实际税务负担为 44.6 万元。毛利润为 400－（234－23.4）＝

189.6（万元）。比上面多盈利 23.4 万元（其他费用不予考虑）。也就是说，实际税务负担减轻的同时增加了公司收益。由此可见，宏昌集团公司似乎应该选择放弃免税权。

但是如果宏昌集团的甲公司不具备一般纳税人资格，而宏昌集团的乙公司是一般纳税人，那么，问题就复杂了，按照规定：A 型钢材必须按照 17％纳增值税，销项税额 68 万元不能免税，而进项税额只能按照 4％的税率计算，234 万元的废旧物资进项税额为 9.36 万元，实际税务负担为 68－9.36＝58.64（万元），比上面的计算高出 14.04 万元。毛利润为 400－（234－9.36）＝175.36（万元），也不如上面高。由此可见，在这种情况下，还是不放弃免税权为好，否则放弃免税权必然要增加纳税人的总体税务负担。归纳以上的剖析，可以得到这样的结论：某些免税产品的购进虽然可以计算扣除进项税额，但是，由此而使得增值税链条中发生“高征低扣”的现象，也会增加整个流转环节的增值税负。所以，纳税人是否选择放弃免税权，应该权衡总体税务负担的大小。

优惠政策

《财政部 国家税务总局关于增值税纳税人放弃免税权有关问题的通知》（财税［2007］127 号）以及财税［2009］17 号文件规定：

1. 生产和销售免征增值税货物或劳务的纳税人要求放弃免税权，应当以书面形式提交放弃免税权声明，报主管税务机关备案。纳税人自提交备案资料的次月起，按照现行有关规定计算缴纳增值税。

2. 放弃免税权的纳税人符合一般纳税人认定条件尚未认定为增值税一般纳税人的，应当按现行规定认定为增值税一般纳税人，其销售的货物或劳务可开具增值税专用发票。

3. 纳税人一经放弃免税权，其生产销售的全部增值税应税货物或劳务均应按照适用税率征税，不得选择某一免税项目放弃免税权，也不得根据不同的销售对象选择部分货物或劳务放弃免税权。

4. 纳税人自税务机关受理纳税人放弃免税权声明的次月起 36 个月内不得申请免税。

5. 纳税人在免税期内购进用于免税项目的货物或者应税劳务所取得的增值税扣税凭证，一律不得抵扣。

操作要点

◆ **要点一：两类纳税人适合选择放弃增值税免税权**

放弃免税权只适用一些特定纳税人，这些特定的纳税人主要分为两类。第一类纳税人是货物或劳务接受对象不是最终消费环节，而是继续生产环节的企业。客户需要索取增值税专用发票抵扣，如果该类纳税人享受免税权的话，由于不得开具增值税专用发票，将直接影响产品的销售，乃至企业的正常生产经营。第二类纳税人是既有应税项目，又有免税项目，由于无法准确分清各自的进项，免税项目需要转出较多进项税的企业。《增值税实施细则》第二十三条规定，纳税人兼营免税项目或非应税项目而无法准确划分不得抵扣的进项税额的，按当月免税项目销售额、非应税项目营业额占当月全部销售额、营业额的比例，乘以当月全部进项税额的公式，计算不得抵扣的进项税额。但是，部分企业如果转出进项税较多的话，则可能出现免税比不免税缴更多税的情况。

◆ **要点二：放弃免税权必须考虑全面**

纳税人一经放弃免税权，其生产销售的全部增值税应税货物或劳务均应按照适用税率征税，不得选择某一免税项目放弃免税权，也不得根据不同的销售对象选择部分货物或劳务放弃免税权。根据该规定，放弃免税权的企业就不可能存在兼营免税项目；另外，对于有多种产品享受免税的企业，个别产品可能征税比免税更有利，但由于其如果选择放弃免税权，必须放弃所有免税产品的免税权，因此纳税人必须要全面、综合地考虑各种产品放弃免税权后利益此消彼长的得与失。

◆ **要点三：放弃免税权的开票规定**

纳税人放弃免税权并不一定就能开具增值税专用发票，如果其在放弃免税权前不是一般纳税人，必须在放弃免税权后符合一般纳税人认定条件并经认定为一般纳税人，其销售货物或劳务方可开具专用发票，否则只能向税务机关申请代开税率为6%或4%的专用发票。

◆ **要点四：放弃免税权后的抵扣规定**

纳税人放弃免税权后如果符合一般纳税人条件，其购进货物或劳务可以按规定计算抵扣进项税额，但必须要注意的是，其在免税期内购进用于免税项目的货物或者应税劳务所取得的增值税扣税凭证，一律不得抵扣。因此，纳税人在放弃免税权后，在计算可抵扣进项税额时，必须要注意相关货物或劳务的购进时间，以免因抵扣了不该抵扣的进项税额而受到处罚。

办税指引

生产和销售免征增值税货物或劳务的纳税人要求放弃免税权，应当以书面形式提交放弃免税权声明，报主管税务机关备案（表2—14)。

表2—14 申请放弃免税权

申请时限	1. 纳税人可自愿选择从递交备案资料的当月或次月起放弃免税权，纳税人自选定放弃免税权的当月起，按照现行有关规定计算缴纳增值税 2. 每次办理放弃免税权的有效期为36个月。36个月后，需要继续放弃免税权的纳税人，应重新办理申请放弃免税权手续
提供资料	1. 税务登记证副本 2. 放弃免税权声明

小玮答疑

吴薇薇：**我们公司同时存在免税和应税增值税货物和劳务，能否就某一免税项目放弃免税权？**

叶小玮：根据《财政部 国家税务总局关于增值税纳税人放弃免税权有关

问题的通知》（财税［2007］127 号）的有关规定，纳税人一经放弃免税权，其生产销售的全部增值税应税货物或劳务均应按照适用税率征税，不得选择某一免税项目放弃免税权，也不得根据不同的销售对象选择部分货物或劳务放弃免税权。

吴薇薇：**我们公司在免税期内购进用于免税项目或服务的增值税抵扣凭证，可以抵扣吗？**

叶小玮：纳税人在免税期内购进用于免税项目的货物或者应税服务以及应税服务所取得的增值税扣税凭证，一律不得抵扣。

吴薇薇：**我公司因故放弃了增值税免税政策，请问放弃以后是否还可以申请享受免税？**

叶小玮：《增值税暂行条例实施细则》第三十六条规定，纳税人销售货物或者应税劳务适用免税规定的，可以放弃免税，依照条例的规定缴纳增值税。放弃免税后，36 个月内不得再申请免税。因此，纳税人如果决定放弃免税权，要以书面形式申请并到税务机关备案。

28 营业税改征增值税优惠政策

【优惠提要】

“营改增”试点实施后，原营业税优惠政策大多得到延续，因此，“营改增”的优惠大多还是原营业税优惠政策的延续，但对于通过改革能够解决重复征税问题的，则予以取消了。

大维讲税

“营改增”企业应防范哪些风险?

【案例 2—14】 宏发集团旗下的M公司是营业税纳税人，经营范围为生物技术的研究开发，以前对外技术转让和有关的资料转让费、技术培训费、技术咨询费以及派驻专家和技术人员到甲方提供技术帮助和指导的入门费，按政策免征营业税。纳入“营改增”后，吴薇薇非常着急，她想知道是否还能享受免征优惠，要防范哪些税收风险?

叶大维：根据财政部、国家税务总局出台的营业税改征增值税试点的文件规定，“试点纳税人提供技术转让、技术开发和与之相关的技术咨询、技术服务”免征增值税。因此，M公司该项业务优惠改征增值税后仍能享受免征优惠。“营改增”纳税人申请免征增值税时，须持技术转让、开发的书面合同，到试点纳税人所在地省级科技主管部门进行认定，并持有关的书面合同和科技主管部门审核意见证明文件报主管国家税务局备查，方能享受优惠。

优惠政策

一、免征增值税政策

1. 个人转让著作权。

2. 残疾人个人提供应税服务。

3. 航空公司提供飞机播撒农药服务。

4. 试点纳税人提供技术转让、技术开发和与之相关的技术咨询、技术服务。

5. 符合条件的节能服务公司实施合同能源管理项目中提供的应税服务。

6. 自2014年1月1日至2018年12月31日，试点纳税人提供的离岸服务外包业务。

7. 台湾航运公司从事海峡两岸海上直航业务在大陆取得的运输收入。

8. 台湾航空公司从事海峡两岸空中直航业务在大陆取得的运输收入。

9. 美国ABS船级社在非营利宗旨不变、中国船级社在美国享受同等免税待遇的前提下，在中国境内提供的船检服务。

10. 随军家属就业。

（1）为安置随军家属就业而新开办的企业，自领取税务登记证之日起，其提供的应税服务3年内免征增值税。

（2）从事个体经营的随军家属，自领取税务登记证之日起，其提供的应税服务3年内免征增值税。

11. 军队转业干部就业。

（1）从事个体经营的军队转业干部，经主管税务机关批准，自领取税务登记证之日起，其提供的应税服务3年内免征增值税。

（2）为安置自主择业的军队转业干部就业而新开办的企业，凡安置自主择业的军队转业干部占企业总人数60%（含）以上的，经主管税务机关批准，自领取税务登记证之日起，其提供的应税服务3年内免征增值税。

享受上述优惠政策的自主择业的军队转业干部必须持有师以上部队颁发的转业证件。

12. 城镇退役士兵就业。

（1）为安置自谋职业的城镇退役士兵就业而新办的服务型企业当年新安置自谋职业的城镇退役士兵达到职工总数30%以上，并与其签订1年以上期限劳动合同的，经县级以上民政部门认定、税务机关审核，其提供的应税服务（除广告服务外）3年内免征增值税。

（2）自谋职业的城镇退役士兵从事个体经营的，自领取税务登记证之日起，其提供的应税服务（除广告服务外）3年内免征增值税。

13. 失业人员就业。

（1）持《就业失业登记证》（注明“自主创业税收政策”或附着《高校毕业生自主创业证》）人员从事个体经营的，在3年内按照每户每年8 000元为限额依次扣减其当年实际应缴纳的增值税、城市维护建设税、教育费附加和个人所得税。

（2）服务型企业（除广告服务外）在新增加的岗位中，当年新招用持《就业失业登记证》（注明“企业吸纳税收政策”）人员，与其签订1年以上期限劳动合同并依法缴纳社会保险费的，在3年内按照实际招用人数予以定额依次扣减增值税、城市维护建设税、教育费附加和企业所得税。定额标准为每人每年4 000元，可上下浮动20%，由试点地区省级人民政府根据本地区实际情况在此幅度内确定具体定额标准，并报财政部和国家税务总局备案。

14. 试点纳税人提供的国际货物运输代理服务。

15. 世界银行贷款粮食流通项目投产后的应税服务。

16. 中国邮政集团公司及其所属邮政企业提供的邮政普遍服务和邮政特殊服务。

17. 自2014年1月1日至2015年12月31日，中国邮政集团公司及其所属邮政企业为中国邮政速递物流股份有限公司及其子公司（含各级分支机构）

代办速递、物流、国际包裹、快递包裹以及礼仪业务等速递物流类业务取得的代理收入，以及为金融机构代办金融保险业务取得的代理收入。

18. 青藏铁路公司提供的铁路运输服务。

二、增值税即征即退政策

1. 2015年12月31日前，注册在洋山保税港区和东疆保税港区内的“营改增”纳税人，提供的国内货物运输服务、仓储服务和装卸搬运服务。

2. 安置残疾人的单位，实行由税务机关按照单位实际安置残疾人的人数，限额即征即退增值税的办法。

3. 2015年12月31日前，“营改增”纳税人中的一般纳税人提供管道运输服务，对其增值税实际税负超过3%的部分实行增值税即征即退政策。

4. 经中国人民银行、银监会或者商务部批准从事融资租赁业务的“营改增”纳税人中的一般纳税人，提供有形动产融资租赁服务，在2015年12月31日前，对其增值税实际税负超过3%的部分实行增值税即征即退政策。

三、应税服务适用增值税零税率和免税政策

1. 我国境内（以下称境内）的单位和个人提供的国际运输服务、向境外单位提供的研发服务和设计服务，适用增值税零税率。

航天运输服务参照国际运输服务，适用增值税零税率。

向境外单位提供的设计服务，不包括对境内不动产提供的设计服务。

2. 境内的单位和个人提供的往返香港、澳门、台湾的交通运输服务以及在香港、澳门、台湾提供的交通运输服务（以下称港澳台运输服务），适用增值税零税率。

3. 自2013年8月1日起，境内的单位或个人提供程租服务，如果租赁的交通工具用于国际运输服务和港澳台运输服务，由出租方按规定申请适用增值税零税率。

自2013年8月1日起，境内的单位或个人向境内单位或个人提供期租、湿租服务，如果承租方利用租赁的交通工具向其他单位或个人提供国际运输服务和港澳台运输服务，由承租方按规定申请适用增值税零税率。境内的单位或个人向境外单位或个人提供期租、湿租服务，由出租方按规定申请适用增值税零税率。

4. 境内的单位和个人提供适用增值税零税率的应税服务，如果属于适用简易计税方法的，实行免征增值税办法。如果属于适用增值税一般计税方法的，生产企业实行免抵退税办法，外贸企业外购研发服务和设计服务出口实行免退税办法，外贸企业自己开发的研发服务和设计服务出口，视同生产企业连同其出口货物统一实行免抵退税办法。应税服务退税率为其按照《试点实施办法》（详见财税［2013］106号文）第十二条第一至第三款规定适用的增值税税率。实行退（免）税办法的研发服务和设计服务，如果主管税务机关认定出口价格偏高的，有权按照核定的出口价格计算退（免）税，核定的出口价格低于外贸企业购进价格的，低于部分对应的进项税额不予退税，转入成本。

5. 境内的单位和个人提供适用增值税零税率应税服务的，可以放弃适用增值税零税率，选择免税或按规定缴纳增值税。放弃适用增值税零税率后，36个月内不得再申请适用增值税零税率。

6. 境内的单位和个人提供适用增值税零税率的应税服务，按月向主管退税的税务机关申报办理增值税免抵退税或免税手续。

7. 境内的单位和个人提供的下列应税服务免征增值税，但财政部和国家税务总局规定适用增值税零税率的除外：

（1）工程、矿产资源在境外的工程勘察勘探服务。

（2）会议展览地点在境外的会议展览服务。

（3）存储地点在境外的仓储服务。

（4）标的物在境外使用的有形动产租赁服务。

（5）为出口货物提供的邮政业服务和收派服务。

（6）在境外提供的广播影视节目（作品）的发行、播映服务。

（7）符合本规定（详见财税［2013］106号文，下同）第一条第一款规定但不符合第一条第二款规定条件的国际运输服务。

（8）符合本规定第二条第一款规定但不符合第二条第二款规定条件的港澳台运输服务。

（9）向境外单位提供的下列应税服务：

①技术转让服务、技术咨询服务、合同能源管理服务、软件服务、电路设计及测试服务、信息系统服务、业务流程管理服务、商标著作权转让服务、知识产权服务、物流辅助服务（仓储服务、收派服务除外）、认证服务、鉴证服务、咨询服务、广播影视节目（作品）制作服务、期租服务、程租服务、湿租服务。但不包括：合同标的物在境内的合同能源管理服务，对境内货物或不动产的认证服务、鉴证服务和咨询服务。

②广告投放地在境外的广告服务。

操作要点

◆ 要点一："营改增"技术咨询、技术服务的界定

技术转让，是指转让者将其拥有的专利和非专利技术的所有权或者使用权有偿转让他人的行为；技术开发，是指开发者接受他人委托，就新技术、新产品、新工艺或者新材料及其系统进行研究开发的行为；技术咨询，是指就特定技术项目提供可行性论证、技术预测、专题技术调查、分析评价报告等。与技术转让、技术开发相关的技术咨询、技术服务，是指转让方（或受托方）根据技术转让或开发合同的规定，为帮助受让方（或委托方）掌握所转让（或委托开发）的技术，而提供的技术咨询、技术服务业务，且这部分技术咨询、服务的价款与技术转让（或开发）的价款应当开在同一张发票上。试点纳税人申请免征增值税时，须持技术转让、开发的书面合同，到试点纳税人所在地省级科技主管部门进行认定，并持有关的书面合同和科技主管部门审核意见证明文件报主管国家税务局备查。

◆ 要点二：节能服务公司实施合同能源管理项目中提供应税服务的条件规定

1. 节能服务公司实施合同能源管理项目相关技术，应当符合国家质量监督检验检疫总局和国家标准化管理委员会发布的《合同能源管理技术通则》（GB/T24915－2010）规定的技术要求。

2. 节能服务公司与用能企业签订《节能效益分享型》合同，其合同格式和内容，符合《中华人民共和国合同法》和国家质量监督检验检疫总局和国家标准化管理委员会发布的《合同能源管理技术通则》（GB/T24915－2010）等规定。

◆ 要点三："营改增"纳税人提供的国际货物运输代理服务

1. 纳税人提供国际货物运输代理服务，向委托方收取的全部国际货物运输代理服务收入，以及向国际运输承运人支付的国际运输费用，必须通过金融机构进行结算。

2. 纳税人为大陆与香港、澳门、台湾地区之间的货物运输提供的货物运输代理服务参照国际货物运输代理服务有关规定执行。

3. 委托方索取发票的，纳税人应当就国际货物运输代理服务收入向委托方全额开具增值税普通发票。

◆ 要点四：随军家属、军队转业等就业相关规定

1. 随军家属：享受税收优惠政策的企业，随军家属必须占企业总人数的60%（含）以上，并有军（含）以上政治和后勤机关出具的证明。随军家属必须有师以上政治机关出具的可以表明其身份的证明。每一名随军家属可以享受一次免税政策。

2. 军队转业干部就业：为安置自主择业的军队转业干部就业而新开办的企业，凡安置自主择业的军队转业干部占企业总人数60%（含）以上的，经主管税务机关批准，自领取税务登记证之日起，其提供的应税服务3年内免征增值税。享受优惠政策的自主择业的军队转业干部必须持有师以上部队颁发的转业证件。

3. 城镇退役士兵就业：新办的服务型企业，是指《国务院办公厅转发民政部等部门关于扶持城镇退役士兵自谋职业优惠政策意见的通知》（国办发[2004] 10号）下发后新组建的企业。原有的企业合并、分立、改制、改组、扩建、搬迁、转产以及吸收新成员、改变领导或隶属关系、改变企业名称的，不能视为新办企业。自谋职业的城镇退役士兵，是指符合城镇安置条件，并与安置地民政部门签订《退役士兵自谋职业协议书》，领取《城镇退役士兵自谋职业证》的士官和义务兵。

办税指引

现有营业税优惠政策包含的政策内容及试点后的管理要求，在转换为增值税优惠政策时采用了不同税收的优惠政策，符合条件的纳税人，办理各类应税服务税收优惠的具体项目及需要报送的资料。

表 2—15 “营改增”纳税人优惠项目备案

优惠项目	需附报的主要资料
个人转让著作权	1.《增值税减免税备案登记表》 2. 个人转让著作权业务合同原件和复印件；合同中注明的著作权登记证明原件和复印件
残疾人个人提供应税服务	1.《增值税减免税备案登记表》 2.《残疾人证》（注明属于视力残疾、听力残疾、言语残疾、肢体残疾、智力残疾和精神残疾）、《残疾军人证》（1 至 8 级）原件及复印件 3. 残疾人身份证原件及复印件
飞机播撒农药服务	1.《增值税减免税备案登记表》 2. 航空公司提供飞机播撒农药服务业务合同原件和复印件
技术转让、技术开发	1.《增值税减免税备案登记表》 2. 技术转让、技术开发和与之相关的技术咨询、技术服务业务合同原件和复印件 3. 外国企业和外籍个人从境外向中国境内转让技术的，应附报省级科技主管部门出具的技术合同认定登记证明或提供由审批技术引进项目的商务部（原为对外贸易经济合作部）及其授权的地方商务部门（原为地方外经贸部门）出具的技术转让合同批准文件原件和复印件；除外国企业、外籍个人以外的其他纳税人提供省级科技主管部门出具的技术合同认定登记证明原件和复印件 4. 外国企业和外籍个人如委托境内企业申请办理备案手续，应提供委托书原件和复印件（如系外文的应翻译成中文）
合同能源管理项目中提供的应税服务	1.《增值税减免税备案登记表》 2. 企业签订节能效益分享型合同能源管理项目合同原件和复印

续表

优惠项目	需附报的主要资料
离岸服务外包业务	1.《增值税减免税备案登记表》 2. 企业签订离岸服务外包项目业务合同原件和复印件
台湾航运公司两岸海上直航	1.《增值税减免税备案登记表》 2. 交通运输部颁发的“台湾海峡两岸间水路运输许可证”的证书原件和复印件（许可证上注明的航运公司登记地址在台湾）
台湾航空公司两岸空中直航	1.《增值税减免税备案登记表》 2. 中国民用航空局颁发的“经营许可”原件和复印件；或依据《海峡两岸空运协议》和《海峡两岸空运补充协议》规定，批准经营两岸旅客、货物和邮件不定期（包机）运输业务，且公司登记地址在台湾的航空公司的证明材料原件和复印件
ABS船级社船检服务	1.《增值税减免税备案登记表》 2. 美国ABS船级社身份证明原件和复印件
电影企业转让版权、发行、农村放映	1.《增值税减免税备案登记表》 2.《电影发行许可证》以及广播、电影、电视行政主管部门批准的从事电影制片、发行、放映相关的文件材料 3. 收取相关收入的合同或协议
随军家属从事个体经营	1.《增值税减免税备案登记表》 2. 驻山东部队各单位师（含）以上政治机关出具的随军家属证明原件和复印件。
军队转业干部从事个体经营的	1.《增值税减免税备案登记表》 2. 师（含）以上部队颁发的转业证件原件和复印件
自谋职业的城镇退役士兵从事个体经营	1.《增值税减免税备案登记表》 2.《退役士兵自谋职业协议书》、《城镇退役士兵自谋职业证》原件和复印件
失业人员从事个体经营	1.《增值税减免税备案登记表》 2.《就业失业登记证》（注明“自主创业税收政策”或附《高校毕业生自主创业证》）原件和复印件

续表

优惠项目	需附报的主要资料
为安置随军家属就业而新开办的企业	1.《增值税减免税备案登记表》 2. 驻山东部队各单位师（含）以上政治机关出具的随军家属证明原件和复印件 3. 军（含）以上政治和后勤机关出具的随军家属占企业总人数的60%（含）以上证明材料原件和复印件
为安置自主择业的军队转业干部就业而新开办的企业	1.《增值税减免税备案登记表》 2. 企业提供有关转业干部就业人员占全部在职职工比例等相关情况说明 3. 师（含）以上部队颁发的转业证件原件和复印件
为安置自谋职业的城镇退役士兵就业而新办的服务型企业	1.《增值税减免税备案登记表》 2.《退役士兵自谋职业协议书》、《城镇退役士兵自谋职业证》原件和复印件 3. 县级以上民政部门的书面认定意见原件和复印件 4. 签订在 1 年以上期限劳动合同原件和复印件
服务型企业吸纳失业人员	1.《增值税减免税备案登记表》 2. 县以上人力资源社会保障部门核发的《企业实体吸纳失业人员认定证明》及其附表原件和复印件 3.《就业失业登记证》（注明"企业吸纳税收政策"）原件和复印件 4. 签订 1 年以上期限劳动合同和缴纳社会保险费凭证原件和复印件
自主创业失业人员	1.《增值税备案类减免税登记表》 2.《就业失业登记证》（注明"自主创业税收政策"或附着《高校毕业生自主创业证》）

表 2—16 "营改增"纳税人优惠项目报批

优惠项目	报送资料
安置残疾人的单位	1.《税收认定审批确认表》 2. 经民政部门或残疾人联合会认定的纳税人，应提供上述部门的书面审核认定意见原件和复印件 3. 纳税人与残疾人签订的劳动合同或服务协议（副本）原件和复印件 4. 纳税人为残疾人缴纳社会保险费缴费记录原件和复印件 5. 纳税人向残疾人通过银行等金融机构实际支付工资凭证原件和复印件

续表

优惠项目	报送资料
管道运输服务	1.《税收认定审批确认表》 2. 管道运输服务业务合同原件和复印件
有形动产融资租赁	1.《税收认定审批确认表》 2. 人民银行、银监会、商务部及其授权部门批准经营融资租赁业务证明原件和复印件

小玮答疑

黄先生：**营业税改征增值税后优惠政策是如何安排的？**

叶小玮：国家给予试点行业的原营业税优惠政策可以延续，但对于通过改革能够解决重复征税问题的，予以取消。试点期间针对具体情况采取适当的过渡政策，具体请参见“营改增”实施文件的附件《营业税改征增值税试点过渡政策的规定》。

李会计：**小玮，营业税改征增值税后，提供应税服务的纳税人是否可以享受起征点的优惠政策？**

叶小玮：个人提供应税服务的销售额未达到增值税起征点的，免征增值税；达到起征点的，全额计算缴纳增值税。增值税起征点不适用于认定为一般纳税人的个体工商户。

蔡会计：**我们公司“营改增”后兼营免税、减税项目的应当如何核算？**

叶小玮：纳税人兼营免税、减税项目的，应当分别核算免税、减税项目的销售额；未分别核算的，不得免税、减税。

29 增值税其他优惠政策

【优惠提要】

对企业不常用或针对特定单位、特定商品制定的增值税优惠政策，本节不再以专题形式展开细说，而是汇编如下。

一、粮食和食用植物油

1. 对承担粮食收储任务的国有粮食购销企业销售的粮食免征增值税；对其他粮食企业经营粮食，除下列项目免征增值税外，一律征收增值税（财税［1999］198号）：

（1）军队用粮：指凭军用粮票和军粮供应证按军供价供应中国人民解放军和中国人民武装警察部队的粮食。

（2）救灾救济粮：指经县（含）以上人民政府批准，凭救灾救济粮食（证）按规定的销售价格向需救助的灾民供应的粮食。

（3）水库移民口粮：指经县（含）以上人民政府批准，凭水库移民口粮票（证）按规定的销售价格供应给水库移民的粮食。

对销售食用植物油业务，除政府储备食用植物油的销售继续免征增值税外，一律照章征收增值税。

2. 对粮食部门经营的退耕还林还草补助粮，凡符合国家规定标准的，比照“救灾救济粮”免征增值税。（国税发［2001］131号）

3. 享受免税优惠的国有粮食购销企业，均按增值税一般纳税人认定，并进行纳税申报、日常检查及有关增值税专用发票的各项管理。（国税函［1999］560号）

二、军队军工系统

1. 军队系统（包括人民武装警察部队）。

（1）军队系统的下列企事业单位，可以按本规定享受税收优惠照顾：军需工厂（指纳入总后勤部统一管理，由总后勤部授予代号，经国家税务总局审查核实的企业化工厂）；军马场；军办农场（林厂、茶厂）；军办厂矿；军队院校、医院、科研文化单位、物资供销、仓库、修理等事业单位。

（2）军队系统各单位生产、销售、供应的应税货物应当按规定征收增值税。但为部队生产的武器及其零配件、弹药、军训器材、部队装备（指人被装、军械装备、马装具，下同），免征增值税。军需工厂、物资供销单位生产、销售、调拨给公安系统和国家安全系统的民警服装，免征增值税；对外销售的，按规定征收增值税。供军内使用的应与对外销售的分开核算，否则，按对外销售征税。

（3）军需工厂之间为生产军品而互相协作的产品免征增值税。

（4）军队系统各单位从事加工、修理修配武器及其零配件、弹药、军训器材、部队装备的业务收入，免征增值税。

2. 军工系统（指电子工业部、中国核工业总公司、中国航天工业总公司、中国航空工业总公司、中国兵器工业总公司、中国船舶工业总公司）。

（1）军工系统所属军事工厂（包括科研单位）生产销售的应税货物应当按规定征收增值税。但对列入军工主管部门军品生产计划并按照军品作价原则销售给军队、人民武装警察部队和军事工厂的军品，免征增值税。

（2）军事工厂生产销售给公安系统、司法系统和国家安全系统的武器装备免征增值税。

（3）军事工厂之间为了生产军品而相互提供货物以及为了制造军品相互提供的专用非标准设备、工具、模具、量具等免征增值税；对军工系统以外销售的，按规定征收增值税。

3. 除军工、军队系统企业以外的一般工业企业生产的军品，只对枪、炮、雷、弹、军用舰艇、飞机、坦克、雷达、电台、舰艇用柴油机、各种炮用瞄准具和瞄准镜，一律在总装企业就总装成品免征增值税。

4. 军队、军工系统各单位经总后勤部和国防科工委批准进口的专用设备、仪器仪表及其零配件，免征进口环节增值税；军队、军工系统各单位进口其他货物，应按规定征收进口环节增值税。

军队、军工系统各单位将进口的免税货物转售给军队、军工系统以外的，应按规定征收增值税。

5. 军品以及军队系统各单位出口军需工厂生产或军需部门调拨的货物，在生产环节免征增值税，出口不再退税。

以上1～5项政策摘自《关于军队、军工系统所属单位征收流转税、资源税问题的通知》。（财税字［1994］11号）

6. 自2008年1月1日起，对于原享受军品免征增值税政策的军工集团全资所属企业，按照有关规定，改制为国有独资（或国有全资）、国有绝对控股、国有相对控股的有限责任公司或股份有限公司，所生产销售的军品可按照有关规定，继续免征增值税。（财税［2007］172号）

7. 公安部所属研究脾性、公安侦察保卫器材厂研制生产的列明代号的侦察保卫器材产品（每年新增部分国国家税务总局审核批准后下发）凡销售给公安、司法以及国家安全系统使用的，免征增值税；销售给其他单位，按规定征收增值税。（财税字［1994］29号）

8. 劳改工厂生产的民警服装销售给公安、司法以及国家安全系统使用的，免征增值税；销售给其他单位，按规定征收增值税。（财税字［1994］29号）

三、公安司法部门

1. 公安部门。公安部所属研究所、公安侦察保卫器材厂研制生产的列明代号的侦察保卫器材产品（每年新增部分国家税务总局审核批准后下发），凡销售给公安、司法以及国家安全系统使用的，免征增值税；销售给其他单位的，按规定征收培养增值税。

2. 司法部门。劳改工厂生产的民警服装销售给公安、司法以及国家安全系统使用的，免征增值税；销售给其他单位的，按规定征收增值税。

摘自《关于公安、司法部门所属单位征免增值税问题的通知》。（财税字[1994] 20号）

四、简易征收

一般纳税人销售货物属于下列情形之一的，暂按简易办法依照4%征收率计算缴纳增值税（财税[2009] 9号）：

1. 寄售商店代销寄售物品（包括居民个人寄售的物品在内）；

2. 典当业销售死当物品；

3. 经国务院或国务院授权机关批准的免税商店零售的免税品。

五、残疾相关劳务、产品

1. 残疾人个人提供的加工、修理修配劳务。

对残疾人个人提供的加工、修理修配劳务免征增值税。（财税[2007] 92号）

2. 供残疾人专用的假肢、轮椅、矫正器。

从1994年1月1日起，供残疾人专用的假肢、轮椅、矫形器（包括上肢矫形器、下肢矫形器、脊椎侧弯矫形器），免征增值税。（财税字[1994] 60号）

3. 由残疾人的组织直接进口供残疾人专用的物品免征增值税。

六、贵金属类

1. 钻石。对国内钻石开采企业通过上海钻石交易所销售的自产毛坯钻石实行免征增值税政策。对国内加工的成品钻石，通过上海钻石交易所销售的在国内销售环节免征增值税。（财税[2006] 65号）

2. 自产自销铂金。国内铂金生产企业自产自销的铂金实行增值税即征即退政策。(财税［2003］86号)

3. 黄金。黄金生产和经营单位销售黄金（不包括以下品种：成色为AU9999、AU9995、AU999、AU995；规格为50克、100克、1千克、3千克、12.5千克的黄金，以下简称标准黄金）和黄金矿砂（含伴生金），免征增值税。

黄金交易所会员单位通过黄金交易所销售标准黄金（持有黄金交易所开具的《黄金交易结算发票》），未发生实物交割的，免征增值税；发生实物交割的，由税务机关按照实际成交价格代开增值税专用发票，并实行增值税即征即退的政策。

七、维修维护费

1. 农村电网维护费。从1998年1月1日起，对农村电管站在收取电价时一并向用户收取的农村电网维护费（包括低压线路损耗和维护费以及电工经费）给予免征增值税的照顾。（财税字［1998］47号、国税函［2009］591号）

2. 飞机维修。自2000年1月1日起对飞机维修劳务增值税实际税负超过6%的部分实行由税务机关即征即退的政策。(财税［2000］102号)

3. 铁路货车修理。从2001年1月1日起对铁路系统内部单位为本系统修理货车的业务免征增值税。(财税［2001］54号)

八、金融资产管理公司

中国信达资产管理公司、中国华融资产管理公司、中国长城资产管理公司和中国东方资产管理公司，及其经批准分设于各地的分支机构在收购、承接、处置不良资产过程中，对资产公司接受相关国有银行的不良债权，借款方以货物、不动产、无形资产、有价证券和票据等抵充贷款本息的，免征资产公司销售转让该货物、不动产、无形资产、有价证券、票据以及利用该货物、不动产从事融资租赁业务应缴纳的增值税。国有商业银行按财政部核定的数额，划转给金融资产管理公司的资产，在办理过户手续时，免征增值税。（财税［2001］10号、财税［2003］21号）

九、进口图书国内销售环节

自2004年1月1日起，对中国科技资料进出口总公司为科研单位、大专院校进口的用于科研、教学的图书、文献、报刊及其他资料（包括只读光盘、缩微平片、胶卷、地球资源卫星照片、科技和教学声像制品）免征国内销售环节增值税。（财税［2004］69号）

十、边销茶

自2011年1月1日起至2015年12月31日，对边销茶生产企业销售自产的边销茶及经销企业销售的边销茶免征增值税。（财税［2011］89号）

十一、合同能源管理项目

节能服务公司实施符合条件的合同能源管理项目，将项目中的增值税应税货物转让给用能企业，暂免征收增值税。（财税［2010］110号）

十二、国产支线飞机

自2000年4月1日起，对生产销售的支线飞机（包括运十二、运七系列、运八、运五飞机）免征增值税。（财税［2000］51号）

十三、供热企业居民采暖费收入

自2011年供暖期至2015年12月31日，对供热企业向居民个人（以下称居民）供热而取得的采暖费收入继续免征增值税。（财税［2011］118号）

十四、被撤销金融机构清偿债务转让货物

被撤销金融机构财产用来清偿债务时，免征被撤销金融机构转让货物应缴纳的增值税。（财税［2003］141号）

十五、校办企业为本校提供货物

校办企业生产的应税货物，凡用于本校教学、科研方面的，免征增值税。（财税［2000］92号）

第三篇

消费税 最新优惠

油料化工类产品消费税减免政策 ·

特定应税消费品的减免和抵扣政策 ·

30 油料化工类产品消费税减免政策

【优惠提要】

本节主要介绍成品油等消费税减免税优惠，包括连续生产自用油的免征、资源综合利用类的减免等。

大维讲税

成品油企业自用油是否要征消费税？

【案例 3—1】 K 公司是一家生产成品油的炼油厂，厂里自产的成品油一部分对外销售，一部分用于生产乙烯、芳烃类化工产品，也有一小部分会用于厂房的发电机、接送员工上下班的客运汽车使用。新来的会计小李听“前任”说用于连续生产和自用是免征消费税的，便只对那些对外销售的那部分成品油作申报纳税，结果被税务部门检查出来。小李有些委屈：不是说自用是免征消费税的吗？

叶大维： 小李对政策的理解不全面。关于成品油消费税优惠问题，《财政部 国家税务总局关于对成品油生产企业生产自用油免征消费税的通知》（财税［2010］98 号）规定，对成品油生产企业在生产成品油过程中，作为燃料、动力及原料消耗掉的自产成品油，免征消费税。对用于其他用途或直接对外销售的成品油照章征收消费税。同时，《关于延续执行部分石脑油燃料油消费税政策的通知》（财税［2011］87 号）规定，生产企业自产石脑油、燃料油用于生产乙烯、芳烃类化工产品的，按实际耗用数量暂免征消费税。因此，K公司用于生产乙烯、芳烃类化工产品和用作燃料、动力及原料消耗掉的自产成品油免征消费税，但自产成品油用于汽车（接送员工上下班）不符合上述规定，应按规定缴纳消费税。

另外，对油（气）田企业生产自用成品油全额返还消费税。根据《关于对油（气）田企业生产自用成品油先征后返消费税的通知》（财税［2011］7号）规定，对油（气）田企业在开采原油过程中耗用的内购成品油，暂按实际缴纳成品油消费税的税额，全额返还所含消费税。

优惠政策

一、用于生产乙烯、芳烃类化工产品的石脑油、燃料油消费税退（免）税规定

《关于延续执行部分石脑油燃料油消费税政策的通知》（财税［2011］87号）对用于生产乙烯、芳烃类化工产品的石脑油、燃料油消费税退（免）税政策延续问题明确如下：

1. 对生产石脑油、燃料油的企业（以下简称生产企业）对外销售的用于生产乙烯、芳烃类化工产品的石脑油、燃料油，恢复征收消费税。

2. 生产企业自产石脑油、燃料油用于生产乙烯、芳烃类化工产品的，按实际耗用数量暂免征消费税。

3. 对使用石脑油、燃料油生产乙烯、芳烃的企业购进并用于生产乙烯、芳烃类化工产品的石脑油、燃料油，按实际耗用数量暂退还所含消费税。

二、石脑油、燃料油生产乙烯、芳烃类化工产品消费税退税规定

《关于石脑油、燃料油生产乙烯、芳烃类化工产品消费税退税问题的公告》（国家税务总局、海关总署公告2013年第29号）规定，用石脑油、燃料油生产乙烯、芳烃类化工产品的产量占本企业用石脑油、燃料油生产产品总量的50%以上（含50%）的企业，可享受规定的退（免）消费税政策。享受该政策的企业，必须到主管税务机关提请退（免）税资格认定。

三、成品油生产企业生产自用油免征消费税规定

《关于对成品油生产企业生产自用油免征消费税的通知》（财税［2010］98号）规定：

1. 从2009年1月1日起，对成品油生产企业在生产成品油过程中，作为燃料、动力及原料消耗掉的自产成品油，免征消费税。

2. 从2009年1月1日到本通知下发前，成品油生产企业生产自用油已经缴纳的消费税，符合上述免税规定的，予以退还。

四、利用废弃的动植物油生产纯生物柴油免征消费税规定

《关于对利用废弃的动植物油生产纯生物柴油免征消费税的通知》（财税［2010］118号）规定，从2009年1月1日起，对同时符合下列条件的纯生物柴油免征消费税：

1. 生产原料中废弃的动物油和植物油用量所占比重不低于70%。

2. 生产的纯生物柴油符合国家《柴油机燃料调合生物柴油（BD100）》标准。

五、油（气）田企业生产自用成品油

《关于对油（气）田企业生产自用成品油先征后返消费税的通知》（财税［2011］7号）规定：自2009年1月1日起，对油（气）田企业在开采原油过程中耗用的内购成品油，暂按实际缴纳成品油消费税的税额，全额返还所含消费税。

六、成品油生产企业生产自用油免征消费税

自2009年1月1日起，对成品油生产企业在成产成品油过程中，作为燃料、动力及原料消耗掉的资产成品油，免征消费税。（财税［2010］98号）

七、废矿物油再生油品免征消费税

《关于对废矿物油再生油品免征消费税的通知》（财税［2013］105号）规定：自2013年11月1日至2018年10月31日，对以回收的废矿物油为原料生产的润滑油基础油、汽油、柴油等工业油料免征消费税。

八、其他优惠政策

1. 航空煤油暂缓征收消费税。（财税［2008］168号）

2. 以外购或委托加工收回的已税石脑油、润滑油、燃料油为原料生产的应税消费品，准予从消费税应纳税额中扣除原料已纳的消费税税款。（财税［2008］19号）

操作要点

◆ 要点一：油（气）田企业生产自用成品油全额返还消费税的条件

对油（气）田企业生产自用成品油全额返还消费税，享受税收返还政策的成品油必须同时符合以下三个条件：由油（气）田企业所隶属的集团公司（总厂）内部的成品油生产企业生产；从集团公司（总厂）内部购买；油（气）田企业在地质勘探、钻井作业和开采作业过程中，作为燃料、动力（不含运输）耗用。

◆ 要点二：生产企业执行定点直供计划销售石脑油、燃料油的开票规定

生产企业执行定点直供计划，销售石脑油、燃料油的数量在计划限额内，且开具有“DDZG”标识的汉字防伪版增值税专用发票的，免征消费税。开具普通版增值税专用发票的，应当先行申报缴纳消费税。经主管税务机关核实，确认使用企业购进的石脑油、燃料油已作免税油品核算的，其已申报缴纳消费税的数量可抵顶下期应纳消费税的应税数量。未开具增值税专用发票或开具其他发票的，不得免征消费税。

◆ **要点三：自产的石脑油、燃料油用于本企业连续生产乙烯、芳烃类化工产品的填报规定**

生产企业发生将自产的石脑油、燃料油用于本企业连续生产乙烯、芳烃类化工产品的，应按月填报《石脑油、燃料油生产、外购、耗用、库存月度统计表》和《乙烯、芳烃生产装置投入产出流量计统计表》；如执行定点直供计划销售石脑油、燃料油，且开具普通版增值税专用发票的，应按月填报《生产企业定点直供石脑油、燃料油开具普通版增值税专用发票明细表》，作为《成品油消费税纳税申报表》的附列资料一同报送。

◆ **要点四：将已税原料生产应税消费品的抵扣规定**

对外购或委托加工收回的汽油、柴油用于连续生产甲醇汽油、生物柴油，准予从消费税应纳税额中扣除原料已纳的消费税税款。

以外购或委托加工收回的已税石脑油、润滑油、燃料油为原料生产的应税消费品，准予从消费税应纳税额中扣除原料已纳的消费税税款。抵扣税款的计算公式为：

当期准予扣除的外购应税消费品已纳税款＝当期准予扣除外购应税消费品数量×外购应税消费品单位税额

◆ **要点五：废矿物油再生油品免征消费税应符合的条件**

1. 纳税人必须取得省级以上（含省级）环境保护部门颁发的《危险废物（综合）经营许可证》，且该证件上核准生产经营范围应包括“利用”或“综合经营”字样。生产经营范围为“综合经营”的纳税人，还应同时提供颁发《危险废物（综合）经营许可证》的环境保护部门出具的能证明其生产经营范围包括“利用”的材料。

2. 纳税人在申请办理免征消费税备案时，应同时提交污染物排放地环境保护部门确定的该纳税人应予执行的污染物排放标准，以及污染物排放地环境保护部门在此前6个月以内出具的该纳税人的污染物排放符合上述标准的证明材料。

3. 纳税人回收的废矿物油应具备能显示其名称、特性、数量、接受日期等项目的《危险废物转移联单》。

4. 生产原料中废矿物油重量必须占到90%以上。产成品中必须包括润滑油基础油，且每吨废矿物油生产的润滑油基础油应不少于0.65吨。

5. 利用废矿物油生产的产品与利用其他原料生产的产品应分别核算。

办税指引

符合消费税减免政策的纳税人须向主管税务机关做好报批或备案。下列（表3－1）消费税优惠事项，除生产乙烯芳烃类化工产品属于消费税即征即退报批类事项，其他为备案类事项。

表3－1　消费税减免报批（备案）

减免事项	报送资料
生产乙烯芳烃类化工产品报批	1.《石脑油、燃料油消费税退（免）税资格备案表》 2. 省级以上安全生产监督管理部门颁发的相关产品《危险化学品安全生产许可证》原件及复印件 3. 石脑油、燃料油用于生产乙烯、芳烃类化工产品的工艺设计方案、装置工艺流程以及相关生产设备情况 4. 石脑油、燃料油用于生产乙烯、芳烃类化工产品的物料平衡图，要求标注每套生产装置的投入产出比例及年处理能力 5. 原料储罐、产成品储罐和产成品仓库的分布图、用途、储存容量的相关资料 6. 乙烯、芳烃类化工产品生产装置的全部流量计的安装位置图和计量方法说明，以及原材料密度的测量和计算方法说明 7. 上一年度用石脑油、燃料油生产乙烯、芳烃类化工产品的分品种的销售明细表 8.《用于生产乙烯、芳烃类化工产品的石脑油、燃料油消费税退税申请表》 9. 主管税务机关要求提供的其他资料
燃料、动力及原料消耗掉的自产成品油备案	1. 税收优惠备案表 2. 主管税务机关要求提供的其他资料
航空煤油备案	1. 税收优惠备案表 2. 主管税务机关要求提供的其他资料

续表

减免事项	报送资料
将自产的石脑油、燃料油用于连续生产乙烯、芳烃类化工产品备案	1.《石脑油、燃料油消费税退（免）税资格备案表》 2.石脑油、燃料油用于生产乙烯、芳烃类化工产品的工艺设计方案、装置工艺流程以及相关生产设备情况 3.石脑油、燃料油用于生产乙烯、芳烃类化工产品的物料平衡图，要求标注每套生产装置的投入产出比例及年处理能力 4.原料储罐、产成品储罐和产成品仓库的分布图、用途、储存容量的相关资料 5.乙烯、芳烃类化工产品生产装置的全部流量计的安装位置图和计量方法说明，以及原材料密度的测量和计算方法说明 6.上一年度用石脑油、燃料油生产乙烯、芳烃类化工产品的分品种的销售明细表 7.相关部门批件（证书） 8.主管税务机关要求提供的其他资料
利用废弃动植物油生产纯生物柴油备案	1.税收优惠备案表 2.利用废弃动植物油生产纯生物柴油的工艺设计方案、工艺流程以及相关生产设备情况 3.利用废弃动植物油生产纯生物柴油的物料平衡图，标注每套生产装置的投入产出比例及年处理能力 4.原料储罐、产成品储罐和产成品仓库的分布、用途及储存容量的相关资料 5.利用废弃动植物油生产纯生物柴油的生产装置的全部流量计的安装位置图和计量方法说明，以及原材料密度的测量和计算方法等 6.资源综合利用认定证书（复印件） 7.省级以上安全生产监督管理部门颁发的《危险化学品安全生产许可证》（复印件） 8.主管税务机关要求提供的其他资料
油（气）田企业生产自用成品油备案	油（气）田企业在开采原油过程中耗用的内购成品油缴纳的消费税，由油（气）田企业所隶属的集团公司（总厂）向财政部驻当地财政监察专员办事处统一申请返还。具体审批工作规程参见财监［2011］64号文件

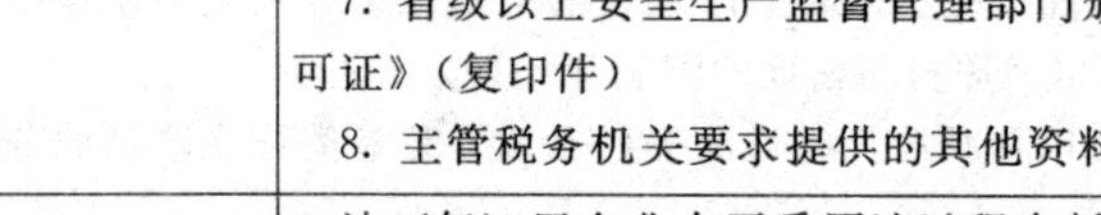

李会计：**小玮，纯生物柴油免征消费税适用范围是什么？**

叶小玮：《财政部 国家税务总局关于明确废弃动植物油生产纯生物柴油免征消费税适用范围的通知》（财税［2011］46号）对“废弃的动物油和植物油”明确如下：

1. 餐饮、食品加工单位及家庭产生的不允许食用的动植物油脂。主要包括泔水油、煎炸废弃油、地沟油和抽油烟机凝析油等。

2. 利用动物屠宰分割和皮革加工修削的废弃物处理提炼的油脂，以及肉类加工过程中产生的非食用油脂。

3. 食用油脂精炼加工过程中产生的脂肪酸、甘油酯及含少量杂质的混合物。主要包括酸化油、脂肪酸、棕榈酸化油、棕榈油脂肪酸、白土油及脱臭馏出物等。

4. 油料加工或油脂储存过程中产生的不符合食用标准的油脂。

陈会计：**小玮，为什么对生产乙烯芳烃类化工产品企业实行资格备案管理，资格备案应具备什么样的条件？**

叶小玮：为保证国家对用于生产乙烯、芳烃类化工产品的石脑油、燃料油退（免）消费税政策落实到位，关键是石脑油、燃料油的确是用于生产乙烯、芳烃类化工产品，而不是被挪作他用。因此，就应当事先对这些企业进行确认，即所谓资格备案。只有备案的企业才能纳入退（免）税范围。资格备案管理应具备的主要条件是：

1. 前置条件。石油化工属于高危行业，国家在立项、环保、消防等方面对此有较高门槛。因此，《办法》借助相关部门对企业的管理情况（相关的证件和批文）作为资格备案的前置条件，以确保企业具有相应的生产资质，符合国家规定的其他要求和标准。

2. 生产过程的必须条件。为防止一些不具备条件的使用企业将购入的石脑油、燃料油通过变换名称等方式再对外销售，骗取退（免）消费税，因此，《办法》规定，使用企业必须拥有生产乙烯、芳烃类化工产品的生产装置，而且用油品生产的乙烯、芳烃类化工产品必须占其用油品生产全部产品总量的

50%以上。

3. 承诺接受税务机关对产品的抽检。由于成品油加工工艺复杂，产品繁多，往往导致税企双方在产品认定上发生矛盾，因此规定，当双方在产品认定发生纠纷时，应通过对产品抽检的方式解决。

张会计：**请问如何办理用于生产乙烯、芳烃类化工产品的石脑油、燃料油退（免）消费税？**

叶小玮：退还用于生产乙烯、芳烃类化工产品的石脑油、燃料油消费税工作，由使用企业所在地主管税务机关负责。符合条件的使用企业可到其所在地主管税务机关办理退税。

退税的基本程序是：使用企业在纳税申报期结束后，应向主管税务机关填报《用于生产乙烯、芳烃类化工产品的石脑油、燃料油消费税退税申请表》，主管税务机关接收使用企业退税申请资料后，应在 15 个工作日内完成审核工作。对符合退税条件的，开具“收入退还书”，转交当地国库部门。国库部门按规定从中央预算收入中退付税款。对不符合退税条件的，应当及时告知使用企业。

王会计：**我们公司购进既有含税又有免税并用于乙烯、芳烃产品生产的石脑油、燃料油，如何计算退税额？**

叶小玮：《财政部、中国人民银行、国家税务总局关于延续执行部分石脑油燃料油消费税政策的通知》（财税［2011］87 号）规定，对使用企业购进并用于生产乙烯、芳烃类化工产品的石脑油、燃料油，按实际耗用数量退还所含消费税。企业如果在生产乙烯、芳烃类化工产品中耗用的既有免税又有已税石脑油、燃料油，在计算退税数额时，应扣除免税部分石脑油、燃料油作为实际耗用数量。退还使用企业石脑油、燃料油所含消费税计算公式为：应退还消费税税额＝实际耗用石脑油或燃料油数量×石脑油或燃料油消费税单位税额

其中：实际耗用石脑油、燃料油数量＝当期投入乙烯、芳烃生产装置的全部数量－当期耗用的自产数量－当期耗用的外购免税数量

陈老板：**请问乙醇汽油是否也征收消费税？**

叶小玮：根据《财政部 国家税务总局关于提高成品油消费税税率后相关成品油消费税政策的通知》（财税［2008］168 号）规定，对用外购或委托加工收回的已税汽油生产的乙醇汽油免税。用自产汽油生产的乙醇汽油，按照生产乙醇汽油所耗用的汽油数量申报纳税。

31 特定应税消费品的减免和抵扣政策

【优惠提要】

本节主要介绍若干种特殊应税消费品的优惠政策，以及已税消费品的抵扣等。

大维讲税

销售委托加工应税消费品是否要缴消费税？

【案例 3—2】 宏发集团委托 H 公司加工一批高级化妆品，宏发集团提供原材料和加工费。一个月后，H 公司将加工好的高级化妆品交付给宏发集团，H 公司同类化妆品的不含税价格为每套 900 元。宏发集团将收回化妆中的 300 套以每套 850 元的不含税价格销售给优质客户，剩余的 500 套以每套 950 元的不含税价格销售给普通客户。对于宏发集团销售的这些化妆品，是否可以不缴消费税？

叶大维： 根据我国《消费税暂行条例实施细则》的规定，委托加工的应税消费品直接出售的，不再征收消费税。但在经营中，有的委托方将收回的应税消费品以高于受托方的销售价格出售，这就需要缴税了。根据《财政部 国家税务总局关于〈中华人民共和国消费税暂行条例实施细则〉有关条款解释的通知》（财税［2012］8 号）规定："自 2012 年 9 月 1 日起，委托方将收回的应税消费品，以不高于受托方的计税价格出售的，为直接出售，不再缴纳消费税；委托方以高于受托方的计税价格出售的，不属于直接出售，需按照规定申报缴纳消费税，在计税时准予扣除受托方已代收代缴的消费税。”因此，纳税人将委托加工收回的应税消费品再销售时是否需要缴纳消费税，应当首先将实际销售价格与受托方计税价格进行比较，再根据比较结果区分不同情况分别处理。从案例的情况来看，委托方宏发集团销售给优质客户的化妆品价格 850 元小于受托方 H 公司同类产品价格 900 元，因此，这 300 套高级化妆品在销售时不需要缴纳消费税。而宏发集团销售给普通客户的高级化妆品价格 950 元大于 H 公司同类产品价格 900 元，因此这 500 套高级化妆品在销售时应缴纳消费税。

优惠政策

一、葡萄酒消费税退税（抵扣）政策

《关于印发〈葡萄酒消费税管理办法（试行）〉的通知》（国税发［2006］66 号）规定：

1. 境内从事葡萄酒生产的单位或个人之间销售葡萄酒，实行《葡萄酒购货证明单》管理。《葡萄酒购货证明单》由购货方在购货前向其主管税务机关申请领用，销货方凭证明单的退税联向其主管税务机关申请已纳消费税退税。

2. 以进口葡萄酒为原料连续生产葡萄酒的纳税人，实行凭《海关进口消费税专用缴款书》抵减进口环节已纳消费税的管理办法。以进口葡萄酒为原料连续生产葡萄酒的纳税人，准予从当期应纳消费税税额中抵减《海关进口消费税专用缴款书》注明的消费税，如当期应纳消费税不足抵减的，余额留待下期抵减。

二、子午线轮胎免征消费税

《关于调整和完善消费税政策的通知》（财税［2006］33 号）规定，子午线轮胎免征消费税。

三、调味料酒免征消费税

按照国家标准调味料酒属于调味品，不属于配置酒和炮制酒，对调味料酒不再征收消费税。（国税函［2008］742号）

四、军品免征消费税

军品以及军队系统所属企业出口军需工厂生产的应税产品在生产环节免征消费税，出口不再退税。（财税字［1994］11号）

五、委托加工的应税消费品直接出售的免征消费税

委托方将收回的应税消费品，以不高于受托方的计税价格出售的，为直接出售，不再缴纳消费税；委托方以高于受托方的计税价格出售的，不属于直接出售，需按照规定申报缴纳消费税，在计税时准予扣除受托方已代收代缴的消费税。（财法［2012］8号）

六、外购或委托加工汽柴油连续生产汽柴油允许抵扣消费税

《关于以外购或委托加工汽柴油连续生产汽柴油允许抵扣消费税政策问题的通知》（财税［2014］15号）规定：自2014年1月1日起，以外购或委托加工收回的已税汽油、柴油为原料连续生产汽油、柴油，准予从汽、柴油消费税应纳税额中扣除原料已纳的消费税税款。自2014年1月1日起至本通知下发前，纳税人符合本通知规定准予抵扣的消费税，可以从后续月份应纳消费税税款中抵减。

七、消费税税款抵扣政策

1.《关于用外购和委托加工收回的应税消费品连续生产应税消费品征收消费税问题的通知》（国税发［1995］094号）规定：下列应税消费品可以扣除外购或委托加工收回的已纳消费税税款，当期准予扣除的外购或委托加工

收回的应税消费品的已纳消费税税款，应按当期生产领用数量计算。

（1）以外购或委托加工收回的已税烟丝为原料生产的卷烟；

（2）以外购或委托加工收回的已税化妆品为原料生产的化妆品；

（3）以外购或委托加工收回已税珠宝玉石为原料生产的贵重首饰及珠宝玉石；

（4）以外购或委托加工收回的已税鞭炮，焰火为原料生产的已税鞭炮，焰火；

（5）以外购或委托加工收回的已税汽车轮胎（内胎或外胎）连续生产的汽车轮胎；

（6）以外购或委托加工的已税摩托车连续生产的摩托车。

2.《财政部 国家税务总局关于调整和完善消费税政策的通知》（财税［2006］33号）规定，下列应税消费品准予从消费税应纳税额中扣除原料已纳的消费税税款：

（1）以外购或委托加工收回的已税杆头、杆身和握把为原料生产的高尔夫球杆。

（2）以外购或委托加工收回的已税木制一次性筷子为原料生产的木制一次性筷子。

（3）以外购或委托加工收回的已税实木地板为原料生产的实木地板。

（4）以外购或委托加工收回的已税石脑油为原料生产的应税消费品。

（5）以外购或委托加工收回的已税润滑油为原料生产的润滑油。

操作要点

◆ 要点一

生产企业将自产或外购葡萄酒直接销售给生产企业以外的单位和个人的，不实行证明单管理，按规定申报缴纳消费税。

◆ 要点二

免征消费税的“子午线轮胎”是指在轮胎结构中胎体帘线按子午线方向

排列，并有钢丝帘线排列几乎接近圆周方向的带束层束紧胎体的轮胎。

◆ 要点三

免征消费税的“调味料酒”是指以白酒、黄酒或食用酒精为主要原料，添加食盐、植物香辛料等配制加工而成的产品名称标注（在食品标签上标注）为调味料酒的液体调味品。

◆ 要点四

军队、军工系统所属企业生产、委托加工和进口消费税应税产品，无论供军队内部使用还是对外销售，都应按税法规征收消费税。

◆要点五

委托加工产品与自制产品的区别。委托加工产品是指由委托方提供原材料或主要材料，受托方只收取加工费和代垫部分辅助材料加工的产品。对由受托方提供原材料或受托方先将原材料卖给委托方，再接受加工的产品，以及由受托方以委托方名义购进原材料生产的产品，不论企业在财务上是否作销售处理，均应按销售自制产品缴纳消费税。

办税指引

纳税人享受税收优惠之前，应向主管国税机关申请备案，报送税收优惠备案表等相关资料。其中，葡萄酒企业要报送《葡萄酒购货管理证明单》退税联。

小玮答疑

王会计：**小玮，我们公司是一家生产料酒的企业，产品主要用于日常餐饮的调制，是否要缴纳消费税？**

叶小玮：《国家税务总局关于调味料酒征收消费税问题的通知》（国税函［2008］742 号）规定，鉴于国家已经出台了调味品分类国家标准，按照国家标准调味料酒属于调味品，不属于配置酒和炮制酒，对调味料酒不再征收消费税。调味料酒指以白酒、黄酒或食用酒精为主要原料，添加食盐、植物香料等配制加工而成的产品名称标注（在食品标签上标注）为调味料酒的液体调味品。所以，上述企业如果生产的料酒是符合国家标准的调味料酒，就不需要缴纳消费税。

吴薇薇：**小玮，我们公司把应税消费品连同包装一同销售了，那包装物还需要缴纳消费税吗？**

叶小玮：根据《消费税实施细则》规定，应税消费品连同包装物销售的，无论包装物是否单独计价以及在会计上如何核算，均应并入应税消费品的销售额中缴纳消费税。如果包装物不作价随同产品销售，而是收取押金，此项押金则不应并入应税消费品的销售额中征税。但对因逾期未收回的包装物不再退还的或者已收取的时间超过 12 个月的押金，应并入应税消费品的销售额，按照应税消费品的适用税率缴纳消费税。

对既作价随同应税消费品销售，又另外收取押金的包装物的押金，凡纳税人在规定的期限内没有退还的，均应并入应税消费品的销售额，按照应税消费品的适用税率缴纳消费税。

吴薇薇：**我们公司自产自用的应税消费品用于连续生产应税消费品是否需要交消费税？用于管理部门呢？**

叶小玮：根据《消费税暂行条例》的规定，纳税人生产的应税消费品，于纳税人销售时纳税。纳税人自产自用的应税消费品，用于连续生产应税消费品的，不纳税；用于其他方面的，于移送使用时纳税。

第四篇

出口退（免）税最新优惠

32 增值税和消费税出口退（免）税政策

【优惠提要】

对出口的凡属于已征或应征增值税、消费税的货物，除国家明确规定不予退（免）税的货物和出口企业从小规模纳税人购进并持普通发票的部分货物外，均应予以退还已征增值税和消费税或免征应征的增值税和消费税。考虑到国家宏观调控的需要和国际惯例接轨，对一些非海关报关出口的特定货物也实行了退（免）税。

大维讲税

如何计算应退消费税？

【案例 4—1】某外贸企业从摩托车厂购进摩托车500辆，直接报关离境出口，取得增值税专用发票注明的单价是每辆5 000元，支付从摩托车到出境出口岸的运费8万元，装卸费2万元，离岸价每辆720美元。摩托车消费税税率为10%。根据我国的消费税退（免）税办法，该企业可享受什么样的消费税退（免）政策？如何计算应退消费税？

叶大维：出口应税消费品退（免）消费税在政策上分为以下三种情况：

1. 出口免税并退税。适用这个政策的是有出口经营权的外贸企业购进应税消费品直接出口，以及外贸企业委托其他外贸企业代理出口应税消费品。

2. 出口免税但不退税。适用这个政策的是有出口经营权的生产性企业自营出口或生产企业委托外贸企业代理出口自产的应税消费品，依据其实际出口数量免征消费税，不予办理退还消费税。这里，免征消费税，是指对生产性企业按其实际出口数量免征生产环节的消费税。不予办理退还消费税，是指因已免征生产环节的消费税，该应税消费品出口时，已不含有消费税，所以也无需再办理退还消费税了。

3．出口不免税也不退税。适用这个政策的是除生产企业、外贸企业外的其他企业，具体是指一般商贸企业。这类企业委托外贸企业代理出口应税消费品，一律不予退（免）税。

从案例来看，该企业属于第一种情况，可以享受“出口免税并退税”。对这类情况——从生产企业购进货物直接出口或受其他外贸企业委托代理出口应税消费品的应退消费税税款，分三种情况处理：

1．属于从价定率计征消费税的应税消费品，应依照购进应税消费品取得的增值税专用发票上注明的销售价格计算应退消费税税款。其公式为：

应退消费税税款＝出口应税消费品销售额×税率

上述公式中，出口应税消费品销售额不包含增值税。对含增值税的价格应换算为不含增值税的销售额。

2．属于从量定额计征消费税的应税消费品，应依照购进应税消费品取得的增值税专用发票上注明的销售数量计算应退消费税税款。其公式为：

应退消费税税款＝出口应税消费品数量×单位税额

3．属于复合计税办法计征消费税的应税消费品，应依照购进应税消费品取得的增值税专用发票上注明的销售数量计算应退消费税税款。其公式为：

应退消费税税款＝出口应税消费品销售额×税率＋出口应税消费品数量×单位税额

上述公式中，出口应税消费品销售额不包含增值税。对含增值税的价格应换算为不含增值税的销售额。

上述公式中，出口货物的工厂销售额不包含增值税。对含增值税的价格应换算为不含增值税的销售额。

从案例来看，该企业出口摩托车属于从价定率的情况，因此，应退消费税税款＝出口货物的工厂销售额×税率＝5 000×500×10％＝250 000（元）

优惠政策

一、适用增值税退（免）税政策的出口货物劳务

对下列（表4－1）出口货物劳务，除适用增值税免税和征税政策的外，实行免征和退还增值税政策：

表4－1 适用增值税退（免）税政策的出口货物劳务

适用范围	详解
1. 出口货物退（免）税一般货物范围	出口货物，是指向海关报关后实际离境并销售给境外单位或个人的货物，分为自营出口货物和委托出口货物两类
2. 出口企业或其他单位视同出口货物	（1）出口企业对外援助、对外承包、境外投资的出口货物 （2）出口企业经海关报关进入国家批准的出口加工区、保税物流园区、保税港区、综合保税区、珠澳跨境工业区（珠海园区）、中哈霍尔果斯国际边境合作中心（中方配套区域）、保税物流中心（B型）（以下统称特殊区域）并销售给特殊区域内单位或境外单位、个人的货物 （3）免税品经营企业销售的货物（国家规定不允许经营和限制出口的货物、卷烟和超出免税品经营企业《企业法人营业执照》规定经营范围的货物除外）。具体是指：中国免税品（集团）有限责任公司向海关报关运入海关监管仓库，专供其经国家批准设立的统一经营、统一组织进货、统一制定零售价格、统一管理的免税店销售的货物；国家批准的除中国免税品（集团）有限责任公司外的免税品经营企业，向海关报关运入海关监管仓库，专供其所属的首都机场口岸海关隔离区内的免税店销售的货物；国家批准的除中国免税品（集团）有限责任公司外的免税品经营企业所属的上海虹桥、浦东机场海关隔离区内的免税店销售的货物 （4）出口企业或其他单位销售给用于国际金融组织或外国政府贷款国际招标建设项目的中标机电产品（以下称中标机电产品）。上述中标机电产品，包括外国企业中标再分包给出口企业或其他单位的机电产品 （5）生产企业向海上石油天然气开采企业销售的自产的海洋工程结构物 （6）出口企业或其他单位销售给国际运输企业用于国际运输工具上的货物。上述规定暂仅适用于外轮供应公司、远洋运输供应公司销售给外轮、远洋国轮的货物，国内航空供应公司生产销售给国内和国外航空公司国际航班的航空食品 （7）出口企业或其他单位销售给特殊区域内生产企业生产耗用且不向海关报关而输入特殊区域的水（包括蒸汽）、电力、燃气（以下称输入特殊区域的水电气） 除财政部和国家税务总局另有规定外，视同出口货物适用出口货物的各项规定

续表

适用范围	详解
3. 生产企业出口视同自产货物的具体范围	（1）持续经营以来从未发生骗取出口退税、虚开增值税专用发票或农产品收购发票、接受虚开增值税专用发票（善意取得虚开增值税专用发票除外）行为且同时符合下列条件的生产企业出口的外购货物，可视同自产货物适用增值税退（免）税政策： ①已取得增值税一般纳税人资格 ②已持续经营 2 年及 2 年以上 ③纳税信用等级 A 级 ④上一年度销售额 5 亿元以上 ⑤外购出口的货物与本企业自产货物同类型或具有相关性 （2）持续经营以来从未发生骗取出口退税、虚开增值税专用发票或农产品收购发票、接受虚开增值税专用发票（善意取得虚开增值税专用发票除外）行为但不能同时符合本附件第一条规定的条件的生产企业，出口的外购货物符合下列条件之一的，可视同自产货物申报适用增值税退（免）税政策： ①同时符合下列条件的外购货物： a. 与本企业生产的货物名称、性能相同 b. 使用本企业注册商标或境外单位或个人提供给本企业使用的商标 c. 出口给进口本企业自产货物的境外单位或个人 ②与本企业所生产的货物属于配套出口，且出口给进口本企业自产货物的境外单位或个人的外购货物，符合下列条件之一的： a. 用于维修本企业出口的自产货物的工具、零部件、配件 b. 不经过本企业加工或组装，出口后能直接与本企业自产货物组合成成套设备的货物 ③经集团公司总部所在地的地级以上国家税务局认定的集团公司，其控股（按照《公司法》第二百一十七条规定的口径执行）的生产企业之间收购的自产货物以及集团公司与其控股的生产企业之间收购的自产货物 ④同时符合下列条件的委托加工货物： a. 与本企业生产的货物名称、性能相同，或者是用本企业生产的货物再委托深加工的货物 b. 出口给进口本企业自产货物的境外单位或个人 c. 委托方与受托方必须签订委托加工协议，且主要原材料必须由委托方提供，受托方不垫付资金，只收取加工费，开具加工费（含代垫的辅助材料）的增值税专用发票 ⑤用于本企业中标项目下的机电产品 ⑥用于对外承包工程项目下的货物 ⑦用于境外投资的货物 ⑧用于对外援助的货物 ⑨生产自产货物的外购设备和原材料（农产品除外）
4. 出口企业对外提供加工修理修配劳务	对外提供加工修理修配劳务，是指对进境复出口货物或从事国际运输的运输工具进行的加工修理修配

二、适用增值税免税政策的出口货物劳务

对符合下列条件的出口货物劳务，除适用增值税征税政策的出口货物劳务外，按下列（表4—2）规定实行免征增值税（以下称增值税免税）政策：

表4—2　适用增值税免税政策的出口货物劳务

适用范围	详解
1. 出口企业或其他单位出口规定的货物	（1）增值税小规模纳税人出口的货物 （2）避孕药品和用具，古旧图书 （3）软件产品。其具体范围是指海关税则号前四位为“9803”的货物 （4）含黄金、铂金成分的货物，钻石及其饰品 （5）国家计划内出口的卷烟 （6）已使用过的设备。其具体范围是指购进时未取得增值税专用发票、海关进口增值税专用缴款书但其他相关单证齐全的已使用过的设备 （7）非出口企业委托出口的货物 （8）非列名生产企业出口的非视同自产货物 （9）农业生产者自产农产品，农产品的具体范围按照《农业产品征税范围注释》（财税［1995］52号）的规定执行 （10）油画、花生果仁、黑大豆等财政部和国家税务总局规定的出口免税的货物 （11）外贸企业取得普通发票、废旧物资收购凭证、农产品收购发票、政府非税收入票据的货物 （12）来料加工复出口的货物 （13）特殊区域内的企业出口的特殊区域内的货物 （14）以人民币现金作为结算方式的边境地区出口企业从所在省（自治区）的边境口岸出口到接壤国家的一般贸易和边境小额贸易出口货物 （15）以旅游购物贸易方式报关出口的货物
2. 出口企业或其他单位视同出口的货物劳务	（1）国家批准设立的免税店销售的免税货物，包括进口免税货物和已实现退（免）税的货物 （2）特殊区域内的企业为境外的单位或个人提供加工修理修配劳务 （3）同一特殊区域、不同特殊区域内的企业之间销售特殊区域内的货物
3. 出口企业或其他单位未按规定申报或未补齐增值税退（免）税凭证的出口货物劳务	（1）未在国家税务总局规定的期限内申报增值税退（免）税的出口货物劳务 （2）未在规定期限内申报开具《代理出口货物证明》的出口货物劳务 （3）已申报增值税退（免）税，却未在国家税务总局规定的期限内向税务机关补齐增值税退（免）税凭证的出口货物劳务

三、适用增值税征税政策的出口货物劳务

下列出口货物劳务，不适用增值税退（免）税和免税政策，按下列规定及视同内销货物征税的其他规定征收增值税（以下称增值税征税）：

适用增值税征税政策的出口货物劳务，是指：

1. 出口企业出口或视同出口财政部和国家税务总局根据国务院决定明确的取消出口退（免）税的货物（不包括来料加工复出口货物、中标机电产品、列名原材料、输入特殊区域的水电气、海洋工程结构物）。

2. 出口企业或其他单位销售给特殊区域内的生活消费用品和交通运输工具。

3. 出口企业或其他单位因骗取出口退税被税务机关停止办理增值税退（免）税期间出口的货物。

4. 出口企业或其他单位提供虚假备案单证的货物。

5. 出口企业或其他单位增值税退（免）税凭证有伪造或内容不实的货物。

6. 出口企业或其他单位未在国家税务总局规定期限内申报免税核销以及经主管税务机关审核不予免税核销的出口卷烟。

7. 出口企业或其他单位具有以下情形之一的出口货物劳务：

（1）将空白的出口货物报关单、出口收汇核销单等退（免）税凭证交由除签有委托合同的货代公司、报关行，或由境外进口方指定的货代公司（提供合同约定或者其他相关证明）以外的其他单位或个人使用的。

（2）以自营名义出口，其出口业务实质上是由本企业及其投资的企业以外的单位或个人借该出口企业名义操作完成的。

（3）以自营名义出口，其出口的同一批货物既签订购货合同，又签订代理出口合同（或协议）的。

（4）出口货物在海关验放后，自己或委托货代承运人对该笔货物的海运提单或其他运输单据等上的品名、规格等进行修改，造成出口货物报关单与海运提单或其他运输单据有关内容不符的。

(5) 以自营名义出口，但不承担出口货物的质量、收款或退税风险之一的，即出口货物发生质量问题不承担购买方的索赔责任（合同中有约定质量责任承担者除外）；不承担未按期收款导致不能核销的责任（合同中有约定收款责任承担者除外）；不承担因申报出口退（免）税的资料、单证等出现问题造成不退税责任的。

(6) 未实质参与出口经营活动、接受并从事由中间人介绍的其他出口业务，但仍以自营名义出口的。

四、适用消费税退（免）税或征税政策的出口货物

适应增值税退（免）税（见表4－1）、增值税免税（见表4－2）、增值税征税（见上文）的规定的出口货物，如果属于消费税应税消费品，实行下列消费税政策：

1. 出口企业出口或视同出口适用增值税退（免）税的货物，免征消费税，如果属于购进出口的货物，退还前一环节对其已征的消费税。

2. 出口企业出口或视同出口适用增值税免税政策的货物，免征消费税，但不退还其以前环节已征的消费税，且不允许在内销应税消费品应纳消费税款中抵扣。

3. 出口企业出口或视同出口适用增值税征税政策的货物，应按规定缴纳消费税，不退还其以前环节已征的消费税，且不允许在内销应税消费品应纳消费税款中抵扣。

五、外贸综合服务企业出口货物退（免）税

外贸综合服务企业以自营方式出口国内生产企业与境外单位或个人签约的出口货物，同时具备以下情形的，可由外贸综合服务企业按自营出口的规定申报退（免）税：

1. 出口货物为生产企业自产货物；

2. 生产企业已将出口货物销售给外贸综合服务企业；

3. 生产企业与境外单位或个人已经签订出口合同，并约定货物由外贸综合服务企业出口至境外单位或个人，货款由境外单位或个人支付给外贸综合服务企业；

4. 外贸综合服务企业以自营方式出口。

操作要点

◆ **要点一：征、退（免）税若干规定**

1. 出口企业或其他单位退（免）税认定之前的出口货物劳务，在办理退（免）税认定后，可按规定适用增值税退（免）税或免税及消费税退（免）税政策。

2. 出口企业或其他单位出口货物劳务适用免税政策的，除特殊区域内企业出口的特殊区域内货物、出口企业或其他单位视同出口的免征增值税的货物劳务外，如果未按规定申报免税，应视同内销货物和加工修理修配劳务征收增值税、消费税。

3. 开展进料加工业务的出口企业若发生未经海关批准将海关保税进口料件作价销售给其他企业加工的，应按规定征收增值税、消费税。

4. 卷烟出口企业经主管税务机关批准按国家批准的免税出口卷烟计划购进的卷烟免征增值税、消费税。

5. 发生增值税、消费税不应退税或免税但已实际退税或免税的，出口企业和其他单位应当补缴已退或已免税款。

6. 出口企业和其他单位出口的货物（不包括本通知附件 7 所列货物），如果原材料成本 80%以上为附件 9 所列原料的，应执行该原料的增值税、消费税政策，上述出口货物的增值税退税率为附件 9 所列该原料海关税则号在出口货物劳务退税率文库中对应的退税率。（上述“本通知”指财税［2012］39 号文件）

7. 国家批准的免税品经营企业销售给免税店的进口免税货物免征增值税。

◆ **要点二：外贸企业核算要求**

外贸企业应单独设账核算出口货物的购进金额和进项税额，若购进货物时不能确定是用于出口的，先记入出口库存账，用于其他用途时应从出口库存账转出。

办税指引

一、认定

符合规定的增值税退（免）税或免税、消费税退（免）税或免税政策的出口企业或其他单位，应办理退（免）税认定。

二、申报

经过认定的出口企业及其他单位，应在规定的增值税纳税申报期内向主管税务机关申报增值税退（免）税和免税、消费税退（免）税和免税。委托出口的货物，由委托方申报增值税退（免）税和免税、消费税退（免）税和免税。输入特殊区域的水电气，由作为购买方的特殊区域内生产企业申报退税。

三、法律责任

出口企业或其他单位骗取国家出口退税款的，经省级以上税务机关批准可以停止其退（免）税资格。

小玮答疑

吴薇薇：**小玮，听说今年出口退（免）税申报政策有较大的变化是吗？**

叶小玮：是啊！2013年国家税务总局出台了好几个政策，因此2014年的出口退税办理跟与以往有所不同，主要有以下6个方面的变化：

1. 配合货物贸易外汇核销制度改革，取消出口收汇核销制度，废止了《管理办法》及有关申报表中外汇核销单的内容。

2. 将生产企业进料加工出口货物统一改为"实耗法"，并基于海关加工贸易核销数据优化进料加工业务的流程：一是将生产企业进料加工出口货物办理免抵退税由原来五个环节简化为三个环节；二是将原来企业每个手册都要备案、核销，改为只在新办法实施初期办理一次备案、年度内一次性核销。

3. 明确"先退税后核销"的交通运输工具和机器设备的申报、核销免抵退税的具体办法。

4. 明确属于增值税一般纳税人的集成电路设计、软件设计、动漫设计企业及其他高新技术企业出口适用增值税退（免）税政策的货物，实行免抵退税办法。

5. 补充明确修理修配船舶提供的出口报关单的贸易方式为"一般贸易"。

6. 增加了为飞机（船舶）提供航线维护（航次维修）可申报免抵退税，并明确相关退税凭证的要求。

吴薇薇：**根据税务总局发布的 61 号公告，从 2014 年 1 月 1 日起出口退（免）税的申报模式将作调整，您能给大家介绍一下新旧两种申报模式的区别吗？**

叶小玮：新旧两种申报模式最主要的区别在于企业进行正式退（免）税申报的前置条件有所不同：新模式要求出口企业进行出口退税正式申报时必须同时满足以下条件：

1. 收齐按规定需向主管税务机关提供的退（免）税申报凭证和资料；

2. 按规定进行退（免）税预申报。

3. 经税务机关预申报审核，企业预申报的退（免）税凭证信息与退（免）税凭证管理部门的电子信息核对无误。现有模式要求出口企业进行出口退税正式申报时只需要收齐出口退（免）税所需的有关单证，退（免）税凭证电子信息不齐也可申报。可见两种模式的差异在于新模式申报时不但要有规定的退（免）税凭证，而且申报的退（免）税凭证信息与退（免）税凭证管理部门的电子信息核对无误。

第五篇

营业税 最新优惠

起征点及部分小微企业免征优惠·

服务业营业税减免优惠·

金融保险业营业税减免优惠·

文化体育与教育业营业税减免优惠·

33 起征点及部分小微企业免征优惠

【优惠提要】

对营业额未达到起征点的个体工商户和其他个人，免征营业税。对小微企业中月营业额不超过3万元的营业税纳税人，免征收营业税。

大维讲税

老张能否享受起征点或小微企业优惠？

【案例5—1】 老张经营一家提供营业税应税劳务的小公司，公司经营状况不太好，利润微薄。老张很希望在税负上能享受减免优惠，但是，有同行告诉他，由于不是个体工商户，他不能享受起征点优惠。最近，国家陆续出台小微企业减免政策，老张很高兴，去税务局咨询是否符合起征点或小微企业优惠政策。

叶大维： 营业税起征点的适用范围是个人（包括个体工商户和其他个人），老张的公司的确不符合该项政策规定。但是，《财政部、国家税务总局关于进一步支持小微企业增值税和营业税政策的通知》（财税［2014］17号）规定：对月营业额不超过3万元的营业税纳税人免征收营业税。按这一规定，提高了营业税纳税人享受免税的月营业额，即对企业和非企业性单位免征营业税的月营业额由2万元提高至3万元；对按期缴纳营业税的个人（包括个体工商户及其他个人）免征营业税的月营业额由2万元提高至3万元。因此，老张公司的月营业额如果符合该条件，即可享受免征优惠。

优惠政策

一、营业税起征点

《营业税暂行条例实施细则》规定：纳税人营业额未达到起征点的，免征营业税。营业税起征点的适用范围仅限于个人。

现行营业税的起征点为：按期纳税的，为月营业额5 000～20 000元；按次纳税的，为每次（日）营业额300～500元。

省、自治区、直辖市财政厅（局）、税务局应当在规定的幅度内，根据实际情况确定本地区适用的起征点。

二、免征小微企业营业税的规定

《财政部 国家税务总局关于进一步支持小微企业增值税和营业税政策的通知》（财税［2014］17号）规定：自2014年10月1日起至2015年12月31日，对月营业额2万元至3万元的营业税纳税人，免征营业税。

操作要点

◆ 要点一：营业税起征点营业额的确定

营业税起征点是指纳税人营业额当期合计达到起征点，《营业税暂行条例实施细则》第23条第一款特别明示了这个规定，“合计”即指一个纳税人当期所有营业税应税收入，既包括不同税目也包括同一税目中各子项的营业额之和，而不能拆分为几项营业额分别衡量是否达到起征点。

◆ 要点二：按季申报的纳税人享受免征的范围

营业税纳税人，月营业额不超过3万元（含3万元）的，按照规定免征营业税。其中，以 1 个季度为纳税期限的营业税纳税人，季度营业额不超过 9 万元的，按照规定免征营业税。

◆ 要点三：兼营营业税应税项目计算问题

增值税小规模纳税人兼营营业税应税项目的，应当分别核算增值税应税项目的销售额和营业税应税项目的营业额，月销售额不超过 3 万元（按季纳税 9 万元）的，免征增值税；月营业额不超过 3 万元（按季纳税 9 万元）的，免征营业税。

办税指引

各种渠道申报的纳税人，不论月营业额是否超过 3 万元，都应按照规定，在申报期限内，按表 5－1 向主管地方税务机关如实办理营业税纳税申报。

表 5－1　营业税起征点和小微企业暂免征收

纳税人／事项	未达起征点的个体工商户和其他个人	符合免税条件的小微企业
纳税申报	纳税人自行申报，由主管税务部门定期核定，未达起征点，领取《未达起征点通知书》，在定额执行期内有效。	不需专门申请，在纳税申报时，只要月营业额不超过 3 万元，即可按免税申报
超规定额（起征点 2 万元）的处理	未达起征点定期定额户执行期结束后，应按规定以该期每月实际发生的经营额向税务机关进行分月汇总纳税申报。当月经营额达到起征点的，应在次月法定的申报期限进行纳税申报。	当月营业额超过 3 万元需全额缴纳营业税，次月符合条件仍能享受免税

小玮答疑

王会计：我们公司符合优惠条件，**请问如何办理免征收营业税的申请？**

叶小玮：享受免征收营业税的纳税人，无需向主管税务机关申请备案或审批，你们公司如果符合条件可直接进行免税申报。

李会计：**如何理解营业税纳税人免征收的营业额？**

叶小玮：营业额是指提供营业税应税劳务取得的营业额（含免税项目营业额），如营业税差额征收的为扣除前营业额，包括自开票营业额、代开票营业额。

按季申报营业税纳税人的营业税应税项目的季度营业额累计不超过9万元。

按月申报营业税纳税人的营业税应税项目的月营业额累计不超过3万元。

陈会计：**从事旅游业的营业税纳税人，月营业额应如何确定？**

叶小玮：月营业额是指计税营业额。因此对于纳税人从事旅游业务的，以其取得的全部价款和价外费用扣除替旅游者支付给其他单位或者个人的住宿费、餐费、交通费、旅游景点门票和支付给其他接团旅游企业的旅游费后的余额为营业额。

张先生：**分支机构可以享受该政策吗？**

叶小玮：可以，分支机构属于享受优惠的范围。

顾经理：**适用该优惠政策的营业税纳税人是否包括外来办理了报验登记的建筑业纳税人？**

叶小玮：办理了报验登记的建筑业纳税人，其在项目地月营业额不超过3万元的，免征营业税。

王小姐：**未办理税务登记的临时纳税人能享受这项优惠吗?**

叶小玮：对于未办理税务登记或报验登记的纳税人（如外来建筑业纳税人），因此类纳税人申报方式为按次申报，无法核实其月营业额是否未超过 3 万元，故不能享受财税［2014］17 号文件规定的税收优惠政策。

34　服务业营业税减免优惠

【优惠提要】

服务业的营业税减免出台了不少优惠政策，但部分现代服务业已经改为征收增值税了，请参见第二篇“营改增”优惠内容。

大维讲税

向境外提供外包服务是否缴纳营业税？

【案例 5－2】 K 公司为外资企业，主营业务为境外企业提供劳务外包服务，由境外公司提出设计目标，K 公司组织人员设计制作。请问 K 公司取得境外外包服务收入是否缴纳营业税？可否申请减免？

叶大维： 根据《营业税暂行条例实施细则》，K 公司在境内，向境外提供设计劳务，也属于在境内提供劳务，应缴纳营业税。但根据《财政部 国家税务总局、商务部关于示范城市离岸服务外包业务免征营业税的通知》（财税［2010］64 号）规定，对注册在北京等 21 个中国服务外包示范城市的企业从事离岸服务外包业务取得的收入免征营业税。如果 K 公司是属于注册在上述示范城市的企业，为境外从事工业设计的劳务免征营业税。“营改增”后，离岸外包企业的流转税税收优惠政策仍继续执行，由原先的免征营业税变更为免征增值税。

优惠政策

一、法定免税

《营业税暂行条例》规定，下列项目免征营业税：

1. 托儿所、幼儿园、养老院、残疾人福利机构提供的育养服务，婚姻介绍，殡葬服务；

2. 残疾人员个人提供的劳务；

3. 医院、诊所和其他医疗机构提供的医疗服务；

4. 农业机耕、排灌、病虫害防治、植物保护、农牧保险以及相关技术培训业务，家禽、牲畜、水生动物的配种和疾病防治；

二、校办企业的免征规定

1. 对政府举办的职业学校设立的主要为在校学生提供实习场所，并由学校出资自办，由学校负责经营管理，营业收入归学校所有的企业，对其从事《营业税暂行条例》“服务业”规定税目的服务项目（广告业、桑拿、按摩等除外）取得的收入，免征营业税。（财税［2004］39号）

2. 对高校按规定标准向学生收取的公寓住宿费免征营业税；食堂为师生提供餐饮服务收入免征营业税。（财税［2011］78号）

三、房屋租赁项目

1. 对廉租住房经营管理单位按照政府规定价格，向规定保险对象出租廉价住房的租金收入，免征营业税。（财税［2008］24号）

2. 个人出租住房，不区分用途，在3%税率的基础上，减半征收营业税。（财税［2008］24号）

四、境外部分劳务暂免征收政策

对中国境外单位或者个人在境外向境内单位或者个人提供的服务业中的旅店业、饮食业、仓储业，以及其他服务业中的沐浴、理发、洗染、裱画、誊写、镌刻、复印、打包劳务，不征收营业税。（财税［2009］111号）

五、对外劳务合作免征政策

财政部、国家税务总局《关于外派海员等劳务免征营业税的通知》（财税［2012］54号）规定，对境内单位提供的下列劳务，免征营业税：

1. 标的物在境外的建设工程监理；

2. 外派海员劳务；

3. 以对外劳务合作方式，向境外单位提供的完全发生在境外的人员管理劳务。

六、高速公路车辆通行费

自2005年6月1日起，对公路经营企业收取的高速公路车辆通行费收入统一减按3%的税率征收营业税。（财税［2005］77号）

七、安置退役士兵的新办服务型企业

为安置自谋职业的城镇退役士兵就业而新办的服务型企业（除广告业、桑拿、按摩、网吧、氧吧外）当年新安置自谋职业的城镇退役士兵达到职工总数30%以上，并与其签订1年以上期限劳动合同的，经县以上民政部门认定，税务机关审核，3年内免征营业税及其附征的城市维护建设税、教育费附加税和企业所得税。（财税［2004］93号）

八、员工制家政服务免征政策

自2011年10月1日至2014年9月30日，对家政服务企业由员工制家政

服务员提供的家政服务取得的收入免征营业税。（财税［2011］51 号）

操作要点

◆ 要点一：托儿所、幼儿园提供养育服务免征的规定

1.“托儿所、幼儿园”是指经县级以上教育部门审批成立、取得办园许可证的实施 0～6 岁学前教育的机构，包括公办和民办的托儿所、幼儿园、学前班、幼儿班、保育院、幼儿院。

2.“提供养育服务”是指上述托儿所、幼儿园对其学员提供的保育和教育服务。

3. 对公办托儿所、幼儿园予以免征营业税的养育服务收入是指，在经省级财政部门和价格主管部门审核报省级人民政府批准的收费标准以内收取的教育费、保育费。

4. 对民办托儿所、幼儿园予以免征营业税的养育服务收入是指，在报经当地有关部门备案并公示的收费标准范围内收取的教育费、保育费。

5. 超过规定收费标准的收费，以开办实验班、特色班和兴趣班等为由另外收取的费用以及与幼儿入园挂钩的赞助费、支教费等超过规定范围的收入，不属于免征营业税的养育服务收入。

◆ 要点二：免征对外劳务的界定

外派海员劳务，是指境内单位派出属于本单位员工的海员，为境外单位或个人在境外提供的船舶驾驶和船舶管理等劳务。

对外劳务合作，是指境内单位与境外单位签订劳务合作合同，按照合同约定组织和协助中国公民赴境外工作的活动。

◆ 要点三：安置退役士兵的新办服务型企业减征计算

企业当年新安置自谋职业的城镇退役士兵人数不足职工总数 30%，但与其签订 1 年以上期限劳动合同的，经县级以上民政部门认定，税务机关审核，3 年内可按计算的减征比例减征企业所得税。

减征比例＝（企业当年新招用自谋职业的城镇退役士兵人数÷企业职工总数×100%）×2

◆ **要点四：员工制家政服务免征条件**

“家政服务”是指婴幼儿及小学生看护、老人和病人护理、孕妇和产妇护理、家庭保洁（不含产品售后服务）、家庭烹饪，同时要符合下列三个条件的家政服务员：

1. 依法与家政服务企业签订半年及半年以上的劳动合同或服务协议，且在该企业实际上岗工作；

2. 家政服务企业为其按月足额缴纳了企业所在地人民政府根据国家政策规定的基本养老保险、基本医疗保险、工伤保险、失业保险等社会保险；

3. 家政服务企业通过金融机构向其实际支付不低于企业所在地适用的经省级人民政府批准的最低工资标准的工资。

◆ **要点五：节能合同能源管理项目免征的条件**

对符合条件的节能服务公司实施合同能源管理项目所称“符合条件”是指同时满足以下条件：

1. 节能服务公司实施合同能源管理项目相关技术应符合国家质量监督检验检疫总局和国家标准化管理委员会发布的《合同能源管理技术通则》（GB/T24915—2010）规定的技术要求；

2. 节能服务公司与用能企业签订《节能效益分享型》合同，其合同格式和内容，符合《合同法》和国家质量监督检验检疫总局和国家标准化管理委员会发布的《合同能源管理技术通则》（GB/T24915—2010）等规定。

办税指引

符合服务业营业税减免征收条件的纳税人，须在规定的时限内到当地主管税务服务办理减免税申请备案，并按主地主管税务部门的规定附报相关资料（见表5—2）。

表5—2 服务业营业税减免备案

优惠事项	附报送资料
婚姻介绍	1. 税收减免备案表 2. 婚介所资格认定证明 3. 收入明细 4. 主管税务机关要求提供的其他资料
殡葬服务	1. 税收减免备案表 2. 殡葬资格认定证明 3. 收入明细 4. 主管税务机关要求提供的其他资料
托儿所、幼儿园养育服务	1. 税收减免备案表 2. 学生花名册 3. 相关部门的收费标准审批文件 4. 收费明细表 5. 县级以上教育部门出具的办园许可证 6. 主管税务机关要求提供的其他资料
养老院、残疾人福利机构育养服务	1. 税收减免备案表 2. 养老院、残疾人福利机构成立的批准文书 3. 主管税务机关要求提供的其他资料
员工制家政服务免征政策	1. 税收减免备案表 2. 家政服务员与家政服务企业签订半年及半年以上的劳动合同或服务协议复印件 3. 家政服务企业为员工购买的参保证明复印件 4. 企业通过金融机构发放员工工资明细的有关凭证复印件 5. 主管税务机关要求提供的其他资料
农业机耕、排灌、病虫害防治	1. 税收减免备案表 2. 进行农业机耕、排灌、病虫害防治、植物保护、农牧保险以及相关技术培训业务的相关证明 3. 农牧保险的提供保险合同 4. 主管税务机关要求提供的其他资料
高速公路车辆通行费	1. 税收减免备案表 2. 高速公路收费批文 3. 收入项目明细 4. 主管税务机关要求提供的其他资料

续表

优惠事项	附报送资料
出租廉租住房	1. 税收减免备案表 2. 县级以上人民政府出具的廉租住房经营管理单位证明人 3. 政府规定的出租价格的标准化 4. 与规定保障对象签订的租房合同 5. 主管税务机关要求提供的其他资料
境外劳务	1. 税收减免备案表 2. 劳务合同或境外收入凭证 3. 主管税务机关要求提供的其他资料
境外演出	1. 税收减免备案表 2. 县级及以上人民政府文化主管部门的批准境外演出的相关资料 3. 取得境外演出收入证明 4. 主管税务机关要求提供的其他资料
外派海员	1. 税收减免备案表 2. 外派劳务合同法 3. 外派人员花名册
海外监理	1. 税收减免备案表 2. 工程监理合同 3. 收入凭证 4. 境外工程监理人员花名册
对外劳务	1. 税收减免备案表 2. 对外劳务合作合同 3. 主管税务机关要求提供的其他资料
职业学校办企业	1. 税收减免备案表 2. 政府举办的职业学校的资质证明 3. 校办企业证书复印件、校办企业年检资料 4. 企业财务报表 5. 校办企业验资报告 6. 主管税务机关要求提供的其他资料

续表

优惠事项	附报送资料
高校学生公寓和食堂	学生公寓： 1. 税收减免备案表 2. 与高校签订的合作建学生公寓合同 3. 学生公寓收费标准文件 4. 学校支付代收学生公寓租金汇款单 5. 开具给学校收取学生公寓租金的发票 6. 学校出具的学生公寓租金证明 学生食堂： 1. 税收减免备案表 2. 食堂经营合同 3. 经营收入的财务报表资料 4. 主管税务机关要求提供的其他资料

（备注：各地税务机关要求报送的资料会有差异）

小玮答疑

王会计：**请问境外单位或者个人在境外向境内单位或者个人提供哪些劳务可以免征营业税？**

叶小玮：根据《财政部 国家税务总局关于个人金融商品买卖等营业税若干免税政策的通知》（财税［2009］111号）的规定，境外单位或者个人在境外向境内单位或者个人提供的完全发生在境外的《营业税暂行条例》规定的劳务，不属于条例第一条所称在境内提供条例规定的劳务，不征收营业税。根据上述原则，对境外单位或者个人在境外向境内单位或者个人提供的文化体育业（除播映），娱乐业，服务业中的旅店业、饮食业、仓储业，以及其他服务业中的沐浴、理发、洗染、裱画、誊写、镌刻、复印、打包劳务，不征收营业税。

35 金融保险业营业税减免优惠

【优惠提要】

随着金融保险行业的不断创新，新的衍生金融保险产品不断推出，纳税人从事金融保险交易要做好减免优惠筹划。

大维讲税

金融商品买卖收入如何交营业税？

【案例 5—3】 宏发集团的牛总对近期的股票市场走势不看好，将手头上部分股票清仓。另外，宏发集团在一个年度内共发生以下三笔金融商品买卖业务，一是1月买入1万股A股票，买入价20万元，5月将其全部转让，卖出价22万元；二是6月买入1万股B股票，买入价10万元，11月将其全部转让，卖出价7万元；三是1月买入3年期C债券，买入价10万元，11月将其全部转让，卖出价10万元，7月收到持有期间的红利收入1万元。请问牛总和宏发集团的金融商品买卖业务有哪些税收减免优惠？应如何缴纳营业税？

叶大维： 根据《关于个人金融商品买卖等营业税若干免税政策的通知》（财税［2009］111号），对个人（包括个体工商户及其他个人）从事外汇、有价证券、非货物期货和其他金融商品买卖业务取得的收入暂免征收营业税。因此，牛总的股票交易可享受免征优惠。

根据《营业税暂行条例》，单位金融商品买卖是不免征营业税的，对金融机构、上市公司、证券公司等机构投资者应按买卖差额如实征收。又根据

《国家税务总局关于金融商品转让业务有关营业税问题的公告》（2013年第63号），自2013年12月1日起，纳税人从事金融商品转让业务，不再按股票、债券、外汇、其他四大类来划分，统一归为“金融商品”，不同品种金融商品买卖出现的正负差，在同一个纳税期内可以相抵，按盈亏相抵后的余额为营业额计算缴纳营业税。若相抵后仍出现负差的，可结转下一个纳税期相抵，但在年末时仍出现负差的，不得转入下一个会计年度。因此，根据本案例，宏发集团5月份转让A股票，营业额大于0，应缴纳营业税0.10万元，11月转让B股票与C债券，根据新规定，盈亏相抵后的营业额为－3万元＋1万元＝－2万元＜0，当期税额为0。因此，在会计期末可汇总缴纳营业税，汇总后营业额为－2＋2＝0万元。应交营业税0万元，已经缴纳的0.10万元营业税可以向税务机关申请办理退税。如果出现负差同样不能结转至下一年。

优惠政策

一、法定减免

《营业税暂行条例》规定：境内保险机构为出口货物提供的保险产品，免征营业税。

二、社保基金从证券市场取得收入免征营业税

《财政部 国家税务总局关于全国社会保障基金有关税收政策问题的通知》（财税［2002］75号）规定：对社保基金理事会、社保基金投资管理人运用社保基金买卖证券投资基金、股票、债券的差价收入，暂免征收营业税。

三、一年期以上返还性人身保险免征营业税

《财政部 国家税务总局关于对若干项目免征营业税的通知》（财税字［1994］2号）规定：对保险公司开展的一年期限以上的返还人身保险业务，免征营业税。

四、合格境外投资者免征营业税

《财政部 国家税务总局关于合格境外机构投资者营业税政策的通知》（财税［2005］155号）规定：合格境外机构投资者委托境内公司在我国从事债券买卖业务取得的差价收入免征营业税。

五、人民银行贷款业务不征税

《国家税务总局关于人民银行贷款业务不征收营业税的具体范围的通知》（国税发［1994］88号）规定：对人民银行的贷款业务不征税，是指人民银行对金融机构的贷款业务，人民银行对企业贷款或委托金融机构贷款的业务应当征收营业税。

六、金融机构往来业务不征收营业税

《财政部 国家税务总局关于金融业征收营业税有关问题的通知》（财税字［1995］79号）规定：金融机构往来业务不征收营业税。金融机构往来，是指金融企业联行、金融企业与人民银行及同业之间的资金往来业务。

七、出纳长款不征税

《财政部 国家税务总局关于转发〈国务院关于调整金融保险业税收政策有关问题的通知〉的通知》（财税字［1997］45号）规定：对金融机构的出纳长款收入，不征收营业税。

八、个人金融商品买卖免征营业税

《财政部 国家税务总局关于个人金融商品买卖等营业税若干免税政策的通知》（财税［2009］111号）规定：对个人（含个体工商户及其他个人）从事外汇、有价证券、非货物期货和其他金融商品买卖业务取得的收入暂免征收营业税。

九、行政事业性收费和政府性基金暂免征收营业税

《财政部 国家税务总局关于个人金融商品买卖等营业税若干免税政策的通知》（财税［2009］111号）规定：

1. 由国务院或者财政部批准设立的政府性基金，由国务院或者省级人民政府及其财政、价格主管部门批准设立的行政事业性收费和政府性基金；

2. 收取时开具省级以上（含省级）财政部门统一印制或监制的财政票据；

3. 所收款项全额上缴财政。

操作要点

◆ **要点一：“合格境外机构投资者”的界定**

免征的“合格境外机构投资者”指符合中国证监会、中国人民银行和国家外汇管理局发布的《合格境外机构投资者境内证券投资管理办法》规定条件，经中国证监会批准投资于中国证券市场，并取得国家外汇管理局额度批准的中国境外基金管理机构、保险公司、证券公司、其他资产管理机构。具体规定见财税［2005］155号文件。

◆ **要点二：“金融机构往来”业务的界定**

暂不征收营业税的“金融机构往来”业务是指金融机构之间相互占用、拆借资金的业务，不包括相互之间提供的服务（如代结算、代发行金融债券等）。对金融机构相互之间提供服务取得的收入，应按规定征收营业税。

◆ **要点三：一年期以上返还性人身保险业务**

一年期以上返还性人身保险业务，是指保期一年以上、到期返还本利的普通人寿保险、养老年金保险、健康保险。免征营业税的具体险种须按财税字［1994］2号文件的附件及财税部门相关的规定执行。

◆ **要点四：行政事业性收费和政府性基金**

免征营业税的行政事业性收费和政府性基金必须同时符合规定的三个条

件，属于营业税征税范围的行政事业性收费或政府性基金应照章征收营业税。

上述政府性基金是指各级人民政府及其所属部门根据法律、国家行政法规和中共中央、国务院有关文件的规定，为支持某项事业发展，按照国家规定程序批准，向公民、法人和其他组织征收的具有专项用途的资金。包括各种基金、资金、附加和专项收费。

上述行政事业收费是指国家机关、事业单位、代行政府职能的社会团体及其他组织根据法律、行政法规、地方性法规等有关规定，依照国务院规定程序批准，在向公民、法人提供特定服务的过程中，按照成本补偿和非盈利原则向特定服务对象收取的费用。

办税指引

纳税人从事金融保险类业务，按政策可享受营业税减免税优惠的，要在规定的期限内向主管税务机关提交减免税申请表，并按主管税务机关的要求报送资料（表 5—3），做好减免税备案。

表 5—3　金融保险类营业税减免办理

优惠事项	报送资料
出口货物保险免征政策	1. 税收减免备案表 2. 上一年度减免税政策执行情况 3. 为出口货物提供保险产品的合同 4. 主管税务机关要求提供的其他资料
一年期以上返还性人身保险业务	1. 税收减免备案表 2. 享受减免税险种的政策文件和有关情况说明 3. 减免税险种的收入清单（客户名称、收入项目、合同金额、合同编号） 4. 主管税务机关要求提供的其他资料

续表

优惠事项	报送资料
个人金融商品买卖	1. 税收减免备案表 2. 证券公司交易清单 3. 主管税务机关要求提供的其他资料
合格境外投资者（QFII）免征营业税	1. 税收减免备案表 2. 合格境外机构投资者的身份证明 3. 委托境内公司的委托协议 4. 主管税务机关要求提供的其他资料

小玮答疑

李小姐：**银行业出纳长款、结算长款收入、金融往来收入、代理国债发行收入是否缴纳营业税？**

叶小玮：根据财税字［1997］45号文件规定，对金融机构的出纳长款收入，不征收营业税。对金融机构当期实际收到的结算罚款、罚息、加息等收入应并入营业额中征收营业税；

根据财税字［1995］79号文件规定，对金融机构往来业务暂不征收营业税，但金融机构相互之间提供服务取得的收入，应缴纳营业税；

根据财税字［2000］191号文件规定，银行代发行国债取得的手续费收入，由各银行总行按向财政部收取的手续费全额缴纳营业税，对各分支机构来自于上级行的手续费收入不再征收营业税。因此，银行代理发行国债取得的手续费收入由总行按向财政部收取的手续费全额缴纳营业税，对各分支机构来自于上级行的手续费收入不再征收营业税。

钟老板：**个人独资企业从事金融买卖是否可享受免征营业税的优惠？**

叶小玮：根据《关于个人金融商品买卖等营业税若干免税政策的通知》财税［2009］111号文，对个人（包括个体工商户及其他个人）从事外汇、有价证券、非货物期货和其他金融商品买卖业务取得的收入暂免征收营业税。但是，个人特指个体工商户及其他个人，这也就意味着，个人特指个体工商户及其他个人，这也就意味着，个人独资企业、个人合伙企业从事金融商品买卖仍需要按规定缴纳营业税。

36 文化体育与教育业营业税减免优惠

【优惠提要】

文化体育与教育是国家经费投入和扶持的事业，在营业税方面有不少减免政策，但要注意优惠待遇执行的范围。

培训班收入可否享受营业税减免优惠?

【案例 5—4】王老师是中学舞蹈老师，学校为了发展学生特长爱好，在课余时间组织了舞蹈班，每位学生收取费用 300 元。王老师在当地有一定的名气，她在住宅小区租用了场地，利用周末时间举办舞蹈培训班，每位学员收取学费 2 000 元。学员缴费时向王老师索取发票，王老师回答教育培训机构收入属于免税，开不开票都没有关系。事实是这样的吗?

叶大维：《财政部 国家税务总局关于教育税收政策的通知》（财税[2004] 39 号）规定："对从事学历教育的学校提供教育劳务取得的收入，免征营业税；对政府举办的高等、中等和初等学校（不含下属单位）举办进修班、培训班取得的收入，收入全部归学校所有的，免征营业税。"因此，王老师的学校舞蹈收取的学费是免征营业税。但王老师个人举办的以赢利为目的的各类假期培训班，都属于纳税范畴。根据《营业税税目注释（试行稿）》的规定，个人举办培训活动属于"文化体育业"税目，达到起征点后，应以实际取得的收入，按照"文化体育业"3%的税率计算缴纳营业税。

优惠政策

一、法定减免

《营业税暂行条例》第八条下列项目免征营业税：纪念馆、博物馆、文化馆、文物保护单位管理机构、美术馆、展览馆、书画院、图书馆举办文化活动的门票收入，宗教场所举办文化、宗教活动的门票收入。

二、境外文体劳务免征

《财政部 国家税务总局关于个人金融商品买卖等营业税若干免税政策的通知（财税［2009］111号）》规定：对中国境内单位或者个人在中国境外提供文化体育业（除播映）劳务暂免征收营业税。

三、文化企业境外演出收入免征

《财政部、海关总署、国家税务总局关于支持文化企业发展若干税收优惠政策问题的通知》（财税［2009］31号）规定：

1. 文化企业在境外演出在境外取得的收入免征营业税。

2. 在农村取得的电影放映收入免征营业税。

四、延续宣传文化营业税优惠

《财政部 国家税务总局关于延续宣传文化增值税和营业税优惠政策的通知》（财税［2013］87号）规定：

1. 自2013年1月1日起至2017年12月31日，对科普单位的门票收入，以及县（含县级市、区、旗）及县以上党政部门和科协开展的科普活动的门票收入免征营业税；

2. 自2013年1月1日至2013年7月31日，对境外单位向境内科普单位转让科普影视作品播映权取得的收入，免征营业税。

五、培训教育相关减免

《财政部 国家税务总局关于教育税收政策的通知》（财税［2004］39号）规定：

1. 对从事学历教育的学校提供教育劳务取得的收入，免征营业税。

2. 对学生勤工俭学提供劳务取得的收入，免征营业税。

3. 对政府举办的高等、中等和初等学校（不含下属单位）举办进修班、培训班取得的收入，收入全部归学校所有的，免征营业税和企业所得税。

操作要点

◆ **要点一：部分免征营业税的门票收入的规定**

规定里所称纪念馆、博物馆、文化馆、文物保护单位管理机构、美术馆、展览馆、书画院、图书馆举办文化活动，是指这些单位在自己的场所举办的属于文化体育业税目征税范围的文化活动。其门票收入，是指销售第一道门票的收入。宗教场所举办文化、宗教活动的门票收入，是指寺院、宫观、清真寺和教堂举办文化、宗教活动销售门票的收入。

◆ **要点二：对境外文化体育劳务的规定**

对于境内单位或者个人提供的所有文化体育业服务都属于境内提供劳务。但是，对于境内单位或者个人在境外提供的除播映外的文化体育业劳务，暂免征收营业税。

对于境外单位或者个人在境内提供的文化体育业劳务属于境内提供劳务。而对于境外单位或者个人完全在境外为境内单位或者个人提供的除播映外的文化体育业劳务，不属于条例第一条所称在境内提供条例规定的劳务，不征收营业税。

◆ 要点三：免征营业税的“从事学历教育的学校提供教育劳务取得的收入”的规定

1.“学历教育”是指受教育者经过国家教育考试或者国家规定的其他入学方式，进入国家有关部门批准的学校或者其他教育机构学习，获得国家承认的学历证书的教育形式。具体包括：初等教育：普通小学、成人小学；初级中等教育：普通初中、职业初中、成人初中；高级中等教育：普通高中、成人高中和中等职业学校（包括普通中专、成人中专、职业高中、技工学校）；高等教育：普通本专科、成人本专科、网络本专科、研究生（博士、硕士）、高等教育自学考试、高等教育学历文凭考试。

2.“从事学历教育的学校”是指普通学校以及经地、市级以上人民政府或者同级政府的教育行政部门批准成立、国家承认其学员学历的各类学校。

上述学校均包括符合规定的从事学历教育的民办学校，但不包括职业培训机构等国家不承认学历的教育机构。

3. 免征营业税的教育劳务收入按以下规定执行：

提供教育劳务取得的收入是指对列入规定招生计划的在籍学生提供学历教育劳务取得的收入，具体包括：经有关部门审核批准，按规定标准收取的学费、住宿费、课本费、作业本费、伙食费、考试报名费收入。

超过规定收费标准的收费以及学校以各种名义收取的赞助费、择校费等超过规定范围的收入，不属于免征营业税的教育劳务收入，一律按规定征税。

办税指引

纳税人应在减免税事项发生时提请备案，按主管税务机关的提交减免备案表格和按要求报送资料（表5—4），对跨年度的备案类减免税应在年度终了后在本地主管税务机关规定时限内将上一年度减免税执行情况报送至主管税务机关。

表 5－4 文化体育教育相关收入免征营业税办理

减免项目	报送资料
文化活动门票收入	1. 税收减免备案表 2. 纳入财政预算管理的证明 3. 区县以上文化、文物主管部门批准成立的证明 4. 门票收入明细 5. 主管税务机关要求提供的其他资料
宗教场所门票收入	1. 税收减免备案表 2. 县以上人民政府的批准设立文件 3. 门票收入明细 4. 主管税务机关要求提供的其他资料
境外演出	1. 税收减免备案表 2. 县级及以上人民政府文化主管部门的批准境外演出的相关资料 3. 取得境外演出收入证明 4. 主管税务机关要求提供的其他资料
境外劳务	1. 劳务合同或境外收入凭证 2. 主管税务机关要求提供的其他资料
学历教育	1. 税收减免备案表 2. 学生花名册 3. 相关部门的收费标准审批文件 4. 收费项目收入明细表 5. 国家承认学员学历的教育机构相关证明 6. 主管税务机关要求提供的其他资料
进修（培训）教育	1. 税收减免备案表 2. 对政府举办的高等、中等和初等学校的资质证明 3. 学校提供的统一账户证明 4. 举办的进修班、培训班收入进账单 5. 上缴财政专户凭据 6. 主管税务机关要求提供的其他资料

（备注：各地税务机关要求报送的资料有所差异）

小玮答疑

汤馆长：**我单位是经文化主管部门批准成立的民办博物馆，请问是否可以享受免征营业税的优惠？**

叶小玮：《营业税暂行条例》第八条第六款规定，纪念馆、博物馆、文化馆、文物保护单位管理机构、美术馆、展览馆、书画院、图书馆举办文化活动的门票收入，免征营业税。另外，《国家税务总局关于进一步贯彻落实税收政策促进民间投资健康发展的意见》（国税发［2012］53 号），也规定了鼓励和引导民间资本进入社会事业领域的税收优惠政策。因此，符合条件的民办博物馆，也可以享受免征营业税政策。

钟教授：**我们学院是一所公办大学的二级学院。最近，学院与穗城区环保局达成一项培训协议。协议约定，在 2014 年度，该环保局的全体工作人员分 10 批来我们学院进行为期 1 个月的培训，学院向该环保局收取每人 2 000 元的培训费。请问我们学院收取的培训费需要缴纳营业税吗？**

叶小玮：《财政部 国家税务总局关于教育税收政策的通知》（财税［2004］39 号）规定，对政府举办的高等、中等和初等学校（不含下属单位）举办进修班、培训班取得的收入，收入全部归学校所有的，免征营业税。你们学院是大学的下属单位，学院与环保局签订协议，提供培训劳务，不属于学校举办的培训班。因此，对你们学院举办培训班取得的收入，不适用上述免税规定，应照章缴纳营业税。

第六篇

个人所得税 最新优惠

工资薪金所得的税收优惠·

个体工商户等生产经营所得税收优惠·

个人所得税其他优惠政策·

37 工资薪金所得的税收优惠

【优惠提要】

为减轻工薪阶层负担，个人所得税配套出台了不少免税规定和费用扣除项目，计算个人工薪所得，须把握好减免税政策和合理合法地扣除费用。

大维讲税

被“炒鱿鱼”拿到的补偿金是否要交个税?

【案例6—1】 宏发集团最近调整经营战略，要精简掉一些生产部门的人员，老钱因为技术和口碑都一般，被列入精简的名单。老钱心有不甘，在办离职手续时发现财务部发放的补偿金与他预想的有出入，非常不满。吴薇薇告诉他，少了那部分钱是因为公司在给他补偿金时代扣了个人所得税。老钱很生气，认为公司在忽悠他，大闹起来，无论吴薇薇怎么解释都无济于事。吴薇薇没办法，只好让他打电话去税务局咨询。

叶大维：老钱确实误解了吴薇薇了。按照《劳动法》的规定，若不是员工因为严重违纪等原因，在合同有效期内被公司解聘，公司需对员工进行补偿，补偿的金额是该员工在本公司连续工作的工龄数乘以该员工上年度月平均工资。按税法规定，个人因与用人单位解除劳动关系而取得的一次性补偿收入（包括用人单位发放的经济补偿金、生活补助费和其他补助费用），其收入在当地上年职工平均工资3倍数额以内的部分，免征个人所得税。离职补偿金超过了所在地职工年平均工资的3倍，就需要缴税。老钱月薪2万元，工龄6年，计算出的补偿金明显超过了免征标准，因此，宏发集团将老钱超过的部分计缴了个人所得税，是正确的。

优惠政策

一、免税的有关规定

1. 根据《个人所得税法》第四条，下列各项个人所得，免纳个人所得税：

（1）按照国家统一规定发给的补贴、津贴。

（2）福利费、抚恤金、救济金。

（3）军人的转业费、复员费。

（4）按照国家统一规定发给干部、职工的安家费、退职费、退休工资、离休工资、离休生活补助费。

2. 根据《关于个人所得税若干政策问题的通知》（财税［1994］20号）规定，下列所得，暂免征收个人所得税：

（1）个人办理代扣代缴税款手续，按规定取得的扣缴手续费。

（2）达到离休、退休年龄，但确因工作需要，适当延长离休退休年龄的高级专家（指享受国家发放的政府特殊津贴的专家、学者），其在延长离休退休期间的工资、薪金所得，视同退休工资、离休工资免征个人所得税。

3. 根据《征收个人所得税若干问题的规定》（国税发［1994］89号）规定，下列不属于工薪性质的补贴、津贴或不属于本人工薪项目的收入，不征收个人所得税：

（1）独生子女补贴。

（2）执行公务员工资制度未纳入基本工资总额的补贴、津贴差额和家庭成员的副食品补贴。

（3）托儿补助费。

（4）差旅费津贴、误餐补助。

4. 公积金和保险金等免税。企业和个人按规定比例提取并缴付的住房公

积金、医疗保险金、基本养老保险金和失业保险基金，免征个人所得税和利息所得税。（财税字［1999］267号）

个人实际领（支）取原提存的基本养老保险金、基本医疗保险金、失业保险金和住房公积金时，免征个人所得税。（财税［2006］10号）

5. 安置收入免税。国有企业职工因企业破产，从破产企业取得的一次性安置收入，免征个人所得税。（国税发［2000］77号、财税［2001］157号）

6. 股权资产缓税。对职工个人以股份制形式取得的拥有所有权的企业量化资产，暂缓征个人所得税。（国税发［2000］60号）

7. 补偿收入免税。国有企业职工与企业解除劳动合同，取得的一次性补偿收入，在当地上年企业职工年平均工资3倍数额内的，免征个人所得税。（国税发［2000］77号）

8. 个人因与用人单位解除劳动关系而取得的一次性补偿收入（包括用人单位发放的经济补偿金、生活补助费和其他补助费用），其收入在当地上年职工平均工资3倍数额以内的部分，免征个人所得税。（财税［2001］157号）

9. 对工伤职工及其近亲属按照《工伤保险条例》（国务院令第586号）规定取得的工伤保险待遇，免征个人所得税。（财税［2012］40号）

二、税收抵免的有关规定

根据《个人所得税法实施条例》第三十三条，纳税人来源于境外所得在境外实际缴纳的个人所得税税款，低于按中国税法规定计算的扣除限额的，可以从应纳税额中据实扣除；超过扣除限额的，不得在本年度应纳税额中扣除。但可以在以后年度扣除限额的余额中补扣，补扣期限最长不得超过5年。

三、免征额的有关规定

1. 工资、薪金所得，以每月收入额减除费用3 500元后的余额，为应纳税所得额。（《个人所得税法》第六条）

2. 特殊人员免征额。下列人员的工资、薪金所得，允许在每月减除3 500元

费用基础上，再附加减除费用 1 300 元。（《个人所得税法实施条例》第二十七条）

（1）在中国境内的外商投资企业和外国企业中工作的外籍人员。

（2）应聘在中国境内的企业、事业单位、社会团体、国家机关中工作的外籍专家。

（3）在中国境内有住所而在中国境外任职或者受雇取得工资、薪金所得的个人。

（4）华侨和香港、澳门、台湾同胞。（《个人所得税法实施条例》第三十条）

（5）远洋运输船员。（国税发［1999］202 号）

四、税项扣除的有关规定

1. 在外商投资企业、外国企业和外国驻华机构工作的中方人员，取得的工资、薪金收入，由雇佣单位和派遣单位分别支付的，采取在雇佣单位一方支付的工资、薪金中减除费用的办法计征个人所得税；派遣单位支付的工资、薪金不再减除费用，以支付全额直接确定适用税率计算扣缴个人所得税。（国税发［1994］89 号）

2. 对外商投资企业、外国企业和驻华机构的中方工作人员，取得的工资、薪金收入，能够提供证明实际上交派遣（介绍）单位的部分，准予扣除计税。（国税发［1994］89 号）

3. 补偿收入扣除。个人领取一次性补偿收入时，按照国家和地方政府实际缴纳的住房公积金、医疗保险费、基本养老保险费、失业保险费，可以在计征其一次性补偿收入的个人所得税时予以扣除。（财税［2001］157 号）

4. 单位为个人缴付和个人缴付的基本养老保险费、基本医疗保险费、失业保险费、住房公积金，从纳税义务人的应纳税所得额中扣除。（《个人所得税法实施条例》第二十五条）

操作要点

◆ 要点一：工资、薪金所得的界定

是指个人因任职或者受雇而取得的工资、薪金、奖金、年终加薪、劳动分红、津贴、补贴以及与任职或者受雇有关的其他所得。其应纳税所得额计

算公式为：

应纳税所得额＝收入总额－不征税项目收入－免税项目收入－扣除费用

◆ 要点二：免税的误餐补助范围

不征税的误餐补助是指按财政部规定，个人因公在城区、郊区工作，不能在工作单位或返回就餐，确实需要在外就餐的，根据实际误餐顿数，按规定的标准领取的误餐费。单位以误餐补助名义发给职工的补贴、津贴，应当一律并入当月工资、薪金所得计征个人所得税。

◆ 要点三：免税工伤保险待遇的规定

工伤保险待遇，包括工伤职工按照《工伤保险条例》（国务院令第 586 号）规定取得的一次性伤残补助金、伤残津贴、一次性工伤医疗补助金、一次性伤残就业补助金、工伤医疗待遇、住院伙食补助费、外地就医交通食宿费用、工伤康复费用、辅助器具费用、生活护理费等，以及职工因工死亡，其近亲属按照《工伤保险条例》（国务院令第 586 号）规定取得的丧葬补助金、供养亲属抚恤金和一次性工亡补助金等。

◆ 要点四：税率表（工资、薪金所得适用）

表 6－1　工资薪金所得适用的税率表

级数	全月应纳税所得额		税率（%）	速算扣除数
	含税级距	不含税级距		
1	不超过 1 500 元的	不超过 1 455 元的	3	0
2	超过 1 500 元至 4 500 元的部分	超过 1 455 元至 4 155 元的部分	10	105
3	超过 4 500 元至 9 000 元的部分	超过 4 155 元至 7 755 元的部分	20	555
4	超过 9 000 元至 35 000 元的部分	超过 7 755 元至 27 255 元的部分	25	1 005
5	超过 35 000 元至 55 000 元的部分	超过 27 255 元至 41 255 元的部分	30	2 755
6	超过 55 000 元至 80 000 元的部分	超过 41 255 元至 57 505 元的部分	35	5 505
7	超过 80 000 元的部分	超过 57 505 元的部分	45	13 505

注：1. 本表所列含税级距与不含税级距，均为按照税法规定减除有关费用后的所得额；

2. 含税级距适用于由纳税人负担税款的工资、薪金所得；不含税级距适用于由他人（单位）代付税款的工资、薪金所得。

办税指引

政策规定免税、符合扣除规定的项目，在计算个人所得税时直接扣除。

小玮答疑

吴薇薇：**小玮，我们公司发放给员工的差旅费津贴和误餐补助是否要并计到工资薪金缴纳个人所得税？**

叶小玮：国税发［1994］89 号文件规定不征税的误餐补助，是指个人因公在城区、郊区工作，不能在工作单位或返回就餐，确实需要在外就餐的，根据实际误餐顿数，按规定的标准领取的误餐费。一些单位以误餐补助名义发给职工的补贴、津贴，应当并入当月工资、薪金所得计征个人所得税。因此，符合规定的误餐费、差旅费津贴不属于工资、薪金性质的补贴、津贴，不征个人所得税；不符合规定的误餐费、降温费、取暖费应当并入当月工资、薪金所得计征个人所得税。

吴薇薇：**公司给员工的假期加班费、过节费等收入要纳税吗？**

叶小玮：加班费，如果是个人在“十一”、“五一”等法定节假日加班所取得的两倍或三倍加班工资，不属于可免征个税的补贴、津贴，也要依法纳税；过节费，如果是用人单位在法定休假日于正常工资之外发给员工的额外收入，属于工资、薪金所得，也应该按当月工资、薪金所得纳税。

吴薇薇：**那福利费呢？**

叶小玮：这个复杂一些，节假日期间，部分用人单位会在正常的工资、薪金之外向员工发放各种福利，这种福利收入多种多样，包括现金、实物甚至各种休闲活动等。根据《个人所得税法》第四条规定：福利费、抚恤金、救济金等收入免纳个人所得税。而《个人所得税法实施条例》第十四条对福利费的范围进行了明确："根据国家有关规定，从企业、事业单位、国家机关、社会团体提留的福利费或者工会经费中支付给个人的生活补助费。"因此，只有符合上述规定的福利收入可以免纳个人所得税，其他福利收入，包括实物等，均应折合成现金收入后纳税。

吴薇薇：**听说最近出台了年金政策，能解释一下企业年金、职业年金个人所得税递延纳税优惠政策吗？**

叶小玮：为促进多层次养老保险体系的发展，我国将从 2014 年 1 月 1 日起，实施企业年金、职业年金个人所得税递延纳税优惠政策。根据《关于企业年金、职业年金个人所得税有关问题的通知》（财税［2013］103 号）规定：

1. 企业年金和职业年金缴费的个人所得税处理 。

（1）企业和事业单位（以下统称单位）根据国家有关政策规定的办法和标准，为在本单位任职或者受雇的全体职工缴付的企业年金或职业年金（以下统称年金）单位缴费部分，在计入个人账户时，个人暂不缴纳个人所得税。

（2）个人根据国家有关政策规定缴付的年金个人缴费部分，在不超过本人缴费工资计税基数的 4%标准内的部分，暂从个人当期的应纳税所得额中扣除。

（3）超过本通知第一条第一款和第二款规定的标准缴付的年金单位缴费和个人缴费部分，应并入个人当期的工资、薪金所得，依法计征个人所得税。税款由建立年金的单位代扣代缴，并向主管税务机关申报解缴。

（4）企业年金个人缴费工资计税基数为本人上一年度月平均工资。月平均工资按国家统计局规定列入工资总额统计的项目计算。月平均工资超过职工工作地所在设区城市上一年度职工月平均工资 300%以上的部分，不计入个人缴费工资计税基数。

职业年金个人缴费工资计税基数为职工岗位工资和薪级工资之和。职工岗位工资和薪级工资之和超过职工工作地所在设区城市上一年度职工月平均工资 300%以上的部分，不计入个人缴费工资计税基数。

2. 年金基金投资运营收益的个人所得税处理。

年金基金投资运营收益分配计入个人账户时，个人暂不缴纳个人所得税。

38 个体工商户等生产经营所得税收优惠

【优惠提要】

个体工商户等经营所得的优惠筹划要把握“应扣不漏，应免不扣，综合权衡，合理计税”的原则。

大维讲税

家庭生活费用和财产性支出是否可税前扣除？

【案例 6－2】 老李家的一楼是可以做商铺的门面，这几年，附近的新楼盘入住了许多“有钱人”，老李看好进口食品的市场，在自家门面开设了一家登记注册类型为个人独资企业的“惠万佳”超市，生意果然非常红火，2013 年销售额轻松过百万。在计算个人所得税时，因为他的一家吃住就在店里，老李索性把各种生活费用也一起计入成本费用。另外，他为爱人买的一部轿车，他觉得是经营所需，也计入了企业的成本费用中。老李的个人所得税采用查账征收方式，年终汇算清缴时，税务局指出老李的核算有问题，老李急了，不知问题出在哪。

叶大维： 老李的核算有两个问题，第一个问题是没把家庭生活费用与经营成本费用分开。根据税法规定，个人独资企业和合伙企业每一纳税年度的收入总额减除成本、费用以及损失后的余额，作为投资者个人的生产经营所得，比照“个体工商业户生产经营所得”缴纳个人所得税。根据《关于个人独资企业和合伙企业投资者征收个人所得税的法规》（财税［2000］91 号）的规定，投资者及其家庭发生的生活费用不允许在税前扣除。投资者及其家庭发生的生活费用与企业生产经营费用混合在一起，并且难以划分的，全部视为投资者个人及其家庭发生的生活费用，不允许在税前扣除。

老李的第二个问题是不该把企业财产性支列入扣除项目。根据《关于规范个人投资者个人所得税征收管理的通知》（财税［2003］158号）规定，个人独资企业、合伙企业的个人投资者以企业资金为本人、家庭成员及其相关人员支付与企业生产经营无关的消费性支出及购买汽车、住房等财产性支出，视为企业对个人投资者利润分配，并入投资者个人的生产经营所得，依照“个体工商户的生产经营所得”项目计征个人所得税。同时，财税［2000］91号文件也有相关规定，企业生产经营和投资者及其家庭生活共用的固定资产，难以划分的，由主管税务机关根据企业的生产经营类型、规模等具体情况，核定准予在税前扣除的折旧费用的数额或比例。因此，老李为爱人买车的费用应当并入企业生产经营所得中缴纳个人所得税。

优惠政策

一、免税的有关规定

1. 从事个体经营的军队转业干部，经主管税务机关批准，自领取税务登记证之日起，3年内免征营业税和个人所得税。（财税［2003］26号）

2. 对自谋职业的城镇退役士兵在从事个体经营（除建筑业、娱乐业以及广告业、桑拿、按摩、网吧、氧吧外）的，自领取税务登记证之日起，3年内免征个人所得税。（财税［2004］93号）

3. 对从事个体经营的随军家属，自领取税务登记证之日起，3年内免征营业税和个人所得税。（财税［2000］84号）

二、减征的有关规定

《个人所得税法》及实施条例规定，有下列情形之一的，经批准可以减征个人所得税，减征的幅度和期限由省、自治区、直辖市人民政府规定：

1. 残疾、孤老人员和烈属的所得；

2. 因严重自然灾害造成重大损失的；

3. 其他经国务院财政部门批准减税的。

三、税前扣除的有关规定

1. 法定税前扣除：对个体工商户业主、个人独资企业和合伙企业投资者的生产经营所得依法计征个人所得税时，个体工商户业主、个人独资企业和合伙企业投资者本人的费用扣除标准统一确定为42 000元/年（3 500元/月）。投资者的工资不得在税前扣除。（财税［2011］62号）。

2. 个体工商户、个人独资企业和合伙企业的生产经营所得，在计征个人所得税时，允许扣除下列项目：

（1）成本、费用。纳税人从事生产经营活动所发生的各项直接支出和分配计入成本的间接费用以及销售费用、管理费用、财务费用。

（2）损失。纳税人在生产经营过程中发生的各项营业外支出。包括固定资产盘亏、报废、毁损和出售的净损失，自然灾害或意外事故损失，公益救济性捐赠，赔偿金、违约金等。

（3）税金。包括纳税人缴纳的消费税、营业税、城市维护建设税、资源税、土地使用税、土地增值税、房产税、车船使用税、印花税、耕地占用税以及教育费附加准予税前扣除。

（4）工资支出。个体工商户、个人独资企业和合伙企业向其从业人员实际支付的合理的工资、薪金支出，允许在税前据实扣除。

（5）借款利息支出。纳税人在生产经营过程中的借款利息支出，未超过规定的同类、同期贷款利率计算的数额部分，准予扣除。

（6）开办费。纳税人从申请营业执照之日起至生产经营之日止所发生的开办费，允许从生产经营之日起于不短于5年的期限分期均额扣除。

（7）低值易耗品摊销。纳税人购入低值易耗品的支出，原则上一次摊销，但一次性购入价值较大的，应分期摊销。分期摊销的价值和标准，由各省级地税局确定。

（8）税控收款机支出。纳税人购置税控收款机支出，应在2～5年内分期扣除。具体期限由各省级地税局确定。

（9）修理费。纳税人发生的与生产经营有关的修理费用，可据实扣除。修理费用发生不均衡或数额较大的，应分期扣除。分期扣除标准和期限，由各省级地税局确定。

（10）租赁费。纳税人以经营租赁方式租入固定资产的租赁费，可以据实扣除。

（11）技术开发费。纳税人研究开发新产品、新技术、新工艺所发生的开发费用，以及研究开发新产品、新技术而购置单台价值在5万元以下的测试仪器和试验装置费的购置，准予扣除。

（12）非常损失。纳税人在生产经营过程中发生的固定资产盘亏及毁损净损失以及汇兑损失，准予在当期扣除。

（13）无法收回的账款。纳税人发生的与生产经营有关的无法收回的账款，按实际发生额扣除。

（14）业务招待费。个体工商户、个人独资企业和合伙企业每一纳税年度发生的与其生产经营业务直接相关的业务招待费支出，按照发生额的60%扣除，但最高不得超过当年销售（营业）收入的5‰。

（15）摊位费和规费支出。个体户按规定缴纳的工商管理费、个体劳动者协会会费、摊位费，按实际发生额扣除。纳税人缴纳的其他规费，其扣除项目和标准，由各省级地税局规定。

（16）其他费用。纳税人在生产经营过程中发生与家庭生活混用的费用以及共用的固定资产，由税务机关核定分摊比例和数额，准予在税前扣除。

（17）保险费。纳税人发生与生产经营有关的财产保险、运输保险以及从业人员的养老保险、医疗保险和其他保险费支出，按国家规定的标准计算扣除。

（18）广告和业务宣传费。个体工商户、个人独资企业和合伙企业每一纳税年度发生的广告费和业务宣传费用不超过当年销售（营业）收入15%的部分，可据实扣除；超过部分，准予在以后纳税年度结转扣除。

（19）福利性费用。个体工商户、个人独资企业和合伙企业拨缴的工会经费、发生的职工福利费、职工教育经费支出分别在工资薪金总额2%、14%、2.5%的标准内据实扣除。

（20）个人费用扣除。独资企业和合伙企业的投资者兴办2个及以上企业的，按规定准予扣除的个人费用，由投资者选择在其中一个企业的生产经营所得中扣除。

（21）无形资产摊销。纳税人在生产经营过程中使用的无形资产，从使用之日起在有效期内分期均额扣除。作为投资或受让的无形资产，规定了使用年限的，按规定的使用年限分期扣除，未规定使用年限或自行开发的无形资产，扣除期限不得少于10年。

以上政策根据国税发［1997］43号、财税［2000］91号、财税［2011］62号、财税［2008］65号等文件。

3. 老年服务捐赠扣除。从2000年10月1日起，对个体工商户、个人独资企业和合伙企业以及个人通过非营利性的社会团体和政府部门向福利性、非营利性的老年服务机构的捐赠，在缴纳个人所得税时，准予在税前全额扣除。（财税［2000］97号）

4. 折旧扣除。个人独资企业在计算缴纳投资者个人所得税时，应遵循历史成本原则，按照购入固定资产的实际支出计提固定资产折旧费用，并准予在税前扣除。（国税函［2002］1090号）

四、加速折旧的有关规定

个体工商户和个人独资、合伙企业固定资产由于受酸、碱等强烈腐蚀的机器设备和简易或常年处于震撼、颤动状态的房屋和建筑物，以及技术更新变化快等原因，需要缩短折旧年限的，由个人提出申请，报省级税务机关审批后执行。（国税发［1994］43号）

五、承包、承租经营的有关规定

对企事业单位的承包经营、承租经营所得，以每一纳税年度的收入总额，按月减除3 500元的必要费用后的余额为应纳税所得额。(《个人所得税法》第六条、《个人所得税法实施条例》第十八条)

操作要点

◆ **要点一：个人独资企业和合伙企业征收规定**

个人独资企业和合伙企业每一纳税年度的收入总额减除成本、费用以及损失后的余额，作为投资者个人的生产经营所得，比照个人所得税法的“个体工商户的生产经营所得”应税项目，适用5%～35%的五级超额累进税率，计算征收个人所得税。其中，收入总额，是指企业从事生产经营以及与生产经营有关的活动所取得的各项收入，包括商品（产品）销售收入、营运收入、劳务服务收入、工程价款收入、财产出租或转让收入、利息收入、其他业务收入和营业外收入。

◆ **要点二：个人独资企业和合伙企业亏损的弥补规定**

个人独资企业和合伙企业的年度亏损，允许用本企业下一年度的生产经营所得弥补，下一年度所得不足弥补的，允许逐年延续弥补，但最长不得超过5年。但投资者兴办两个或两个以上企业的，其年度经营亏损不能跨企业弥补。个体户亏损结转。个体工商户从事生产经营发生年度经营亏损，经主管税务机关审核后，允许用下一年度的经营所得弥补。下一年度所得不足弥补的，允许逐年延续弥补，但最长不得超过5年。

◆ **要点三：个人独资和合伙企业收到对外投资分回的利润的处理**

个人独资企业和合伙企业对外投资分回的利息或者股息、红利，不并入企业的收入，而应单独作为投资者个人取得的利息、股息、红利所得，按“利息、股息、红利所得”应税项目计算缴纳个人所得税。以合伙企业名义对外投资分回利息或者股息、红利的，应按规定确定各个投资者的利息、股息、红利所得，分别按“利息、股息、红利所得”应税项目计算缴纳个人所得税。

◆ **要点四：境外所得税抵免**

个体户、个人独资企业和合伙企业，来源于中国境外的所得，已在境外缴纳的个人所得税税额，准予其在应纳税额中扣除。但扣除额不得超过该纳税人境外所得按中国税法规定计算的应纳税额。

◆ **要点五：税率表（个体工商户的生产、经营所得和对企事业单位的承包经营、承租经营所得适用）**

表 6－2　税率表（个体工商户等）

级数	全年应纳税所得额		税率（%）	速算扣除数
	含税级距	不含税级距		
1	不超过 15 000 元的	不超过 14 250 元的	5	0
2	超过 15 000 元至 30 000 元的部分	超过 14 250 元至 27 750 元的部分	10	750
3	超过 30 000 元至 60 000 元的部分	超过 27 750 元至 51 750 元的部分	20	3 750
4	超过 60 000 元至 100 000 元的部分	超过 51 750 元至 79 750 元的部分	30	9 750
5	超过 100 000 元的部分	超过 79 750 元的部分	35	14 750

办税指引

纳税人享受减税照顾期间，应当按规定办理个人所得税纳税申报（见表 6－3）；扣缴义务人对享受减征照顾的纳税人进行明细申报。

表 6－3　个人所得税减免申报

减免事项	报送资料
残疾、孤老人员和烈属申请减征	1. 减税申请表 2. 证明残疾、孤老人员和烈属身份的有效证件及复印件；从事个体经营的应同时提供营业执照和税务登记证复印件 3. 个人取得应税收入的证明材料 4. 主管税务机关要求报送的其他资料

续表

减免事项	报送资料
因遭受严重自然灾害造成重大损失的纳税人申请减征	1. 减税申请表 2. 纳税人身份证原件、复印件 3. 纳税人受灾及保险赔偿等情况的证明资料 4. 主管税务机关要求报送的其他资料
军转干部、随军家属、退役士兵从事个体经营的减免	1. 减税申请表 2. 营业执照、税务登记证 3. 从事个体经营的军队转业干部提供师以上部队颁发的转业证件复印件从事个体经营的退役士兵提供《城镇退役士兵自谋职业证》；从事个体经营的随军家属提供师以上政治机关出具的表明随军家属身份的证明 4. 主管税务机关要求报送的其他资料

小玮答疑

王先生：**我前些年投资开办了一家主要提供咨询服务的个人独资企业甲，后来又对外投资入股成立了企业乙。去年，甲企业从乙企业取得分红15万元，我想问个人独资企业甲从乙企业取得分红能否享受免税优惠呢？**

叶小玮：根据《国家税务总局〈关于个人独资企业和合伙企业投资者征收个人所得税的规定〉执行口径的通知》（国税函［2001］84号）第二条的规定，个人独资企业和合伙企业对外投资分回的利息或者股息、红利，不并入企业的收入，而应单独作为投资者个人取得的利息、股息、红利所得，按“利息、股息、红利所得”应税项目计算缴纳个人所得税。因此，甲企业从乙企业取得的分红15万元，属于投资者王先生的“利息、股息、红利所得”，不与甲企业的利润合并，应单独按照20%的税率缴纳个人所得税。

陈老板：**请问个人独资企业、合伙企业是认定为企业还是个体？能否享受小型微利企业税收优惠政策？**

叶小玮：根据《财政部 国家税务总局关于印发〈关于个人独资企业和合伙企业投资者征收个人所得税的法规〉的通知》（财税［2000］91号）关于“个人独资企业和合伙企业”的定义，个人独资企业、合伙企业没有独立的法人资格，不是单独的纳税主体，不用缴纳企业所得税，仅对投资者个人取得的生产经营所得征收个人所得税。小型微利企业优惠政策对象是符合特定条件的企业，因此，个人独资企业、合伙企业不能享受小型微利企业税收优惠政策。

老李：**我们公司是合伙企业，目前是核定征收，不同的征收方式，享受的税收优惠也不一样吗？**

叶小玮：个人独资企业、合伙企业生产经营所得的纳税，一般分为查账征税方式和核定征税方式，不同的征收方式在计税和优惠方面都有所不同。

先说查账征收方式吧，它的计税公式：

应纳税额＝（全年收入总额－成本、费用以及损失）×适用税率－速算扣除数

在计税时要根据下面的规则：

1. 投资者的工资不能扣除，只能按规定标准扣除生计费42 000元/年，即3 500元/月。投资者兴办两个或两个以上企业的，其费用扣除标准由投资者选择在其中一个企业的生产经营所得中扣除。

2. 投资者个人及家庭发生的生活费不是经营支出，不能税前扣除。生活费用与经营费用混在一起的，一律不能扣除。

3. 经营与生活用固定资产划分不清的，税务机关核定其允许扣除的折旧费的数额或比例。

4. 工会、福利、教育费用分别在工资薪金总额的2%、14%、2.5%的标准内据实扣除。年度广告和业务宣传费用不超过当年销售（营业）收入15%的部分，可据实列支；超过部分，可无限期向以后纳税年度结转。

5. 计提的各种准备金均不能税前扣除。

6. 亏损弥补期限为5年，经营两个以上企业的，不能跨企业弥补年度经营亏损。

7. 从业人员工资、业务招待费等规定均与企业所得税一致。

8. 兴办两个以上独资企业，于年终汇算清缴时，采用以下步骤：

(1) 汇总其投资经营的所有企业的经营所得；

(2) 按汇总所得作为应纳税所得额，并按此金额水平确定税率计算整体应纳税额；

(3) 将整体应纳税额按各企业经营所得占整体经营所得的比重分配，算出各企业的应纳所得税额；

(4) 计算各企业应补缴税款。

下面再说说核定征收的方式，计税公式如下：

应纳所得税额＝应纳税所得额×适用税率

应纳所得税额＝收入总额×应税所得率＝成本费用支出额÷（1－应税所得率）×应税所得率

核定征税方式的计税规则：

1. 核定征税方式包括定额征收、核定应税所得率征收以及其他合理的征收方法，与企业所得税类似。

2. 实行核定征税的投资者，不能享受个人所得税的优惠政策。

3. 查账征税改为核定征税的纳税人，查账征税方式下认定的年度经营亏损未弥补完的部分，不得再继续弥补。

39 个人所得税其他优惠政策

【优惠提要】

个人所得税优惠比较零散，在计税时要注意不要遗漏，并且要留意政策的时效性。

大维讲税

持股时间差一天税负相差50%？

【案例6—3】牛总除了经营宏发集团的实业以外，个人也喜欢证券投资。去年，牛总的朋友买进1万股K公司的股票，并向牛总推荐，牛总也跟进买了1万股。今年，K公司的股票派发了股息红利，牛总和他朋友都见好就收，相继斩仓出售，可牛总发现，他只比朋友少持股一天，却要多负担50%的税负。他搞不懂是为什么，找刘总监了解究竟怎么回事。

叶大维：牛总和朋友的税负不同，主要是因为股息红利按持股期限实行差别化个人所得税政策的原因。根据财政部、国家税务总局、证监会《关于实施上市公司股息红利差别化个人所得税政策有关问题的通知》（财税［2012］85号）规定，对上市公司股息红利按持股期限实行差别化个人所得税政策：持股期限在1个月以内（含1个月）的，其股息红利所得全额计入应纳税所得额，实际税负为20%；持股期限在1个月以上至1年（含1年）的，暂减按50%计入应纳税所得额，实际税负为10%；持股期限超过1年的，暂减按25%计入应纳税所得额，实际税负为5%。本案例中，牛总持股时间刚好在一年内，实际税负为10%，而他的朋友虽然只比他多持一天，却能享受实际税负5%的政策。

优惠政策

一、财产租赁所得的税收优惠

1. 个人出租房屋减税。从2000年1月1日起，对个人出租房屋的所得，暂减按10%的税率征收个人所得税。(财税［2000］125号)

2. 租金收入扣除项目。对个人出租中国境内的房屋取得的租金收入，不论其是否在中国境内居住，均允许扣除下列项目后，就其余额征收个人所得税。(国税发［1995］134号)

(1) 每次收入不超过4 000元的，减除费用800元，4 000元以上的，减除20%的费用。

(2) 在出租财产过程中缴纳的各种税金和教育费附加。

(3) 能够提供由纳税人负担出租该财产实际开支的修缮费用，准予扣除的金额，以每次800元为限。一次扣除不完的，准予延续扣除，直至扣完为止。

二、财产转让所得的税收优惠

1. 转让股票所得免税。对个人转让上市公司股票的所得，暂免征收个人所得税。(财税字［1998］61号)

2. 出售住房所得减税。

(1) 对转让住房收入计算个人所得税应纳税所得额时，纳税人可凭原购房合同、发票等有效凭证，经税务机关审核后，允许从其转让收入中减除房屋原值、转让住房过程中缴纳的税金及有关合理费用。(国税发［2006］108号)

(2) 对个人转让自用5年以上、并且是家庭唯一生活用房取得的所得，继续免征个人所得税。(财税字 [1999] 278号)

3. 对个人投资者申购和赎回开放式证券投资基金单位取得的差价收入，暂不征收个人所得税。(财税 [2002] 128号)

4. 基金分配收入免税。对投资者（包括个人和机构投资者）从开放式证券投资基金分配中取得的收入，暂不征收个人所得税和企业所得税。(财税 [2002] 128号)

5. 企业改组改制过程中个人取得的量化资产的有关个人所得税问题。(国税发 [2000] 60号)

(1) 对职工个人以股份形式取得的仅作为分红依据，不拥有所有权的企业量化资产，不征收个人所得税。

(2) 对职工个人以股份形式取得的拥有所有权的企业量化资产，暂缓征收个人所得税；待个人将股份转让时，就其转让收入额，减除个人取得该股份时实际支付的费用支出和合理转让费用后的余额，按"财产转让所得"项目计征个人所得税。

三、劳务报酬所得的税收优惠

1. 对个人从事技术转让、提供劳务等过程中所支付的中介费，能够提供有效、合法凭证的，允许从其所得中扣除。(财税字 [1994] 020号)

2. 营销费用扣除。保险营销员的佣金由展业成本和劳务报酬构成。按照税法规定，对佣金中的展业成本，不征收个人所得税；对劳务报酬部分，扣除实际缴纳的营业税金及附加后，依照税法有关规定计算征收个人所得税。根据目前保险营销员展业的实际情况，佣金中展业成本的比例暂定为40%。(国税函 [2006] 454号)

四、稿酬所得的税收优惠

稿酬所得，适用比例税率，税率为20%，并按应纳税额减征30%（即实

际税率14%)。(《个人所得税法》第三条)

五、利息、股息、红利所得的税收优惠

1. 对纳税人取得的国债和国家发行的金融债券利息免纳个人所得税。(《个人所得税法》第四条)

2. 股份制企业用资本公积金转增个人股本，不属于股息、红利所得，不征收个人所得税。(国税发［1997］198号)

3. 对个人投资者从证券投资基金分配中获得的国债利息、买卖股票价差收入，暂不征收个人所得税。对个人投资者从买卖证券投资基金单位获得的差价收入，暂不征收个人所得税。(财税字［1998］55号)

4. 个人为其子女（或被监护人）接受非义务教育（指九年义务教育之外的全日制高中、大中专、大学本科、硕士和博士研究生）在储蓄机构开立教育储蓄专户，并享受利率优惠的存款，其所取得的利息免征个人所得税。(国税发［2005］148号)

六、偶然所得的税收优惠

1. 下列各项个人所得，免纳个人所得税：(《个人所得税法》第四条)

（1）省级人民政府、国务院部委和中国人民解放军军以上单位，以及外国组织、国际组织颁发的科学、教育、技术、文化、卫生、体育、环境保护等方面的奖金；

（2）保险公司支付的保险赔款。

2. 个人举报、协查各种违法、犯罪行为而获得的奖金，暂免征个人所得税。(财税［1994］20号)

3. 个人购买社会福利有奖募捐彩票和体育彩票，一次中奖收入不超过1万元的，免征个人所得税。超过1万元的，全额征收个人所得税。(国税发［1994］127号)

4. 对于个人自己缴纳有关商业保险费而取得的无赔款优待收入（保险费

全部返还个人的保险除外)，不作为个人应税所得，不征收个人所得税。(国税发［1999］58号)

5. 个人取得单张有奖发票奖金所得不超过800元(含800元)的，暂免征收个人所得税。(财税［2007］34号)

七、外籍人士的个人所得税适用的税收优惠

1. 外籍个人的下列所得，免征个人所得税：(财税字［1994］第20号，财税［2004］29号)

(1) 外籍个人以非现金形式或实报实销形式取得的住房补贴、伙食补贴、搬迁费、洗衣费；

(2) 外籍个人按合理标准取得的境内、外出差补贴；

(3) 外籍个人取得的探亲费、语言培训费、子女教育费等，经审核批准为合理的部分；

(4) 外籍个人从外商投资企业取得的股息、红利所得。

2. 境外支付所得免税。在中国境内无住所，且在一个纳税年度中在中国境内连续或累计居住不超过90天或在税收协定规定的期间中在中国境内连续或累计居住不满183天的个人(即非居民纳税人)，其来源于中国境内的所得，由境外雇员支付并且不由该雇员在中国境内的机构、场所负担的部分，免征个人所得税。(《个人所得税法实施条例》第七条、国税发［1994］148号)

3. 境外所得免税。

(1) 在中国境内无住所，而在一个纳税年度中在中国境内连续或累计居住不超过90天，或在税收协定规定的期间内在中国境内连续或累计居住超过183天但不满1年的个人(即非居民纳税人)，其来源于中国境外的所得，除担任中国境内企业董事或高层管理职务的个人外，不论是由境内企业和境外企业支付的所得，均免征个人所得税。(国税发［1994］148号)

(2) 在中国境内无住所，但在境内居住满1年而不超过5年的个人(即居民纳税人)，其在中国境外的所得，仅对由中国境内企业和个人支付的部分

征收个人所得税，对由中国境外企业和个人支付的境外所得，免征个人所得税。（《个人所得税法实施条例》第六条、国税发［1994］148号）

八、公益捐赠税前扣除规定

1. 纳税人将其所得通过中国境内的社会团体、国家机关向教育和其他社会公益事业以及遭受自然灾害地区、贫困地区的捐赠，其捐赠额不超过年应纳税所得额30%的部分，可以据实扣除。（《个人所得税法实施条例》第二十四条）

2. 对纳税人通过非营利性公益组织或国家机关对宣传文化事业的捐赠，捐赠额不超过应纳税所得额30%的部分，可从其应纳税所得额中扣除。（国发［2000］41号）

3. 在按国家规定实行社会保障体系试点的地区，对纳税人向慈善机构、基金会等非营利机构的公益、救济性捐赠，准予在缴纳个人所得税前全额扣除。（财税［2001］9号）

4. 农村义务教育捐赠扣除。从2001年7月1日起，对纳税人通过非营利的社会团体和国家机关向农村义务教育的捐赠，准予在缴纳个人所得税前全额扣除。（财税［2001］88号）

操作要点

◆ **要点一：个人所得税应纳税所得额的计算**

1. 劳务报酬所得、稿酬所得、特许权使用费所得、财产租赁所得，每次收入不超过4 000元的，减除费用800元；4 000元以上的，减除20%的费用，其余额为应纳税所得额。

2. 财产转让所得，以转让财产的收入额减除财产原值和合理费用后的余额，为应纳税所得额。

3. 利息、股息、红利所得，偶然所得和其他所得，以每次收入额为应纳税所得额。

4. 个人将其所得对教育事业和其他公益事业捐赠的部分，按照国务院有关规定从应纳税所得中扣除。

5. 对在中国境内无住所而在中国境内取得工资、薪金所得的纳税义务人和在中国境内有住所而在中国境外取得工资、薪金所得的纳税义务人，可以根据其平均收入水平、生活水平以及汇率变化情况确定附加减除费用，附加减除费用适用的范围和标准由国务院规定。

◆ 要点二：个人所得的形式的税务处理

个人所得包括现金、实物、有价证券和其他形式的经济利益，所得为实物的，应当按照取得的凭证上所注明的价格计算应纳税所得额；无凭证的实物或者凭证上所注明的价格明显偏低的，参照市场价格核定应纳税所得额。所得为有价证券的，根据票面价格和市场价格核定应纳税所得额。所得为其他形式的经济利益的，参照市场价格核定应纳税所得额。

◆ 要点三：免纳个人所得税的“福利费、抚恤金、救济金”

福利费，是指根据国家有关规定，从企业、事业单位、国家机关、社会团体提留的福利费或者工会经费中支付给个人的生活补助费；所说的救济金，是指各级人民政府民政部门支付给个人的生活困难补助费。

办税指引

纳税人享受减税照顾期间，应当按规定办理个人所得税纳税申报；扣缴义务人对享受减征照顾的纳税人进行明细申报。

对需要报批或备案的减免税项目，应依照规定向主管税务机关提交相关文书。

小玮答疑

李先生：**小玮，个人对文化事业捐赠方面有哪些优惠？**

叶小玮：根据国发［2000］41 号文件，对纳税人通过非营利性公益组织或国家机关对下列宣传文化事业的捐赠，捐赠额不超过应纳税所得额 30%的部分，可从其应纳税所得额中扣除：

1. 对国家重点交响乐团、芭蕾舞团、歌剧团、京剧团和其他民族艺术表演团体的捐赠；

2. 对公益性图书馆、博物馆、科技馆、美术馆、革命历史纪念馆的捐赠；

3. 对重点文物保护单位的捐赠；

4. 对文化行政管理部门所属的非生产经营性的文化馆或群众艺术馆接受的社会公益性活动、项目和文化设施等方面的捐赠。

钟会计：**个人取得现金、实物、有价证券和其他形式的经济利益如何计征个人所得税？**

叶小玮：根据《个人所得税法实施条例》第十条规定，个人所得的形式，包括现金、实物、有价证券和其他形式的经济利益。所得为实物的，应当按照取得的凭证上所注明的价格计算应纳税所得额；无凭证的实物或者凭证上所注明的价格明显偏低的，参照市场价格核定应纳税所得额。所得为有价证券的，根据票面价格和市场价格核定应纳税所得额。所得为其他形式的经济利益的，参照市场价格核定应纳税所得额。

王经理：**个人投资者从上市公司取得的股息红利所得，如何缴纳个人所得税？**

叶小玮：根据《财政部 国家税务总局关于股息红利个人所得税有关政策的通知》（财税［2005］102号）第一条规定："对个人投资者从上市公司取得的股息红利所得，暂减按50%计入个人应纳税所得额，依照现行税法规定计征个人所得税。"

蔡小姐：**企业和单位在营销活动中以折扣折让、赠品、抽奖等方式，向个人赠送现金、消费券、物品、服务等，如何缴纳个人所得税？**

叶小玮：根据《财政部 国家税务总局关于企业促销展业赠送礼品有关个

人所得税问题的通知》(财税［2011］50号)规定：

1. 企业在销售商品（产品）和提供服务过程中向个人赠送礼品，属于下列情形之一的，不征收个人所得税：

(1) 企业通过价格折扣、折让方式向个人销售商品（产品）和提供服务；

(2) 企业在向个人销售商品（产品）和提供服务的同时给予赠品，如通信企业对个人购买手机赠话费、入网费，或者购话费赠手机等；

(3) 企业对累积消费达到一定额度的个人按消费积分反馈礼品。

2. 企业向个人赠送礼品，属于下列情形之一的，取得该项所得的个人应依法缴纳个人所得税，税款由赠送礼品的企业代扣代缴：

(1) 企业在业务宣传、广告等活动中，随机向本单位以外的个人赠送礼品，对个人取得的礼品所得，按照“其他所得”项目，全额适用20%的税率缴纳个人所得税。

(2) 企业在年会、座谈会、庆典以及其他活动中向本单位以外的个人赠送礼品，对个人取得的礼品所得，按照“其他所得”项目，全额适用20%的税率缴纳个人所得税。

(3) 企业对累积消费达到一定额度的顾客，给予额外抽奖机会，个人的获奖所得，按照“偶然所得”项目，全额适用20%的税率缴纳个人所得税。

3. 企业赠送的礼品是自产产品（服务）的，按该产品（服务）的市场销售价格确定个人的应税所得；是外购商品（服务）的，按该商品（服务）的实际购置价格确定个人的应税所得。

伍先生：**个人购买体育彩票中奖收入是否缴纳个人所得税?**

叶小玮：根据《财政部 国家税务总局关于个人取得体育彩票中奖所得征免个人所得税问题的通知》(财税字［1998］12号)规定：“为了有利于动员全社会力量资助和发展我国的体育事业，经研究决定，对个人购买体育彩票中奖收入的所得税政策作如下调整：凡一次中奖收入不超过1万元的，暂免征收个人所得税；超过1万元的，应按税法规定全额征收个人所得税。”

第七篇

其他税种 最新优惠

土地增值税减免优惠 ·

城镇土地使用税减免优惠 ·

房产税减免优惠 ·

耕地占用税减免优惠 ·

契税减免优惠 ·

城市维护建设税与教育费附加减免优惠 ·

印花税减免优惠 ·

……

40 土地增值税减免优惠

【优惠提要】

土地增值税是合理调节土地增值收益的政策，企业能享受的减免空间不大，但可以通过合理运用税收筹划达到节税目标。

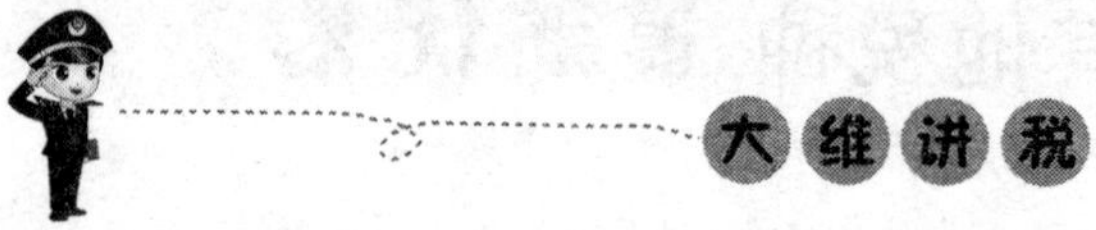

房地产项目土地增值税清算哪些可以扣除？

【案例 7—1】 宏发集团成立项目公司开发一个房地产项目，取得销售收入 1 800 万元，该项目所在地城建税税率为 7%，教育费附加征收率为 3%。开发该项目共支付地价款 200 万元（含相关手续费 2 万元），开发成本 400 万元，贷款利息支出无法准确分摊。已知该地区人民政府确定的费用计提比例为 10%。该项目在清算计算应交纳土地增值税时哪些可以扣除？

叶大维： 房地产开发企业办理土地增值税清算时计算与清算项目有关的扣除项目金额，应根据《土地增值税暂行条例》第六条及其实施细则第七条的规定执行。除另有规定外，扣除取得土地使用权所支付的金额、房地产开发成本、费用及与转让房地产有关税金，须提供合法有效凭证；不能提供合法有效凭证的，不予扣除。

房地产开发企业办理土地增值税清算所附送的前期工程费、建筑安装工程费、基础设施费、开发间接费用的凭证或资料不符合清算要求或不实的，地方税务机关可参照当地建设工程造价管理部门公布的建安造价定额资料，结合房屋结构、用途、区位等因素，核定上述四项开发成本的单位面积金额标准，并据以计算扣除。

房地产开发企业开发建造的与清算项目配套的居委会和派出所用房、会所、停车场（库）、物业管理场所、变电站、热力站、水厂、文体场馆、学校、幼儿园、托儿所、医院、邮电通信等公共设施，按以下原则处理：

1. 建成后产权属于全体业主所有的，其成本、费用可以扣除；

2. 建成后无偿移交给政府、公用事业单位用于非营利性社会公共事业的，其成本、费用可以扣除；

3. 建成后有偿转让的，应计算收入，并准予扣除成本、费用。

房地产开发企业销售已装修的房屋，其装修费用可以计入房地产开发成本。

房地产开发企业的预提费用，除另有规定外，不得扣除。属于多个房地产项目共同的成本费用，应按清算项目可售建筑面积占多个项目可售总建筑面积的比例或其他合理的方法，计算确定清算项目的扣除金额。

在根据上面的规定，宏发集团的该房地产项目土地增值税清算可以扣除项目包括：支付地价款 200 万元；支付开发成本 400 万元；扣除开发费用（200＋400）×10％＝60（万元）；扣除税金 1 800×5％×（1＋7％＋3％）＝99（万元）；加计扣除费用：（200＋400）×20％＝120（万元）。

优惠政策

一、一般减免

1. 建造普通标准住宅出售免税。

《土地增值税暂行条例》及其实施细则、财税［2006］21 号文规定，建造普通标准住宅出售，其增值率未超过 20％的，予以免税。增值率超过 20％的，应就其全部增值额按规定计税。

2. 政府征用、收回的房地产免征土地增值税。

《土地增值税暂行条例》及其实施细则规定，因国家建设需要依法征用、收回的房地产，是指因城市实施规划、国家建设的需要而被政府批准征用的房产或收回的土地使用权。因城市实施规划、国家建设的需要而搬迁，由纳税人自行转让原房地产的，比照本规定免征土地增值税。

3. 个人转让住房免征土地增值税。

《财政部 国家税务总局关于调整房地产交易环节税收政策》（财税［2008］137号）规定，从2008年11月1日起，居民个人转让住房免征土地增值税。

二、特殊减免税

《财政部 国家税务总局关于土地增值税一些具体问题规定的通知》（财税字［1995］48号）规定如下：

1. 对于一方出地，一方出资金，双方合作建房，建成后按比例分房自用的，暂免征收土地增值税；建成后转让的，应征收土地增值税。

2. 在企业兼并中，对被兼并企业将房地产转让到兼并企业中的，暂免征收土地增值税。

3. 对个人之间互换自有居住用房地产的，经当地税务机关核实，可以免征土地增值税。

4. 企业兼并，被兼并企业将房地产转让到兼并企业中的免税。

5. 对于以房地产进行投资、联营的，投资、联营的一方以土地（房地产）作价入股进行投资或作为联营条件，将房地产转让到所投资、联营的企业中时，暂免征收土地增值税。对投资、联营企业将上述房地产再转让的，应征收土地增值税。

三、棚户区改造及廉租房等优惠

1.《关于棚户区改造有关税收政策的通知》（财税［2013］101号）规定：

企事业单位、社会团体以及其他组织转让旧房作为改造安置住房房源且增值额未超过扣除项目金额20%的，免征土地增值税。

2.《关于廉租住房经济适用住房和住房租赁有关税收政策的通知》财税[2008] 24号规定：企事业单位、社会团体以及其他组织转让旧房作为廉租房、经济适用房房源且增值额未超过扣除项目金额20%的，免征土地增值税。

四、金融机构土地增值税减免

1. 对经国务院批准成立的中国信达资产管理公司、中国华融资产管理公司、中国长城资产管理公司和中国东方资产管理公司及其经批准分设于各地的分支机构，转让房地产取得的收入，免征土地增值税。(财税 [2001] 10号)

2. 对被撤销金融机构财产用来清偿债务时，免征被撤销金融机构转让不动产应缴纳的土地增值税。(财税 [2003] 141号)

3. 对中国信达资产管理公司、中国华融资产管理公司、中国长城资产管理公司和中国东方资产管理公司转让房地产取得的收入，免征土地增值税。(财税 [2001] 10号)

五、不征土地增值税的房地产赠与行为

《财政部 国家税务总局关于土地增值税一些具体问题规定的通知》(财税字 [1995] 48号) 规定：

1. 房产所有人、土地使用权所有人将房屋产权、土地使用权赠与直系亲属或承担直接赡养义务人的行为。

2. 房产所有人、土地使用权所有人通过中国境内非营利的社会团体、国家机关将房屋产权、土地使用权赠与教育、民政和其他社会福利、公益事业的行为。

操作要点

◆ 要点一：免征土地增值税的普通标准住宅标准

普通标准住宅免征土地增值税，普通住宅标准可按照《国务院办公厅转发建设部等部门关于做好稳定住房价格工作意见的通知》（国办发［2005］第026号）第五条规定掌握，即普通住宅原则上应同时满足以下条件：

（1）住宅小区建筑容积率在1.0以上；

（2）单套建筑面积在120平方米以下；

（3）实际成交价格低于同级别土地上住房平均交易价格1.2倍以下。

对于上述条件，各省、自治区、直辖市可根据实际情况，制定本地区享受优惠政策普通住房的具体标准。但单套建筑面积和价格标准向上浮动的比例不得超过上述标准的20%。

◆ 要点二：既建普通标准住宅又搞其他类型房地产开发计税规定

对于纳税人既建造普通标准住宅又搞其他房地产开发的，应分别核算增值额。不分别核算增值额或不能准确核算增值额的，其建造的普通标准住宅不能适用这一免税规定。

◆ 要点三：征用、收回的规定

因国家建设需要依法征用、收回的房地产，是指因城市实施规划、国家建设的需要而被政府批准征用的房产或收回的土地使用权。因城市实施规划、国家建设的需要而搬迁，由纳税人自行转让原房地产的，比照本规定免征土地增值税。因“城市实施规划”而搬迁，是指因旧城改造或因企业污染、扰民（指产生过量废气、废水、废渣和噪音，使城市居民生活受到一定危害），而由政府或政府有关主管部门根据已审批通过的城市规划确定进行搬迁的情况；因“国家建设的需要”而搬迁，是指因实施国务院、省级人民政府、国务院有关部委批准的建设项目而进行搬迁的情况。符合上述免税规定的单位和个人，须向房地产所在地税务机关提出免税申请，经税务机关审核后，免予征收土地增值税。

◆ **要点四：个人之间互换自有居住用房地产免征的规定**

个人之间互换自有居住用房地产的，经当地税务机关核实，可以免征土地增值税。对居民个人拥有的普通住宅，在其转让时暂免征收土地增值税。个人因工作调动或改善居住条件而转让原自用非普通住房，经向税务机关申报核准，凡居住满5年或5年以上的，免予征收土地增值税；居住满3年未满5年的，减半征收土地增值税。居住未满3年的，按规定计征土地增值税。

◆ **要点五：投资、联营、合作建房的规定**

对于以房地产进行投资、联营的，投资、联营的一方以土地（房地产）作价入股进行投资或作为联营条件，将房地产转让到所投资、联营的企业中时，暂免征收土地增值税。对投资、联营企业将上述房地产再转让的，应征收土地增值税。但所投资、联营的企业从事房地产开发的，或者房地产开发企业以其建造的商品房进行投资和联营的，自2006年3月2日起，停止享受上述免税政策。对于一方出地，一方出资金，双方合作建房，建成后按比例分房自用的，暂免征收土地增值税；建成后转让的，应征收土地增值税。在企业兼并中，对被兼并企业将房地产转让到兼并企业中的，暂免征收土地增值税。

办税指引

纳税人符合减免条件，应到主管税务机关报批或备案，按规定报送相关资料（见表7—1）。

表7—1 土地增值税减免审批（备案）办理

减免事项	报送资料
因国家建设需要而被政府征用、收回房地产的土地增值税减免	1. 减免税申请表 2. 法人提供税务登记证件，自然人提供身份证原件及复印件 3. 依法征用、收回的房地产产权证及复印件（有契税完税凭证或购房发票的一并提供） 4. 政府依法征用、收回的房地产协议及有关证明文件原件和复印件 5. 主管税务机关要求报送的其他资料

续表

减免事项	报送资料
以房地产进行投资、联营的符合减免税规定的土地增值税减免	1. 减免税申请表 2. 联营双方或投资方、被投资方企业税务登记证件 3. 投资或作价入股的房地产产权证及复印件（有契税完税凭证或购房发票的一并提供） 4. 被投资和联营企业验资报告 5. 投资、联营协议或合同 6. 主管税务机关要求报送的其他资料
对于一方出地，一方出资金，双方合作建房，建成后按比例分房自用的	1. 减免税申请表 2. 合作建房合同 3. 税务登记证件 4. 主管税务机关要求报送的其他资料
在企业兼并中，对被兼并企业将房地产转让到兼并企业中的土地增值税减免	1. 减免税申请表 2. 兼并和被兼并企业税务登记证件 3. 被兼并企业房地产产权证及复印件（有契税完税凭证或购房发票的一并提供） 4. 企业兼并协议以及有关方面的文件 5. 主管税务机关要求报送的其他资料
转让旧房作为廉租住房、经济适用住房且增值额未超过扣除项目金额20%的土地增值税减免，应当在产权变更前申请	1. 减免税申请表 2. 房屋、土地权属证明 3. 有关政府文件、合同等 4. 主管税务机关要求报送的其他资料
被撤销金融机构转让不动产的土地增值税减免	1. 减免税申请表 2. 银监部门撤销金融机构的文件 3. 房屋、土地权属证明 4. 土地、房屋的评估报告书 5. 合同的复印件 6. 主管税务机关要求报送的其他资料
纳税人建造普通标准住宅出售，增值额未超过实施细则第七条（一）、（二）、（三）、（五）、（六）项扣除项目金额之和20%的，免征土地增值税	1. 减免税申请表 2. 房地产开发合同（或合建建议书）复印件 3. 土地受让合同复印件 4. 建设项目计划批复文件复印件 5. 建设工程规划批复复印件 6. 规划委批准的普通标准住宅设计图复印件 7. 根据税务机关要求填写《普通标准住宅审核表》 8. 主管税务机关要求提供的其他相关材料

备注：各地报送资料有差异，以当地要求为准。

小玮答疑

吴薇薇：**小玮，我们公司的房产项目配建了一部分经济适用房，请问销售经济适用房的车库等，是否可享受土地增值税的优惠政策？**

答：房地产开发企业转让经济适用房车库等，其面积并入经济适用房面积，其合计数未超过经济适用房标准的，享受经济适用房政策，其合计数超过经济适用房标准的，所转让房产与车库等均不作为经济适用房，不应享受经济适用房优惠政策。

吴薇薇：**我们的项目按要求配建了幼儿园，将建好的幼儿园的产权无偿转让给教育局使用，是否要缴土地增值税？另外，为了请明星代言，项目把其中一套别墅送给代言明星，是否要交土地增值税？**

叶小玮：根据《土地增值税暂行条例实施细则》及《财政部 国家税务总局关于土地增值税一些具体问题规定的通知》（财税［1995］48号）的规定，条例第二条所称的转让国有土地使用权、地上的建筑物及其附着物并取得收入，是指以出售或者其他方式有偿转让房地产的行为，不包括以继承、赠与方式无偿转让房地产的行为。《财政部 国家税务总局关于土地增值税一些具体问题规定的通知》（财税字［1995］48号）第四条规定：细则所称的“赠与”是指如下情况：房产所有人、土地使用权所有人将房屋产权、土地使用权赠与直系亲属或承担直接赡养义务人的；房产所有人、土地使用权所有人通过中国境内非营利的社会团体、国家机关将房屋产权、土地使用权赠与教育、民政和其他社会福利、公益事业的。

因此，企业将建好的幼儿园的产权无偿转让给教育局使用，不要缴土地增值税，而将别墅赠送给演艺明星的行为，是需要缴纳土地增值税。同样，个人将其拥有的房产赠与其子女，对其行为不征收土地增值税。

李先生：**我个人出售我的住房是否要缴纳土地增值税？**

叶小玮：依据《关于调整房地产交易环节税收政策的通知》（财税[2008]137号）文件的规定：从2008年11月1日起，对个人销售住房暂免征收土地增值税。

张老板：**请问以房地产进行投资、联营，在土地增值税方面有什么优惠规定？**

叶小玮：对于以房地产进行投资、联营的，投资、联营的一方以土地（房地产）作价入股进行投资或作为联营条件，将房地产转让到所投资、联营的企业中时，暂免征收土地增值税。对投资、联营企业将上述房地产再转让的，应征收土地增值税。

郭会计：**我们公司兼并了一家企业，请问企业兼并转让房地产到企业中是否要缴纳土地增值税？**

叶小玮：在企业兼并中，对被兼并企业将房地产转让到兼并企业中的，暂免征收土地增值税。

王经理：**我们公司的一块土地被罚缴闲置费和契税滞纳金，请问土地闲置费及契税滞纳金是否可在计算土地增值税时扣除？**

叶小玮：根据《土地增值税暂行条例》第六条和《土地增值税暂行条例实施细则》第七条的规定，对于企业因违约而承受的处罚性开支，如土地闲置费及契税滞纳金等，不属于按税法规定正常开支的成本费用和国家统一规定交纳的有关费用，以及在转让环节缴纳税金的范畴，不能作为扣除项目金额。因此，在计征土地增值税时不能予以扣除。

41 城镇土地使用税减免优惠

【优惠提要】

土地使用税以纳税人实际占用的土地面积为计税依据，减免项目较多，除了条例上的规定，陆续出台的文件补充了不少减免税项目。

大维讲税

企业搬迁后空置场地可否申报免缴城镇土地使用税？

【案例 7－2】按照穗城区旧城改造的要求，宏发集团把位于城区的一间工厂搬进位于郊区的工业园，原市区的工厂场地暂时不再使用了。由于该地块每年要交一笔不小的城镇土地使用税，工厂搬迁后，吴薇薇就向税务局咨询，该地块是否可以免缴城镇土地使用税？

叶大维：根据新修改的《城镇土地使用税暂行条例》的规定，土地使用税以纳税人实际占用的土地面积为计税依据，依照规定税额计算征收。同时，《国家税务总局关于城镇土地使用税部分行政审批项目取消后加强后续管理工作的通知》（国税函［2004］939 号）规定，对搬迁后原场地不使用的和企业范围内荒山等尚未利用的土地，凡企业申报暂免征收城镇土地使用税的，应事先向土地所在地的主管税务机关报送有关部门的批准文件或认定书等相关证明材料，以备税务机关查验。也就是说，纳税人如果要求免税，必须符合相关程序，经企业自行申报方可免征城镇土地使用税，否则一律征税。纳税人在享受这一税收优惠政策时，应注意以下三点事项：一是注意企业搬迁后原场地必须是不使用。二是注意企业享受该项税收优惠政策的时间规定。如果企业按上述规定暂免征收城镇土地使用税的土地开始使用时，应从使用的次月起自行计算和申报缴纳城镇土地使用税。三是注意企业享受税收优惠时应报送的备案资料。纳税人申请报批类减免税的，应当在政策规定的减免税期限内，向主管税务机关提出书面申请，并报送真实的书面资料。

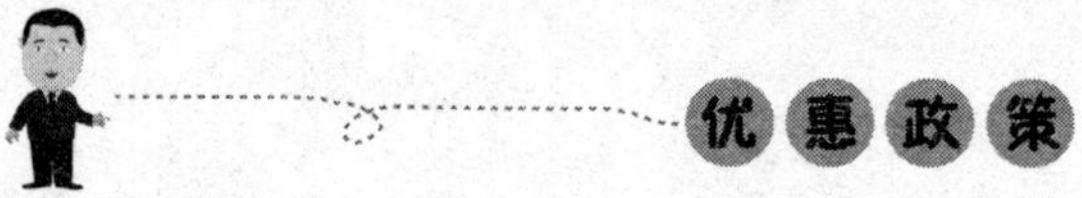

一、城镇土地使用税减免优惠基本规定

根据《城镇土地使用税暂行条例》、《关于土地使用税若干具体问题的解释和暂行规定》（国税地字［1988］第015号），下列土地免缴土地使用税：

1. 国家机关、人民团体、军队自用的土地。

人民团体是指经国务院授权的政府部门批准设立或登记备案并由国家拨付行政事业费的各种社会团体。

国家机关、人民团体、军队自用的土地，是指这些单位本身的办公用地和公务用地。

2. 由国家财政部门拨付事业经费的单位自用的土地。

由国家财政部门拨付事业经费的单位，是指由国家财政部门拨付经费、实行全额预算管理或差额预算管理的事业单位。不包括实行自收自支、自负盈亏的事业单位。

事业单位自用的土地，是指这些单位本身的业务用地。

企业办的学校、医院、托儿所、幼儿园，其用地能与企业其他用地明确区分的，可以比照由国家财政部门拨付事业经费的单位自用的土地，免征城镇土地使用税。

3. 宗教寺庙、公园、名胜古迹自用的土地。

宗教寺庙自用的土地，是指举行宗教仪式等的用地和寺庙内的宗教人员生活用地。

公园、名胜古迹自用的土地，是指供公共参观游览的用地及其管理单位的办公用地。

公园、名胜古迹中附设的营业单位，如影剧院、饮食部、茶社、照相馆等使用的土地，应征收土地使用税。

4. 市政街道、广场、绿化地带等公共用地。

非社会性的公共用地不能免税，如企业内的广场、道路、绿化等占用的土地。

5. 直接用于农、林、牧、渔业的生产用地。

直接用于农、林、牧、渔业的生产用地，是指直接从事于种植、养殖、饲养的专业用地，不包括农副产品加工场地和生活、办公用地。

6. 开山填海整治的土地。

自行开山填海整治的土地和改造的废弃土地，从使用的月份起免缴土使用税 5 年至 10 年。

开山填海整治的土地是指纳税人经有关部门批准后自行填海整治的土地，不包括纳税人通过出让、转让、划拨等方式取得的已填海整治的土地。

7. 由财政部另行规定免税的能源、交通、水利用地和其他用地。

此外，个人所有的居住房屋及院落用地，房产管理部门在房租调整改革前经租的居民住房用地，免税单位职工家属宿舍用地，民政部门举办的安置残疾人占一定比例的福利工厂用地，集体和个人举办的各类学校、医院、托儿所、幼儿园用地等的征免税，由各省、自治区、直辖市地方税务局确定。

二、城镇土地使用税减免优惠常见的特殊规定

根据《关于土地使用税若干具体问题的补充规定》（国税地［1989］140 号）规定：

1. 城镇内的集贸市场（农贸市场）用地。

城镇内的集贸市场（农贸市场）用地，按规定应征收城镇土地使用税。

为了促进集贸市场的发展及照顾各地的不同情况各省、自治区、直辖市税务局可根据具体情况，自行确定对集贸市场用地征收或者免征城镇土地使用税。

2. 防火、防爆、防毒等安全防范用地。

对于各类危险品仓库、厂房所需的防火、防爆、防毒等安全防范用地，可由各省、自治区、直辖市税务局确定，暂免征收城镇土地使用税；对仓库库区、厂房本身用地，应依法征收城镇土地使用税。

3. 企业的铁路专用线、公路等用地。

对企业的铁路专用线、公路等用地除另有规定者外，在企业厂区（包括生产、办公及生活区）以内的，应照章征收城镇土地使用税；在厂区以外、与社会公用地段未加隔离的，暂免征收城镇土地使用税。

4. 企业范围内的荒山、林地、湖泊等占地。

对企业范围内的荒山、林地、湖泊等占地，尚未利用的，可暂免征收城镇土地使用税。

5. 企业的绿化用地。

对企业厂区（包括生产、办公及生活区）以内的绿化用地，应照章征收城镇土地使用税，厂区以外的公共绿化用地和向社会开放的公园用地，暂免征收城镇土地使用税。

6. 搬迁企业的用地。（国税函［2004］939号文件修订）

企业搬迁后原场地不使用的、企业范围内荒山等尚未利用的土地，免征城镇土地使用税。免征税额由企业在申报缴纳城镇土地使用税时自行计算扣除，并在申报表附表或备注栏中作相应说明。

三、其他文件减免规定

1. 自2012年1月1日起至2014年12月31日止，对物流企业自有的（包括自用和出租）大宗商品仓储设施用地，减按所属土地等级适用税额标准的50%计征城镇土地使用税。（财税［2012］13号）

2. 自2013年1月1日至2015年12月31日止，对专门经营农产品的农产品批发市场、农贸市场使用的房产、土地，暂免征收房产税和城镇土地使用税。对同时经营其他产品的农产品批发市场和农贸市场使用的房产、土地，按其他产品与农产品交易场地面积的比例确定征免房产税和城镇土地使用税。（财税［2012］68 号）

3. 自 2011 年 7 月 1 日至 2015 年 12 月 31 日，对向居民供热而收取采暖费的供热企业，为居民供热所使用的厂房及土地继续免征房产税、城镇土地使用税。对既向居民供热，又向单位供热或者兼营其他生产经营活动的供热企业，按其向居民供热而取得的采暖费收入占企业总收入的比例免征房产税、城镇土地使用税。（财税［2011］118 号）

4. 自 2013 年 1 月 1 日至 2015 年 12 月 31 日，对城市公交站场、道路客运站场的运营用地，免征城镇土地使用税。城市公交站场运营用地包括城市公交首末车站、停车场、保养场、站场办公用地、生产辅助用地，道路客运站场运营用地包括站前广场、停车场、发车位、站务用地、站场办公用地、生产辅助用地。（财税［2013］20 号）

5. 对在一个纳税年度内月平均实际安置残疾人就业人数占单位在职职工总数的比例高于 25%（含 25%）且实际安置残疾人人数高于 10 人（含 10 人）的单位，可减征或免征该年度城镇土地使用税。具体减免税比例及管理办法由省、自治区、直辖市财税主管部门确定。（财税［2010］121 号）

6. 对已按规定免征城镇土地使用税的企业范围内荒山、林地、湖泊等占地，自 2014 年 1 月 1 日至 2015 年 12 月 31 日，按应纳税额减半征收城镇土地使用税，自 2016 年 1 月 1 日起，全额征收城镇土地使用税。（财税［2014］1 号）

操作要点

◆ **要点一：城镇土地使用税和耕地占用税的区别**

耕地占用税是在全国范围内，就改变耕地用途的行为在土地取得环节一次性征收的税种，目的是保护耕地。而城镇土地使用税是在城市、县城、建制镇和工矿区范围内，在土地的持有和使用环节征收的一种税，目的是引导企业集约、节约土地，促进土地资源的合理配置。城镇土地使用税按年计算，分期缴纳。城镇土地使用税和耕地占用税是在不同环节征收的税种，因此，占用耕地的纳税人在缴纳耕地占用税以后，在土地持有和使用过程中仍要缴纳城镇土地使用税。但是在占用耕地的当年，考虑到纳税人已经支付了较高的补偿费、缴纳了耕地占用税，因此，《城镇土地使用税暂行条例》将其缴纳城镇土地使用税的纳税义务发生时间设置为批准征用耕地的 1 年以后，从而保证耕地占用税和城镇土地使用税的合理衔接。

◆ 要点二：免税单位与纳税单位使用对方土地的纳税规定

对免税单位无偿使用纳税单位的土地（如公安、海关等单位使用铁路、民航等单位的土地），免征城镇土地使用税；对纳税单位无偿使用免税单位的土地，纳税单位应照章缴纳城镇土地使用税。

◆ 要点三：不使用或未利用土地的免征规定

对搬迁后原场地不使用的和企业范围内荒山等尚未利用的土地，凡企业申报暂免征收城镇土地使用税的，应事先向土地所在地的主管税务机关报送有关部门的批准文件或认定书等相关证明材料，以备税务机关查验。具体报送材料由各省、自治区、直辖市和计划单列市地方税务局确定。

◆ 要点四：城镇土地使用税困难减免税审批权

城镇土地使用税困难减免税审批权限下放至县以上地方税务机关。困难减免税按年审批，纳税人申请困难减免税应在规定时限内向主管税务机关或有权审批的税务机关提交书面申请并报送相关资料。纳税人报送的资料应真实、准确、齐全。申请困难减免税的情形、办理流程、时限及其他事项由省地方税务机关确定。省地方税务机关在确定申请困难减免税情形时要符合国家关于调整产业结构和促进土地节约集约利用的要求。对因风、火、水、地震等造成的严重自然灾害或其他不可抗力因素遭受重大损失、从事国家鼓励和扶持产业或社会公益事业发生严重亏损，缴纳城镇土地使用税确有困难的，可给予定期减免税。对从事国家限制或不鼓励发展的产业不予减免税。

办税指引

符合城镇土地使用税政策性减免税规定的纳税人，向主管税务机关提出书面的减免税申请，办理城镇土地使用税政策性减免税的申报手续，并按要求填写减免税申请书（表7—2）。对符合减免税政策的土地，在经过税务部门审批后，在符合政策减免税期间可暂免缴纳土地使用税。纳税人在办理政策性减免税手续时应根据申请减免税的具体内容向税务机关提供有关证明材料。纳税人缴纳土地使用税确有困难需要定期减免的，由省、自治区、直辖市税务机关审核，其他土地使用税和房产税的减免审批事项一般由地方税务机关审批或备案。

表7—2　城镇土地使用税减免审批（备案）

减免事项	附报的主要资料
1. 企业搬迁后原场地不使用的、企业范围内荒山、林地、湖泊等尚未利用的土地减免	企业搬迁前原场地的土地使用权证；土地管理部门的相关证明
2. 直接用于农、林、牧、渔业的生产用地	直接用于农、林、牧、渔业的生产用地证明
3. 开山填海整治的土地和改造废弃土地减免	县以上土地管理机关出具的开山填海整治的土地和改造废弃土地证明
4. 防火、防爆、防毒等安全防范用地	武警消防队、劳动局等有关部门的规定的防火、防爆、防毒等安全防范用地证明
5. 矿山、核电、煤炭、电力、民航机场等企业	企业相关用地证明
6. 水利设施	水利设施相关用地证明
7. 交通港口	港口相关用地证明
8. 林业用地	林业相关用地证明

续表

减免事项	附报的主要资料
9. 安置残疾人就业单位	1. 纳税人与安置的每位残疾人签订的一年以上（含一年）的劳动合同或服务协议及复印件 2. 已安置残疾职工名单及其《中华人民共和国残疾人证》或《中华人民共和国残疾军人证（1至8级）》及复印件 3. 为安置的每位残疾人按月缴纳的基本养老保险、基本医疗保险、失业保险和工伤保险等社会保险的情况证明 4. 支付职工工资表，以及定期通过银行等金融机构向安置的每位残疾人实际支付的工资证明
10. 物流企业大宗商品仓储设施用地	物流企业大宗商品仓储设施用地且与社会公用地段未加隔离的相关证明
11. 企业厂区外的铁路专用线、公路等用地	企业厂区外的铁路专用线、公路等用地相关证明
12. 城市公交站场、道路客运站场用地	县级以上（含县级）人民政府交通运输主管部门等批准为公众及旅客、运输经营者提供站务服务的场所

备注：报送资料按各地主管税务机关的要求

小玮答疑

蔡先生：**我想到城郊开办一家观光农场，请问经营采摘、观光农业用土是否要缴纳城镇土地使用税？**

叶小玮：根据《关于房产税城镇土地使用税有关政策的通知》（财税[2006] 186号）规定：在城镇土地使用税征收范围内经营采摘、观光农业的单位和个人，其直接用于采摘、观光的种植、养殖、饲养的土地，根据《中华人民共和国城镇土地使用税暂行条例》第六条中“直接用于农、林、牧、渔业的生产用地”的规定，免征城镇土地使用税。

蔡先生：**那如果我在林场中经营一家农家乐，在林场建立度假村等休闲**

娱乐场所，是否征收城镇土地使用税？

叶小玮：根据《关于房产税城镇土地使用税有关政策的通知》（财税[2006] 186号）规定，在城镇土地使用税征收范围内，利用林场土地兴建度假村等休闲娱乐场所的，其经营、办公和生活用地，应按规定征收城镇土地使用税。

黄先生：**听说企业关闭撤销后，其占地未作他用的可暂免缴纳城镇土地使用税？**

叶小玮：《国家税务局关于印发〈关于土地使用税若干具体问题的补充规定〉的通知》（国税地字［1989］140号）是有这样的暂免优惠，但根据《财政部 国家税务总局关于调整城镇土地使用税有关减免税政策的通知》（财税[2004] 180号）规定：取消《关于土地使用税若干具体问题的补充规定》中第九条“企业关闭、撤销后，其占地未作他用的，经各省、自治区、直辖市税务局批准，可暂免征收土地使用税”的规定。因此，企业停产、破产撤销期间及停产、撤销后，对其拥有的房产，不论是否闲置，均应照章征收房产税；企业关闭、撤销后，对其占用的土地，不论是否闲置，均应照章征收城镇土地使用税。这意味着：自2004年7月1日起，企业关闭、撤销后，其占地未作他用的，需要缴纳城镇土地使用税。

42 房产税减免优惠

【优惠提要】

房产税是以房屋为征税对象，按房屋的计税余值或租金收入为计税依据，向产权所有人征收的一种财产税。但并不是所有房屋都要收取房产税，目前个人非营业用房等仍可免税。

大维讲税

厂房修理可否享受减免优惠？

【案例7—3】 宏发公司拥有多处房产，吴薇薇核算公司须缴交的房产税，公司有2个厂房，其中一处正在使用，另一处由于去年遭受台风，进行修理。公司有5套住房，其中2套出租给公司经营使用，还有3套以按政府规定出租廉租住房的价格向职工出租，吴薇薇想知道根据政策公司哪些房产可享受减免优惠？

叶大维：根据《关于房产税部分行政审批项目取消后加强后续管理工作的通知》（国税函［2004］839号）的规定，自2004年7月1日起，纳税人因房屋大修导致连续停用半年以上的，在房屋大修理期间免征房产税，免征额由纳税人在申报缴纳房产税时自行计算扣除，并在申报表附表或备注栏中作相应说明。如果宏发公司修理的厂房符合此规定，可享受减免，纳税人还应在房屋大修前向主管税务机关报送相关的证明材料，包括大修房屋的名称、坐落地点、产权证编号、房产原值、用途、房屋大修的原因、大修合同及大修的起止时间等信息和资料，以备税务机关查验。

另外，根据《关于廉租住房经济适用住房和住房租赁有关税收政策的通知》（财税［2008］24号），按政府规定价格出租的公有住房和廉租住房暂免征收房产税，其中“包括企业和自收自支事业单位向职工出租的单位自有住房”，是指企业纳入公有住房和廉租住房范围的，按政府规定价格向职工出租的单位自有住房，因此，宏发公司的房产并未纳入廉租房范围，仅按政府规定价格向职工出租的单位自有住房，不免征房产税。

优惠政策

一、房产税减免基本规定

《房产税暂行条例》规定，下列房产免纳房产税：

1. 国家机关、人民团体、军队自用的房产；

2. 国家财政部门拨付事业经费的单位自用的房产；

3. 宗教寺庙、公园、名胜古迹自用的房产；

4. 个人拥有的非营业用的房产；

5. 经财政部批准免税的其他房产。

除上述规定以外，纳税人纳税确有困难的，可由省、自治区、直辖市人民政府确定，定期减征或者免征房产税。

二、房产税减免一般规定

1. 根据房产税暂行条例的规定，不在开征地区范围之内的工厂、仓库，不应征收房产税。

2. 企业办的各类学校、医院、托儿所、幼儿园自用的房产，可以比照由国家财政部门拨付事业经费的单位自用的房产，免征房产税。

3. 个人出租的房产，不分用途，均应征收房产税。对个人所有的居住用房，不分面积多少，均免征房产税。

4. 经有关部门鉴定，对毁损不堪居住的房屋和危险房屋，在停止使用后，可免征房产税。

5. 房屋大修停用在半年以上的，经纳税人申请，税务机关审核，在大修期间可免征房产税。

6. 凡是在基建工地为基建工地服务的各种工棚、材料棚和办公室、食堂等临时性房屋在施工期间一律免征房产税。但是如果在基建工程结束以后，施工企业将这种临时性房屋交还或者估价转让给基建单位的，应当从基建单位接收的次月起，依照规定征收房产税。

以上根据《财政部税务总局关于房产税若干具体问题的解释和暂行规定》财税地字［1986］8 号。

7. 自 2004 年 8 月 1 日起，对军队空余房产租赁收入暂免征收房产税。（财税［2004］123 号）

8. 自 2004 年 7 月 1 日起，纳税人因房屋大修导致连续停用半年以上的，在房屋大修理期间免征房产税。（国税函［2004］839 号）

9. 纳税单位与免税单位共同使用的房屋，按各自使用的部分划分，分别征收或免征房产税。（财税地字［1986］8 号）

10. 老年服务机构自用的房产暂免征收房产税。（财税［2000］97 号）

11. 按政府规定价格出租的公有住房和廉租住房，免征房产税。（财税［2008］24 号）

12. 对房地产开发企业建造的商品房，在出售前不征收房产税。但对出售前房地产开发企业已使用或出租、出借的商品房应按规定征收房产税。（国税发［2003］89 号）

13. 铁道部（铁路总公司）所属铁路运输企业自用的房产，继续免征房产税。（财税［2003］149 号）

14. 对行使国家行政管理职能的中国人民银行总行（含国家外汇管理局）所属分支机构自用的房产，免征房产税。（国税函［2001］第 770 号）

15. 天然林的保护工程相关的房产免税。(财税［2011］90号)

16. 经营公租房所取得的租金收入免房产税。(财税［2010］88号)

17. 为农村居民提供生活用水而建设的供水工程运营管理单位的生产、办公用房产、土地，从2011年1月1日至2015年12月31日免征。既向城镇居民供水，又向农村居民供水的饮水工程运营管理单位，依据向农村居民供水量占总供水量的比例免征房产税。(财税［2012］30号)

18. 自2013年1月1日至2015年12月31日，对专门经营农产品的农产品批发市场、农贸市场使用的房产、土地，暂免征收房产税。对同时经营其他产品的农产品批发市场和农贸市场使用的房产、土地，按其他产品与农产品交易场地面积的比例确定征免房产税。(财税［2012］68号)

19. 对商品储备管理公司及其直属库承担粮食储备业务自用的房产、土地，免征房产税。(财税［2013］59号)

操作要点

◆ 要点一：免税单位自用房产

1. 国家机关、人民团体、军队自用的房产，是指这些单位本身的办公用房和公务用房。

2. 事业单位自用的房产，是指这些单位本身的业务用房。

3. 宗教寺庙自用的房产，是指举行宗教仪式等的房屋和宗教人员使用的生活用房屋。

4. 公园、名胜古迹自用的房产，是指供公共参观游览的房屋及其管理单位的办公用房屋。

上述免税单位出租的房产以及非本身业务用的生产、营业用房产不属于免税范围，应征收房产税。

◆ 要点二：居民住宅区内业主共有的经营性房产缴税

对居民住宅区内业主共有的经营性房产，由实际经营（包括自营和出租）的代管人或使用人缴纳房产税。其中自营的，依照房产原值减除10%至30%

后的余值计征，没有房产原值或不能将业主共有房产与其他房产的原值准确划分开的，由房产所在地地方税务机关参照同类房产核定房产原值；出租的，依照租金收入计征。

◆ **要点三：出租房产免收租金期间房产税问题**

对出租房产，租赁双方签订的租赁合同约定有免收租金期限的，免收租金期间由产权所有人按照房产原值缴纳房产税。

◆ **要点四：将地价计入房产原值征收房产税问题**

对按照房产原值计税的房产，无论会计上如何核算，房产原值均应包含地价，包括为取得土地使用权支付的价款、开发土地发生的成本费用等。宗地容积率低于0.5的，按房产建筑面积的2倍计算土地面积并据此确定计入房产原值的地价。

办税指引

纳税人符合房产税减免优惠条件，申请减免税，需按表7—3的规定向主管税务机关提供相关材料。

表7—3　房产税申请减免办理

申报规定	符合房产税减免税条件的纳税人申请减免税收优惠，应首先向主管税务机关提出书面申请，主管税务机关要求提供的其他与减免税有关资料证明。逾期减免税申请不予受理
申报资料	1. 减免税申请报告，列明减免税理由、依据、范围、期限、数量、金额等 2. 财务报表（申请减免年度会计报表） 3. 有关部门出具的证明材料（如营业执照、税务登记证复印件等） 4. 税务机关要求提供的其他资料

小玮答疑

吴薇薇：小玮，牛总有意投资教育，请问企业办的各类学校、医院、托儿所、幼儿园自用的房产，可否免征房产税？

叶小玮：企业办的各类学校、医院、托儿所、幼儿园自用的房产，可以比照由国家财政部门拨付事业经费的单位自用的房产，免征房产税。

王大姐：**我个人所有的房产用于出租的，应否征收房产税吗？**

叶小玮：个人出租的房产，不分用途，均应征收房产税。

陈经理：**出租地下人防设施应否征收房产税？**

叶小玮：原财税地字［1986］第008号规定可免征的，但《财政部 国家税务总局关于具备房屋功能的地下建筑征收房产税的通知》（财税［2005］181号）规定，该条规定作废，规定凡在房产税征收范围内的具备房屋功能的地下建筑，包括与地上房屋相连的地下建筑以及完全建在地面以下的建筑、地下人防设施等，均应当依照有关规定征收房产税。

43 耕地占用税减免优惠

【优惠提要】

为了合理利用土地资源，加强土地管理，保护耕地，对占用耕地建房或者从事非农业建设的单位或者个人征税，免税的主要是政府或公共事业占用。

大维讲税

占地用途不再符合减免规定需补税吗？

【案例 7－4】 穗城区旧城改造，把铁路线移位到郊外，在老城区的铁路线路及两侧留地闲置。最近，宏发公司与铁路公司达成合作开发意向，在老铁路线位置上进行房地产开发。吴薇薇在做成本预算时遇到一个问题：这些地当年征用时是免征耕地占用税的，现在改变用途是否要补税？

叶大维： 新修订的《耕地占用税暂行条例》第十一条规定，根据《财政部发布耕地占用税减免税补征税款等问题批复》（财税［2009］19 号）的规定，免征或减征耕地占用税后，纳税人改变原占地用途，不再属于免税或减税情形的，应按办理减免税时依据的适用税额对享受减免税的纳税人补征耕地占用税。当年修建铁路时当地经批准对铁路线路免征耕地占用税，现宏发公司与铁路拟改变原占地用途，应从改变时起按照办理减免税时依据的适用税额补缴纳耕地占用税。

优惠政策

一、下列情形免征耕地占用税

1. 军事设施占用耕地。具体范围包括：

（1）地上、地下的军事指挥、作战工程；

（2）军用机场、港口、码头；

（3）营区、训练场、试验场；

（4）军用洞库、仓库；

（5）军用通信、侦察、导航、观测台站和测量、导航、助航标志；

（6）军用公路、铁路专用线，军用通讯、输电线路，军用输油、输水管道；

（7）其他直接用于军事用途的设施。

2. 学校、幼儿园、养老院、医院占用耕地。

（1）免税的学校，具体范围包括县级以上人民政府教育行政部门批准成立的大学、中学、小学、学历性职业教育学校以及特殊教育学校。

学校内经营性场所和教职工住房占用耕地的，按照当地适用税额缴纳耕地占用税。

（2）免税的幼儿园，具体范围限于县级人民政府教育行政部门登记注册或者备案的幼儿园内专门用于幼儿保育、教育的场所。

（3）免税的养老院，具体范围限于经批准设立的养老院内专门为老年人提供生活照顾的场所。

（4）免税的医院，具体范围限于县级以上人民政府卫生行政部门批准设立的医院内专门用于提供医护服务的场所及其配套设施。

医院内职工住房占用耕地的，按照当地适用税额缴纳耕地占用税。

二、铁路线路、公路线路、飞机场跑道、停机坪、港口、航道占用耕地，减按每平方米2元的税额征收耕地占用税

1. 规定减税的铁路线路，具体范围限于铁路路基、桥梁、涵洞、隧道及其按照规定两侧留地。

专用铁路和铁路专用线占用耕地的，按照当地适用税额缴纳耕地占用税。

2. 规定减税的公路线路，具体范围限于经批准建设的国道、省道、县道、乡道和属于农村公路的村道的主体工程以及两侧边沟或者截水沟。

专用公路和城区内机动车道占用耕地的，按照当地适用税额缴纳耕地占用税。

3. 规定减税的飞机场跑道、停机坪，具体范围限于经批准建设的民用机场专门用于民用航空器起降、滑行、停放的场所。

4. 规定减税的港口，具体范围限于经批准建设的港口内供船舶进出、停靠以及旅客上下、货物装卸的场所。

5. 规定减税的航道，具体范围限于在江、河、湖泊、港湾等水域内供船舶安全航行的通道。

三、农村居民占用耕地新建住宅，按照当地适用税额减半征收耕地占用税

农村烈士家属、残疾军人、鳏寡孤独以及革命老根据地、少数民族聚居区和边远贫困山区生活困难的农村居民，在规定用地标准以内新建住宅缴纳耕地占用税确有困难的，经所在地乡（镇）人民政府审核，报经县级人民政府批准后，可以免征或者减征耕地占用税。

1. 规定减税的农村居民占用耕地新建住宅，是指农村居民经批准在户口所在地按照规定标准占用耕地建设自用住宅。

农村居民经批准搬迁，原宅基地恢复耕种，凡新建住宅占用耕地不超过原宅基地面积的，不征收耕地占用税；超过原宅基地面积的，对超过部分按照当地适用税额减半征收耕地占用税。

2. 所称农村烈士家属，包括农村烈士的父母、配偶和子女。

3. 所称革命老根据地、少数民族聚居地区和边远贫困山区生活困难的农村居民，其标准按照各省、自治区、直辖市人民政府有关规定执行。

操作要点

◆ 要点一：城乡占用耕地缴税规定

实施城乡建设规划，对城镇居民搬迁建房占用耕地，照章征收耕地占用税；农村居民搬迁，原宅基地恢复耕种，新建住宅占用耕地少于原宅基地的，可免征耕地占用税；超过原宅基地的，其超过部分应照章征收耕地占用税。根据上述规定，对在小城镇建设以及农村的旧村改造、新村建设中的农村居民，通过土地置换和土地周转方式搬迁，其新建住宅占用耕地面积少于原宅基地部分的，免征耕地占用税，未按规定将原宅基地复垦的，补缴已免征的税款；其余应照章征收耕地占用税。

◆ 要点二：减免税补征税款规定

依照规定免征或者减征耕地占用税后，纳税人改变原占地用途，不再属于免征或者减征耕地占用税情形的，应当按照当地适用税额补缴耕地占用税。

对于未经批准占用耕地但已经完纳耕地占用税税款的，在补办占地手续时，不再征收耕地占用税。

◆ 要点三：减免税实行申报制度

耕地占用税减免实行申报制度，纳税人在申请用地的同时，必须根据《耕地占用税暂行条例》规定的减免范围向当地地方税务机关提出报告，说明申请减免的理由。

◆ 要点四：减免管理实行逐级备案制度

耕地占用税的减免管理，实行逐级备案制度。占用耕地 1 000 亩（含 1 000亩）以上的减免，征收机关应在办理减免手续完毕之日起30 日内报国家税务总局备案；占用耕地 1 000 亩以下的耕地占用税的减免和计税金额在 10 000万元以下的契税减免，其备案办法由省级征收机关制定。

办税指引

纳税人申报减免，必须到当地地方税务机关领取减免申报表并按规定填写减免申报表，报关相关申报资料见表7—4。

表7—4 耕地占用税减免办理

申报规定	纳税人应在用地申请获得批准后的30日内，向与批准其占用耕地的土地管理机关同级的税收征收机关提出减免申报。由国务院或国土资源部批准占用耕地的，由省级征收机关办理减免手续
申报资料	纳税人申请减免税必须向主管税务机关提供如下书面资料： 1. 耕地占用税纳税申报表 2. 政府主管部门批准立项的文件 3. 项目建设规划图 4. 组织机构代码证书或税务登记证、营业执照原件及复印件 5. 主管地方税务机关要求提供的其他资料

小玮答疑

钟老师：**我开办了一家早教机构，请问是否可以免缴耕地占用税？**

叶小玮：根据《耕地占用税暂行条例实施细则》第九条、第十条规定，学校、幼儿园占用耕地免征耕地占用税。免税的学校具体范围包括县级以上人民政府教育行政部门批准成立的大学、中学、小学、学历性职业教育学校，以及特殊教育学校。免税的幼儿园具体范围限于县级人民政府教育行政部门登记注册或者备案的幼儿园内专门用于幼儿保育、教育的场所。因此，早教机构如果不在上述范围内，则不能免缴耕地占用税。

陈校长：**技工院校占用耕地是否免征耕地占用税？**

叶小玮：根据《关于技工院校占用耕地免征耕地占用税的通知》(财税

[2012] 22号)，学校占用耕地免征耕地占用税。其中，免税的学校范围，包括由国务院人力资源社会保障行政部门，省、自治区、直辖市人民政府或其人力资源社会保障行政部门批准成立的技工院校。

王先生：**我们公司修建一个项目需要暂时占用旁边的耕地，请问临时占用耕地怎么纳税?**

叶小玮：根据《耕地占用税暂行条例》及实施细则，纳税人临时占用耕地，应当依照条例的规定缴纳耕地占用税。纳税人在批准临时占用耕地的期限内恢复所占用耕地原状的，全额退还已经缴纳的耕地占用税。以上所称临时占用耕地，是指纳税人因建设项目施工、地质勘查等需要，在一般不超过2年内临时使用耕地并且没有修建永久性建筑物的行为。

44 契税减免优惠

【优惠提要】

契税是房地产税收中从需求方进行调节的税种，是房地产市场调控的重要手段之一，有不少临时性、阶段性的契税减免政策。

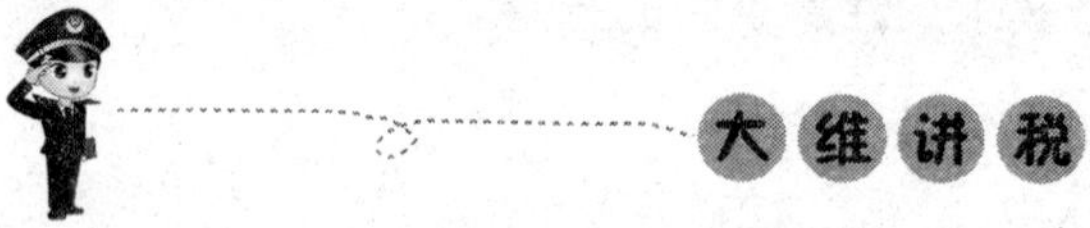

企业合并后存续土地是否要征契税？

【案例7—5】宏发集团出于经营需要，将旗下的S公司和K公司合并为一个Z公司，合并过程牵涉到大量的资产处置问题。由于合并前的两个公司都有房屋、土地等资产，吴薇薇想知道合并后的新设立的Z公司承接S公司和K公司的房屋、土地权属时是否可免征征契税？

叶大维：按照我国契税征收的规定，除特殊规定，转移土地、房屋权属，承受的单位和个人为契税的纳税人，应当依照规定缴纳契税。财政部、国家税务总局出台了《关于企业事业单位改制重组契税政策的通知》（财税［2012］4号）规定，“两个或两个以上的公司，依据法律规定、合同约定，合并为一个公司，且原投资主体存续的，对其合并后的公司承受原合并各方的土地、房屋权属，免征契税”。如果案例中宏发公司的情况符合上述规定，则可免征契税。需要注意，公司合并必须符合《公司法》及相关法规的规定，且对合并后的公司承受原企业土地、房屋权属，才能享受免征契税。此外，企业合并契税免税政策，只适用于新设企业与被合并企业投资主体完全相同的行为，投资主体不同的合并行为不适用。另外财税［2012］4号文件的执行期限为2012年1月1日至2014年12月31日。该文件还明确了企业公司制改造、公司股权（股份）转让、公司合并、公司分立、企业出售、企业破产、债权转股权、资产划转、事业单位改制等情况的契税免征问题。

优惠政策

一、法定减免

《契税暂行条例》规定有下列情形之一的，减征或者免征契税：

1. 国家机关、事业单位、社会团体、军事单位承受土地、房屋用于办公、教学、医疗、科研和军事设施的，免征。

2. 城镇职工按法规第一次购买公有住房的，免征。

3. 因不可抗力灭失住房而重新购买住房的，酌情准予减征或者免征。

4. 财政部法规的其他减征、免征契税的项目。

二、条例细则规定减免

《契税暂行条例细则》规定下列项目减征、免征契税：

1. 土地、房屋被县级以上人民政府征用、占用后，重新承受土地、房屋权属的，是否减征或者免征契税，由省、自治区、直辖市人民政府确定。

2. 纳税人承受荒山、荒沟、荒丘、荒滩土地使用权，用于农、林、牧、渔业生产的，免征契税。

3. 依照我国有关法律规定以及我国缔结或参加的双边和多边条约或协定的规定应当予以免税的外国驻华使馆、领事馆、联合国驻华机构及其外交代表、领事官员和其他外交人员承受土地、房屋权属的，经外交部确认，可以免征契税。

三、售后回租等方式的减免

《财政部 国家税务总局关于企业以售后回租方式进行融资等有关契税政策的通知》（财税［2012］82号）规定：

1. 对金融租赁公司开展售后回租业务，售后回租合同期满，承租人回购原房屋、土地权属的，免征契税。

2. 市、县级人民政府根据《国有土地上房屋征收与补偿条例》有关规定征收居民房屋，居民因个人房屋被征收而选择货币补偿用以重新购置房屋，并且购房成交价格不超过货币补偿的，对新购房屋免征契税。

3. 单位、个人以房屋、土地以外的资产增资，相应扩大其在被投资公司的股权持有比例，无论被投资公司是否变更工商登记，其房屋、土地权属不发生转移，不征收契税。

4. 个体工商户的经营者将其个人名下的房屋、土地权属转移至个体工商户名下，或个体工商户将其名下的房屋、土地权属转回原经营者个人名下，免征契税。合伙企业的合伙人将其名下的房屋、土地权属转移至合伙企业名下，或合伙企业将其名下的房屋、土地权属转回原合伙人名下，免征契税。

四、其他减免规定

1. 婚姻关系存续期间，房屋、土地权属原归夫妻一方所有，变更为夫妻双方共有的，免征契税。（财税［2011］82号）

2. 甲单位拥有土地，乙单位提供资金，共建住房。上述甲乙单位合建并各自分得的房屋，不发生权属转移，不征收契税。（财税［2000］14号）

3. 对各类公有制单位为解决职工住房而采取集资建房方式建成的普通住房或由单位购买的普通商品住房，经当地县以上人民政府房改部门批准，按照国家房改政策出售给本单位职工的，如属职工首次购买住房，均比照《中华人民共和国契税暂行条例》第六条第二款“城镇职工按规定第一次购买公有住房的，免征”的规定，免征契税。（财税［2000］130号）

4. 对华融、信达、东方、长城四家资产公司接受相关国有银行的不良债权，借款方以土地使用权、房屋所有权抵充贷款本息的，免征承受土地使用权、房屋所有权应缴纳的契税。(财税［2001］10号)

5. 社会保险费（基本养老保险、基本医疗保险、失业保险）征收机构承受用以抵缴社会保险费的土地、房屋权属免征契税。(国税函［2001］483号)

6. 对县级以上人民政府教育行政主管部门或劳动行政主管部门批准并核发《社会力量办学许可证》，由企业事业组织、社会团体及其他社会组织和公民个人利用非国家财政性教育经费面向社会举办的教育机构，其承受的土地、房屋权属用于教学的，比照《中华人民共和国契税暂行条例》第六条第一款的规定，免征契税。(财税［2001］156号)

7. 根据国务院2001年发布的《金融机构撤销条例》(国务院第324号令)中关于"被撤销的金融机构财产的清理和处置，免交税收和行政性收费"的规定，对被撤销的金融机构在财产清理中取得土地、房屋权属所涉及的契税，应当予以免征。(国税函［2002］777号)

8. 对于承受与房屋相关的附属设施（包括停车位、汽车库、自行车库、顶层阁楼以及储藏室，下同）所有权或土地使用权的行为，按照契税法律、法规的规定征收契税；对于不涉及土地使用权和房屋所有权转移变动的，不征收契税。(财税［2004］126号)

9. 已购公有住房经补缴土地出让金和其他出让费用成为完全产权住房的，免征土地权属转移的契税。(财税［2004］134号)

10. 对于《中华人民共和国继承法》规定的法定继承人（包括配偶、子女、父母、兄弟姐妹、祖父母、外祖父母）继承土地、房屋权属，不征契税。(国税函［2004］1036号)

11. 对廉租住房经营管理单位购买住房作为廉租住房、经济适用住房经营管理单位回购经济适用住房继续作为经济适用住房房源的，免征契税。对个人购买经济适用住房，在法定税率基础上减半征收契税。(财税［2008］24号)

12. 按照现行契税政策规定，对经法院判决的无效产权转移行为不征收契税。法院判决撤销房屋所有权证后，已纳契税款应予退还。（国税函［2008］438号）

13. 对个人购买普通住房，且该住房属于家庭（成员范围包括购房人、配偶以及未成年子女，下同）唯一住房的，减半征收契税。对个人购买90平方米及以下普通住房，且该住房属于家庭唯一住房的，减按1%税率征收契税。（财税［2010］94号）

14. 根据《财政部 国家税务总局关于企业改制重组若干契税政策的通知》（财税［2003］184号）第七条规定，“企业改制重组过程中，同一投资主体内部所属企业之间土地、房屋权属的无偿划转，不征收契税”。自然人与其个人独资企业、一人有限责任公司之间土地、房屋权属的无偿划转属于同一投资主体内部土地、房屋权属的无偿划转，可比照上述规定不征收契税。（财税［2008］142号）

15. 对公租房经营管理单位购买住房作为公租房，免征契税。（财税［2010］88号）

16. 对已缴纳契税的购房单位和个人，在未办理房屋权属变更登记前退房的，退还已契税；在办理房屋权属变更登记后退房的，不予退还已纳契税。（财税［2011］32号）

17. 对饮水工程运营管理单位为建设饮水工程而承受土地使用权，免征契税。（财税［2012］30号）

操作要点

◆ 要点一：契税减免实行申报管理制度

契税纳税人应在土地、房屋权属转移合同生效的10日内，向征收机关提出减免申报。计税金额在10 000万元（含10 000万元）以上的，由省级征收机关办理减免手续。

◆ **要点二：签订转移合同后10日内办理减免手续**

纳税人符合减征或者免征契税规定的，应当在签订土地、房屋权属转移合同后10日内，向土地、房屋所在地的契税征收机关办理减征或者免征契税手续。

纳税人因改变土地、房屋用途应当补缴已经减征、免征契税的，其纳税义务发生时间为改变有关土地、房屋用途的当天。

◆ **要点三：土地使用权赠与和视同土地、房屋权属转移的情形**

《契税暂行条例细则》规定，以土地权属作价投资、入股；以土地权属抵债；以获奖方式承受土地权属；以预购方式或者预付集资建房款方式承受土地、房屋权属视同土地使用权、房屋所有权属转移，应按照规定依法缴纳契税。

办税指引

契税的减免实行逐级备案制度。契税的计税金额在10 000万元（含10 000万元）以上的减免，征收机关应在办理减免手续完毕之日起30日内报国家税务总局备案。计税金额在10 000万元以下的契税减免，其备案办法由省级征收机关制定。

纳税人符合减征或者免征契税规定的，应当在签订土地、房屋权属转移合同后10日内，向土地、房屋所在地的契税主管地税机关提交书面资料，办理减征或者免征契税手续（见表7—5）。

表7—5 契税减免备案

减免事项	报送资料
1. 政府项目	（1）减免税备案表 （2）纳税人组织机构代码证、法人证书复印件 （3）房屋买卖合同、发票 （4）购买存量房的还需提供原房屋产权证书、土地使用权证书复印件及其完纳契税证明 （5）主管部门出具的房屋用途证明 （6）主管税务机关要求报送的其他资料

续表

减免事项	报送资料
2. 企业项目	（1）减免税备案表 （2）企业工商登记执照、企业（法人）代码证书复印件 （3）房屋产权证书、土地使用权证书复印件及其完纳契税证明 （4）企业验资（评估）报告 （5）主管部门批准权属变动文件 （6）主管税务机关要求报送的其他资料
3. 拆迁项目	（1）减免税备案表 （2）拆迁安置（补偿）协议书及资金结算表 （3）纳税人身份证复印件 （4）房屋买卖合同、发票 （5）购买存量房的还需提供原房屋产权证书、土地使用权证书复印件及其完纳契税证明 （6）主管税务机关要求报送的其他资料
4. 房改项目	（1）减免税备案表 （2）纳税人身份证复印件 （3）房屋买卖合同（协议） （4）房屋产权证书、土地使用权证书复印件 （5）主管税务机关要求报送的其他资料

（备注：各地附报资料有所不同）

小玮答疑

张会计：**我是一间民办职业技术学院的财务，学院属于社会力量办学，请问用于教学的房屋是否缴纳契税？**

叶小玮：根据《教育法》提出的“任何组织和个人不得以营利为目的举办学校及其他教育机构”的精神，以及国务院发布的《社会力量办学条例》中关于“社会力量举办的教育机构依法享有与国家举办的教育机构平等的法律地位”的规定，对县级以上人民政府教育行政主管部门或劳动行政主管部门批准并核发《社会力量办学许可证》，由企业事业组织、社会团体及其他社会组织和公民个人利用非国家财政性教育经费面向社会举办的教育机构，其承受的土地、房屋权属用于教学的，比照《契税暂行条例》第六条第一款的规定，免征契税。因此，只要符合上述文件规定的民办学校及教育机构，其承受的土地、房屋权属用于教学的免征契税。

李先生：**我单位向某公司借了一笔款项，因无力偿还只好用本单位的一栋房屋抵债，对方还用缴纳契税吗？计税依据是什么？**

叶小玮：《契税暂行条例细则》第八条规定：以房屋权属抵债，视同房屋买卖征税。以房屋、土地抵债是一种特殊形式的买卖关系，根据不同情形，其契税计税依据为债权人与债务人签订的有效合同上约定的以房屋、土地抵顶的债务额或法院判决书上明确的抵债额或拍卖的实际成交价格。

陈先生：**转让划拨土地，出让金由接受方补交，转让方是否就不用缴纳契税？**

叶小玮：关于划拨土地转让如何征收契税问题，按照《契税暂行条例细则》第十一条规定，以划拨方式取得土地使用权的，经批准转让房地产时，应由房地产转让者补交契税，其计税依据为补缴的土地使用权出让费或者土地收益。因此，房产转让者是这笔补交的出让金的法定纳税义务人。

若是由受让方办理土地使用权出让手续，并依照国家规定缴纳出让金，契税的纳税义务人仍然是出让方。承受方是否代出让方履行纳税义务、补交土地使用权出让契税，由双方协商自定。

45 城市维护建设税与教育费附加减免优惠

【优惠提要】

城建税及教育费附加以增值税、消费税、营业税的实缴税额为计税依据征收，其税收优惠的总原则是减免增值税、消费税、营业税的单位和个人同时享受减免城市维护建设税及教育费附加。

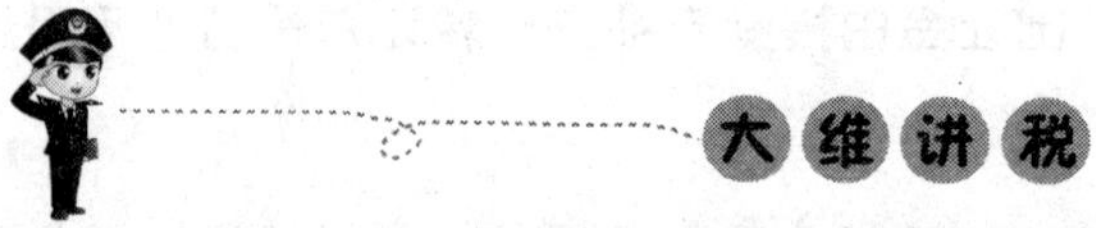

免抵退生产企业城建税和教育费附加如何计算？

【案例7—6】 宏发集团旗下的D公司是自营出口的生产企业增值税一般纳税人，出口货物的征税税率为17%，退税税率为13%。2013年2月的有关经营业务为：购进原材料一批，取得的增值税专用发票注明的价款200万元，外购货物准予抵扣的进项税额34万元，货已验收入库。上月末留抵税款3万元；本月内销货物不含税销售额100万元；收款117万元存入银行；本月出口货物的销售额折合人民币200万元。D企业当期的城建税、教育费附加是多少？

叶大维： 生产企业出口货物实行免抵退税办法，其中抵税是指出口自产货物所耗用的原材料、零部件、燃料动力等所含的应予退还的进项税额，抵顶内销货物的应纳税额。根据《关于生产企业出口货物实行免抵退税办法后有关城市维护建设税教育费附加政策的通知》（财税［2005］25号）文件规定，自2005年1月1日起将免抵的增值税正式纳入城建税和教育费附加的计征范围。经营过程中一般有以下三种情况：

1. 当期期末留抵税额（当期增值税应纳税额小于零）小于等于当期免抵退税额时，按当期免抵的增值税额计提缴纳城建税及教育费附加。这种情况在增值税的处理中，当期应退增值税额＝当期期末留抵税额，当期免抵税额＝当期免抵退税额－当期应退税额。

2. 当期期末留抵税额（当期应纳税额小于零）大于当期免抵退税额，则当期应退税额＝当期免抵退税额，当期免抵税额为零，因此这种情况不缴城建税和教育费附加。

3. 当期应纳税额大于零，除按规定实际缴纳的增值税计提并缴纳城建税及教育费附加外，还要按当期免抵税额一并计提并缴纳。这种情况，当期免抵税额＝当期免抵退税额。

从案例来看，属于第一种情况，当期免抵税额＝当期免抵退税额－当期应退税额＝26－12＝14（万元），2月份该单位的城建税和教育费附加的计征依据为14万元。

优惠政策

1. 海关对进口产品代征增值税、消费税的，不征收城市维护建设税。（财税字［1985］第069号）

2. 对国家石油储备基地第一期项目建设过程中涉及的营业税、城市维护建设税、教育费附加予以免征。（财税［2005］第23号）

3. 有关下岗失业人员的城市维护建设税、教育费附加优惠规定。（财税［2002］208号）

（1）对新办的商贸企业（从事批发、批零兼营以及其他非零售业务的商贸企业除外），当年新招用下岗失业人员达到职工总数30％以上（含30％），并与其签订1年以上期限劳动合同的，经劳动保障部门认定税务机关审核3年内免征城市维护建设税、教育费附加。

（2）对下岗失业人员从事个体经营（除建筑业、娱乐业以及广告业、桑拿、按摩、网吧、氧吧外）的，自领取税务登记证之日起，3年内免征城市维护建设税、教育费附加。

4. 扶持城镇退役士兵自谋职业有关税收优惠政策。（财税［2004］93号）

（1）自2004年1月1日起，对为安置自谋职业的城镇退役士兵就业而新办的服务型企业（除广告业、桑拿、按摩、网吧、氧吧外）当年新安置自谋职业的城镇退役士兵达到职工总数30%以上，并与其签订1年以上期限劳动合同的，经县以上民政部门认定，税务机关审核，3年内免征城市维护建设税、教育费附加。

（2）对为安置自谋职业的城镇退役士兵就业而新办的商业零售企业当年新安置自谋职业的城镇退役士兵达到职工总数30%以上，并与其签订1年以上期限劳动合同的，经县以上民政部门认定，税务机关审核，3年内免征城市维护建设税、教育费附加。

（3）对自谋职业的城镇退役士兵，在国办发［2004］10号文下发后从事个体经营（除建筑业、娱乐业以及广告业、桑拿、按摩、网吧、氧吧外）的，自领取税务登记证之日起，3年内免征城市维护建设税。

5. 经中国人民银行依法决定撤销的金融机构及其分设于各地的分支机构，用其财产清偿债务时，免征被撤销金融机构转让货物、不动产、无形资产、有价证券、票据等应缴纳的城市维护建设税、教育费附加等。（财税［2003］141号）

6. 对从事生产卷烟和经营烟叶产品的单位，减半征收教育费附加。（《征收教育费附加的暂行规定》国务院令［2005］448号）

7. 对国家重大水利工程建设基金免征城市维护建设税和教育费附加。（财税［2010］44号）

操作要点

◆ 要点一：一般不予以单独减免

城市维护建设税和教育附加是以增值税、消费税、营业税实际缴纳的税额作为计税依据并同时征收的，因此，增值税、消费税、营业税减税或免税的同时，城市维护建设税和教育费附加也相应减税或免税。一般不予以单独减免。但对个别纳税确有困难的，可由各省级人民政府酌情予以减免税照顾。

◆ 要点二：出口环节不随增值税、消费税退还

对出口产品退还增值税、消费税的，不退还已缴纳的城市维护建设税；经国家税务局正式审核批准的当期免抵的增值税税额应纳入城市维护建设税和教育费附加的计征范围，分别按规定的税（费）率征收城市维护建设税和教育费附加。

◆ 要点三：一般不随“三税”退还

对增值税、消费税、营业税“三税”实行先征后返、先征后退、即征即退办法的，除另有规定外，对随“三税”附征的城市维护建设税和教育费附加，一律不予退（返）还。

办税指引

企业免征增值税消费税后减免城建税、教育费附加，或其他可享受减免城建税、教育费附加优惠政策的，向地税部门提交国税部门的减免文书及地税部门要求的相关资料，做好备案申请，经地税机关核准后，可享受免征城建税及附加优惠政策。

小玮答疑

张会计：**实施“即征即退”优惠政策的可否退还城市维护建设税？**

叶小玮：对“三税”实行先征后返、先征后退、即征即退办法的，除另有规定外，对随“三税”附征的城市维护建设税，一律不予退（返）还。

李会计：**购买税控设备抵扣的营业税，计征城市维护建设税是否可以抵减？**

叶小玮：纳税人购买税控设备，可抵免当期的应纳营业税税额，不能抵免城市维护建设税。

黄经理：**外资企业是否要征收城市维护建设税和教育费？**

叶小玮：根据《国务院关于统一内外资企业和个人城市维护建设税和教育费附加制度的通知》（国发［2010］35号）规定，自2010年12月1日起，对外资企业征收城市维护建设税和教育费附加。外国企业成为城市维护建设税纳税人，代扣代缴“三税”的单位和个人，同时也要代扣代缴城市维护建设税，按缴纳“三税”所在地的适用税率就地缴纳城市维护建设税。

46 印花税减免优惠

【优惠提要】

印花税只对《印花税暂行条例》列举的凭证征收，即经济合同、产权转移书据、营业账簿、权利与许可证照、经财政部门确认的其他凭证这五个类型，没有列举的凭证不征税。

大维讲税

印花税缓定交易金额可节税？

【案例 7—7】宏发集团聘请 K 企业为一个经营项目提供技术咨询服务，双方拟于 2014 年 1 月签订合同。刘总监向集团领导建议，采取签订缓定交易金额的方式，即双方在合同约定按年底该项目销售利润的 1‰提成，这样一方面可以调动 K 企业服务的积极性，另一方面也可达到税收筹划的目的。吴薇薇作为经办人却迷糊了：交易金额不定如何贴花？能节税吗？

叶大维：我国印花税的计税依据大多数都是根据合同所记载金额和具体适用税率确定，计税依据无法最终确定时，纳税人的应纳印花税税额也就相应地无法确定。根据《印花税暂行条例》第七条规定，应纳税凭证应当于书立或者领受时贴花。也就是说，企业在书立合同之时，其纳税义务便已经发生，应该根据税法规定缴纳应纳税额。为保证国家税款及时足额入库，税法采取了一些变通方法。税法规定，有些合同在签订时无法确定计税金额，如技术转让合同中的转让收入，是按销售收入的一定比例收取的或是按其实现利润多少进行分成的。对这类合同，可在签订时先按定额5元贴花，以后结算时再按照实际的金额计税，补贴印花。这样一来，的确给纳税人进行纳税筹划创造了条件。本案例中，宏发集团与K企业在合同签订时无法确定其计税金额，所以按规定应该先按定额5元贴花。但在年底结算时要按实际金额计税，补贴印花。

优惠政策

一、法定凭证免税

《印花税暂行条例》规定，下列凭证，免征印花税：

1. 已缴纳印花税的凭证的副本或者抄本；

2. 财产所有人将财产赠给政府、社会福利单位、学校所立的书据；

3. 经财政部批准免税的其他凭证。

二、免税额

《印花税暂行条例》规定，应纳税额不足一角的，免征印花税。

三、特定凭证免税

《印花税暂行条例施行细则》、财税字［1988］255号文件规定，下列凭证，免征印花税：

1. 国家指定的收购部门与村委会、农民个人书立的农副产品收购合同；

2. 无息、贴息贷款合同；

3. 外国政府或者国际金融组织向中国政府及国家金融机构提供优惠贷款所书立的合同。

四、特定情形免税

《关于印花税若干具体问题的规定》（国税地字［1988］25号）规定：有

下列情形之一的，免征印花税：

1. 对商店、门市部的零星加工修理业务开具的修理单，不贴印花。

2. 对房地产管理部门与个人订立的租房合同，凡用于生活居住的，暂免贴花；用于生产经营的，按规定贴花。

3. 对铁路、公路、航运、水路承运快件行李、包裹开具的托运单据，暂免贴花。

4. 对企业车间、门市部、仓库设置的不属于会计核算范围，或虽属会计核算范围，但不记载金额的登记簿、统计簿、台账等，不贴印花。

5. 实行差额预算管理的单位，不记载经营业务的账簿不贴花。

6. 对货物运输、仓储保管、财产保险、银行借款等，办理一项业务，既书立合同，又开立单据的，只就合同贴花。所开立的各类单据，不再贴花。

7. 对企业兼并的并入资金，凡已按资金总额贴花的，接收单位对并入的资金，不再补贴印花。

8. 企业与主管部门等签订的租赁承包经营合同，不属于财产租赁合同，不征收印花税。

9. 纳税人已履行并贴花的合同，发现实际结算金额与合同所载金额不一致的，一般不再补贴印花。

五、其他文件减免优惠规定

1. 农林作物、牧业畜类保险合同，免征印花税。（国税地字［1988］37号）

2. 书、报、刊发行单位之间，发行单位与订阅单位或个人之间而书立的凭证，免征印花税。（国税地字［1989］142号）

3. 由外国运输企业运输进口货物的，外国运输企业所持有的一份结算凭证，免征印花税。（国税发［1990］173号）

4. 下列特殊货运凭证，免征印花税：（国税发［1990］173号）

（1）军事物资运输结算凭证。

（2）抢险救灾物资运输结算凭证。

(3) 为新建铁路运输施工所属物料，使用工程临管线专用运费结算凭证。

5. 印花税若干具体问题的解释和规定：(国税发［1991］155号)

(1) 对工业、商业、物资、外贸等部门调拨商品物资，作为内部执行计划使用的调拨单，不作为结算凭证，不属于合同性质的凭证，不征收印花税。

(2) 银行、非银行金融机构之间相互融通短期资金，按照规定的同业拆借期限和利率签订的同业拆借合同，不征收印花税。

(3) 土地使用权出让、转让书据（合同）及出版合同，不属于印花税列举征税的凭证，免征印花税。

(4) 代理单位与委托单位之间签订的委托代理合同，不征收印花税。

6. 对投资者（包括个人和机构）买卖证券投资基金单位，在2001年底前，暂不征收印花税。(财税［2001］61号)

7. 投资者申购和赎回开放式证券投资基金单位，暂不征收印花税。(财税［2002］128号)

8. 申购和赎回暂不征收印花税：(财税［2002］128号)

(1) 基金管理人运用基金买卖股票按照2‰的税率征收印花税。

(2) 对投资者申购和赎回基金单位，暂不征收印花税。

9. 被撤销金融机构有关印花税的规定：(财税［2003］141号)

(1) 被撤销金融机构清偿债务免税。从《金融撤销条例》生效之日起，对被撤销金融机构及其分支机构（不包括所属企业）接收债权、清偿债务过程中签订的产权转移书据，免征印花税。

(2) 对被撤销金融机构接收债权、清偿债务过程中签订的产权转移书据，免征印花税。

10. 对经国务院和省级人民政府决定或批准进行的国有（含国有控股）企业改组改制而发生的上市公司国有股权无偿转让行为，暂不征收证券（股票）交易印花税。(国税函［2004］941号)

11. 买卖封闭式证券投资基金继续予以免征印花税。为支持我国证券市场的健康发展，经研究决定，从2003年1月1日起，继续对投资者（包括个人

和机构）买卖封闭式证券投资基金免征印花税。（财税［2004］173号）

12. 证券投资者保护基金免税：（财税［2006］104号）

（1）对保护基金公司新设立的资金账簿免征印花税。

（2）对保护基金公司与中国人民银行签订的再贷款合同、与证券公司行政清算机构签订的借款合同，免征印花税。

（3）对保护基金公司接收被处置证券公司财产签订的产权转移书据，免征印花税。

（4）对保护基金公司以保护基金自有财产和接收的受偿资产与保险公司签订的财产保险合同，免征印花税。

13. 对农民专业合作社与本社成员签订的农业产品和农业生产资料购销合同，免征印花税。（财税［2008］81号）

14. 自2008年11月1日起，对个人销售或购买住房暂免征收印花税。（财税［2008］137号）

15. 企业因改制签订的产权转移书据，免予贴花。（财税［2003］183号）

操作要点

◆ **要点一：分立、合并和联营企业的资金账簿的贴花**

企业发生分立、合并和联营等变更后，凡依照有关规定办理法人登记的新企业所设立的资金账簿，应于启用时按规定计税贴花；凡无需重新进行法人登记的企业原有的资金账簿，已贴印花继续有效。

◆ **要点二：常见的不缴纳印花税的经济合同**

具有合同性质的凭证应视同合同征税和未按期兑现合同亦应贴花，但下列经济合同不缴印花税：

1. 非金融机构之间签订的借款合同；

2. 继续使用已到期合同；

3. 委托代理合同；

4. 工程监理合同；

5. 土地租赁合同；

6. 承包经营合同；

7. 培训合同；

8. 企业集团内部使用的凭证；

9. 实际结算金额超过合同金额不需补贴花；

10. 企业改制；

11. 股权投资协议；

12. 商业票据贴现；

13. 修理单。

办税指引

纳税人应于享受减免税优惠前申请备案。纳税人享受减免税的条件发生变化的，应自发生变化之日起15个工作日内向税务机关报告。

印花税减免备案纳税人应提供《减免税申报备案表》以及主管税务机关要求提供的相关资料。

小玮答疑

李会计：**小玮，我们公司签订了一份以货换货业务合同，应如何计税贴花？**

叶小玮：商品购销活动中，采用以货换货方式进行商品交易签订的合同，是反映既购又销双重经济行为的合同。对此，应按合同所载的购、销合计金额计税贴花。合同未列明金额的，应按合同所载购、销数量依照国家牌价或市场价格计算应纳税金额。

王会计：**代理单位与委托单位签订的代理合同，是否属于应税凭证？**

叶小玮：在代理业务中，代理单位与委托单位之间签订的委托代理合同，凡仅明确代理事项、权限和责任的，不属于应税凭证，不贴印花。

李会计：**小玮，请问总账是否也按件贴花5元？**

叶小玮：总账分类账簿（即总账）应按“实收资本”和“资本公积”两项合计的增加额，适用0.5‰的税率，计算缴纳印花税。没有增加额的，不纳税，切不可凡是看到是账簿的，一律按件贴花五元。

张会计：**我们出版社签订的合同是否贴花？**

叶小玮：出版合同不属于印花税列举征税的凭证，不贴印花。

张会计：**我们出版社是有经营收入的事业单位，单位使用的账簿应如何贴花？**

叶小玮：对有经营收入的事业单位，凡属由国家财政部门拨付事业经费，实行差额预算管理的单位，其记载经营业务的账簿，按其他账簿定额贴花，不记载经营业务的账簿不贴花；凡属经费来源实行自收自支的单位，其营业账簿，应对记载资金的账簿和其他账簿分别按规定贴花。

陈会计：**企业、个人出租门店、柜台等签订的合同，是否贴花？**

叶小玮：企业、个人出租门店、柜台等签订的合同，属于财产租赁合同，应按照规定贴花。

陈会计：**近日，我公司接到了税务机关下达的通知，要求公司就购售方面使用的电子邮件、电报、传真等形式的订单补缴印花税。请问，非纸质的订单是否要缴印花税？**

叶小玮：纳税人代替纸质合同使用的电子邮件、电报、传真等形式的订单，是当事人之间建立供需各方责任的常用业务凭证，属于合同性质的凭证。根据《财政部 国家税务总局关于印花税若干政策的通知》（财税［2006］162号）第一条规定，对纳税人以电子形式签订的各类应税凭证按规定征收印花税。因此，非纸质的订单也应按规定缴纳印花税。

47 车船税减免优惠

【优惠提要】

车船税是对车辆、船舶的所有人或者管理人进行征收，减免优惠的主要对象是规定范围内的特殊车船或节能环保车车辆。

大维讲税

环保节能车辆有哪些优惠政策？

【案例 7—8】 宏发集团进军旅游业，投资建立了一个旅游公司。2013 年，该旅游公司拥有插电式混合动力汽车 40 辆，其他混合动力汽车 3 辆，汽车核定载客人数均为 8 人；游船 30 艘，每艘净吨位 1.3 吨；5.2 马力的拖船 1 艘。公司所在地人民政府规定 8 人载客汽车年税额为 600 元/辆，机动船 4 元/吨。吴薇薇听说国家出台了环保节能车减免政策，想知道公司的哪些车辆能享受优惠？

叶大维： 国家倡导节能减排，陆续出台了相关的车船税减免优惠政策。根据《财政部 国家税务总局、工业和信息化部关于节约能源、使用新能源车船税政策的通知》（财税［2012］19 号）规定，自 2012 年 1 月 1 日起，对节约能源的车船，减半征收车船税；对使用新能源的车船，免征车船税。对于减免车船税的节约能源、使用新能源车船，由财政部、国家税务总局、工业和信息化部通过联合发布《节约能源使用新能源车辆（船舶）减免车船税的车型（船型）目录》实施管理。根据此政策，宏发集团旗下的该旅游公司的插电式混合动力汽车能享受免征车船税优惠，其他混合动力汽车可按同类车辆适用税额减半征收车船税。另外，拖船按照发动机功率每 2 马力折合净吨位 1 吨计算征收车船税，折合成净吨位 2.6 吨，船舶净吨位尾数超过 0.5 吨按 1 吨计算。

优惠政策

一、《车船税法》减免规定

1. 下列车船免征车船税：

（1）捕捞、养殖渔船；

（2）军队、武装警察部队专用的车船；

（3）警用车船；

（4）依照法律规定应当予以免税的外国驻华使领馆、国际组织驻华代表机构及其有关人员的车船。

2. 对节约能源、使用新能源的车船可以减征或者免征车船税；对受严重自然灾害影响纳税困难以及有其他特殊原因确需减税、免税的，可以减征或者免征车船税。具体办法由国务院规定，并报全国人民代表大会常务委员会备案。

3. 省、自治区、直辖市人民政府根据当地实际情况，可以对公共交通车船，农村居民拥有并主要在农村地区使用的摩托车、三轮汽车和低速载货汽车定期减征或者免征车船税。

二、《车船税法实施条例》减免规定

1. 临时入境的外国车船和香港特别行政区、澳门特别行政区、台湾地区的车船，不征收车船税。

2. 按照规定缴纳船舶吨税的机动船舶，自车船税法实施之日起 5 年内免征车船税。

3. 依法不需要在车船登记管理部门登记的机场、港口、铁路站场内部行驶或者作业的车船，自车船税法实施之日起5年内免征车船税。

三、其他文件减免规定

《关于节约能源、使用新能源车船税政策的通知节》（财税［2012］19号）规定：对节约能源的车船，减半征收车船税；对使用新能源的车船，免征车船税。

操作要点

◆ **要点一：申报办税地点**

在车船税的缴纳方式上，车辆属于企业或单位的，应到其所属的主管地税机关申报纳税；车辆属于私人的，纳税人可到其所属地税局或车船税代征点办理。

◆ **要点二：三类车船不需办理减免税手续**

不需办理减免税手续的减免税事项：捕捞、养殖渔船；军队、武装警察部队专用的车船；警用车船。以上这三类车船可根据车船登记证书所记载的内容判断其是否属于免税范围，不需到地税机关办理免税手续。

◆ **要点三：节约能源、适用新能源车船减免车船税的车型目录**

对于减免车船税的节约能源、使用新能源车船，由财政部、国家税务总局、工业和信息化部通过联合发布《节约能源使用新能源车辆（船舶）减免车船税的车型（船型）目录》实施管理。目前已公告了第一、第二批节约能源、适用新能源车船减免车船税的车型目录。

办税指引

纳税人应于享受减免税优惠前申请备案，具体备案期限由省、自治区、直辖市人民政府规定。一般来说，旧车船1月1日起至6月30日到主管地税机关办理减免税手续．当年新购置车船年内均可办理。办理减免备案（见表7－6），根据不同的车船税税收优惠项目，按税务机关要求提供的相关材料。

表7－6　车船税减免备案

减免事项	报送资料
节约能源、使用新能源的车船享受车船税减免优惠	1. 减免税备案表 2. 车船所有权证明文件原件及复印件 3. 纳税人身份证明复印件 4. 主管地税机关要求提供的其他资料
按照规定缴纳船舶吨税的机动船舶	1. 减免税备案表 2. 车船所有权证明文件原件及复印件 3. 纳税人身份证明复印件 4. 当年度缴纳船舶吨税的完税证明原件及复印件，当年度尚未缴纳船舶吨税的，提供上一年度缴纳船舶吨税完税证明原件及复印件 5. 主管地税机关要求提供的其他资料
依法不需要在车船登记管理部门登记的机场、港口、铁路站场内部行驶或者作业的车船	1. 减免税备案表 2. 车船所有权证明文件原件及复印件 3. 纳税人身份证明复印件 4. 车船明细列表 5. 备案登记表 6. 主管地税机关要求提供的其他资料
依照法律规定应当予以免税的外国驻华使领馆、国际组织驻华代表机构及其有关人员的车船	1. 减免税备案表 2. 机构及其有关人员身份证明文件复印件 3. 外国驻华使领馆出具的证明车船所有人是其有关人员的证明 4. 车船所有权证明文件原件及复印件 5. 主管地税机关要求提供的其他资料
农村居民拥有并主要在农村地区使用的摩托车、三轮汽车和低速载货汽车	1. 减免税备案表 2. 农村居民的身份证明原件及复印件，农村居民的身份证明指户口簿或其他能证明其农村居民身份的书面证明资料 3. 车船登记证书原件及复印件 4. 主管地税机关要求提供的其他资料
公共交通车船	1. 减免税备案表 2. 公交主管部门批准公交营运资格和营运路线的文件及复印件 3.《经营服务性收费许可证》或物价部门批准公交票价的文件及复印件 4. 证明其承担社会公益性服务或政府指令性任务的材料复印件 5. 主管地税机关要求提供的其他资料

小玮答疑

吴薇薇：**小玮，我公司新购置了10辆用于公共城市营运的客车，公司还未向车辆管理部门办理登记手续的情况下，是否可以先办理减免车船税手续？**

叶小玮：《关于车船税征管若干问题的通知》（国税发［2008］048号）第三条规定：对尚未在车辆管理部门办理登记、属于应减免税的新购置车辆，车辆所有人或管理人可提出减免税申请，并提供机构或个人身份证明文件和车辆权属证明文件以及地方税务机关要求的其他相关资料。经税务机关审验符合车船税减免条件的，税务机关可为纳税人出具该纳税年度的减免税证明，以方便纳税人购买机动车交通事故责任强制保险。新购置应予减免税的车辆所有人或管理人在购买机动车交通事故责任强制保险时已缴纳车船税的，在办理车辆登记手续后可向税务机关提出减免税申请，经税务机关审验符合减免税条件的，税务机关应退还纳税人多缴的税款。

吴薇薇：**如果我们公司的车辆所有权或管理权发生变更，车船税怎么征收？**

叶小玮：在一个纳税年度内，已经缴纳车船税的车船变更所有权或管理权的，地方税务机关对原车船所有人或管理人不予办理退税手续，对现车船所有人或管理人也不再征收当年度的税款；未缴纳车船税的车船变更所有权或管理权的，由现车船所有人或管理人缴纳该纳税年度的车船税。

吴薇薇：**我们有些车辆难以获得自重数值，如何核定计税依据？**

叶小玮：对于按照条例实施细则的规定，无法准确获得自重数值或自重数值明显不合理的载货汽车、三轮汽车、低速货车、专项作业车和轮式专用机械车，由主管税务机关根据车辆自身状况并参照同类车辆核定计税依据。对能够获得总质量和核定载质量的，可按照车辆的总质量和核定载质量的差额作为车辆的自重；无法获得核定载质量的专项作业车和轮式专用机械车，可按照车辆的总质量确定自重。

48 车辆购置税减免优惠

【优惠提要】

纳税人购买享受车辆购置税减免优惠的车辆，可以在规定的时间内向主管税务机关申请办理减免税。

大维讲税

免税车辆再交易怎样缴车购税？

【案例 7－9】 今年 7 月 1 日，宏发集团的员工老陈以八万元的价格购买了同事小李的二手车，当天就办理了车辆过户手续。该车为某款国产宝马型，小李于 2002 年 1 月购得，因小李是留学人员回国服务的，免缴车辆购置税。吴薇薇得知后提醒老陈，这项交易可能要申报缴纳车辆购置税。老陈不理解：这车不是免税车辆吗？怎么一过户就要缴纳车购税呢？

叶大维： 吴薇薇的提醒没错！小李为留学人员，符合免税条件。但老陈不是留学人员而购买他那辆车，免税条件消失，就得缴纳车购税。按《国家税务总局关于车辆购置税税收政策及征收管理有关问题的通知》（国税发[2004] 160 号）规定，对免税条件消失的车辆，应按规定征收车辆购置税。在计税时，对该车辆免税期间已使用年限予以扣除。具体规定为：对免税条件消失的车辆，自初次办理纳税申报之日起，使用年限未满 10 年的，计税价格为最新核发的同类型车辆最低计税价格按每满 1 年扣减 10％；超过 10 年的，计税价格为零。即：免税条件消失后车辆的计税价格＝最新核发的同类型车辆最低计税价格×（1－已享受免税年限×10％）。

优惠政策

一、《车辆购置税暂行条例》减免规定

1. 外国驻华使馆、领事馆和国际组织驻华机构及其外交人员自用的车辆，免税；

2. 中国人民解放军和中国人民武装警察部队列入军队武器装备订货计划的车辆，免税；

3. 设有固定装置的非运输车辆，免税；

4. 有国务院规定予以免税或者减税的其他情形的，按照规定免税或者减税。

二、《车辆购置税征收管理办法》减免规定

1. 在外留学人员（含香港、澳门地区）回国服务的，购买1辆国产小汽车免税。

2. 长期来华定居专家进口自用的1辆小汽车免税。

3. 防汛和森林消防部门购置的由指定厂家生产的指定型号的用于指挥、检查、调度、防汛（警）、联络的专用车辆免税。

4. 免税的“设有固定装置的非运输车辆”是指：

（1）列入国家税务总局印发的免税图册的车辆；

（2）未列入免税图册但经国家税务总局批准免税的车辆。

三、其他文件减免规定

1.《关于农用三轮车免征车辆购置税的通知》（财税［2004］66号）规定：自2004年10月1日起对农用三轮车免征车辆购置税。农用三轮车是指：柴油发动机功率不大于7.4千瓦，载重量不大于500千克，最高车速不大于40千米每小时的三个车轮的机动车。

2.《关于城市公交企业购置公共汽电车辆免征车辆购置税的通知》（财税

[2012] 51号）规定：对城市公交企业自2012年1月1日起至2015年12月31日止购置的公共汽电车辆，免征车辆购置税。

操作要点

◆ **要点一：申请减免时间**

纳税人购买自用车辆的，应当自购买之日起60日内申请免税；进口自用车辆的，应当自进口之日起60日内申请免税；自产、受赠、获奖或者以其他方式取得并自用应税车辆的，应当自取得之日起60日内申请免税。

◆ **要点二：免税条件消失的车辆的计税依据**

免税条件消失的车辆，自初次办理纳税申报之日起，使用年限未满10年的，计税依据为最新核发的同类型车辆最低计税价格按每满1年扣减10%，未满1年的计税依据为最新核发的同类型车辆最低计税价格；使用年限10年（含）以上的，计税依据为零。

◆ **要点三：已缴车购税的退税规定**

已缴车购税的车辆，发生下列情形之一的，准予纳税人申请退税：

1. 因质量原因，车辆被退回生产企业或者经销商的；

2. 应当办理车辆登记注册的车辆，公安机关车辆管理机构不予办理车辆登记注册的。

◆ **要点四：车辆退回的退税规定**

因质量原因，车辆被退回生产企业或者经销商的，纳税人申请退税时，主管税务机关依据自纳税人办理纳税申报之日起，按已缴税款每满1年扣减10%计算退税额；未满1年的，按已缴税款全额退税。

◆ **要点五：《免税图册》的规定**

《免税图册》中已列示车辆图片的车辆，如果车辆内外观（含车身颜色）发生变化，但车辆整体结构、用途与主要固定装置未发生改变的，由车辆生产（改装）企业出具相关证明，税务机关实地验车确认车辆用途与主要固定装置符合免税规定的，依据《免税图册》和生产（改装）企业证明办理车辆购置税免税手续。

办税指引

纳税人购置车辆符合免税、减税规定的，在办理纳税申报时，按规定提供办税的相关资料，填写车辆购置税免（减）税申请表，并应根据不同情况，分别提供下列资料（见表7—7），向主管税务机关申请办理减税、免税。

表7—7　车购税减免办理

减免事项	另需附报的主要资料
1. 外国驻华使馆、领事馆和国际组织驻华机构的车辆	提供机构证明原件和复印件
2. 外交人员自用车辆	提供外交部门出具的身份证明原件和复印件
3. 中国人民解放军和中国人民武装警察部队列入军队武装装备订货计划的车辆	提供订货计划的证明原件和复印件
4. 设有固定装置的非运输车辆	提供车辆内、外观彩色5寸照片
5. 留学人员、来华专家的车辆	（1）留学人员提供中华人民共和国驻留学生学习所在国的大使馆或领事馆（中央人民政府驻香港联络办公室教育科技部、中央人民政府驻澳门联络办公室宣传文化部）出具的留学证明；公安部门出具的境内居住证明、个人护照；海关核发的《回国人员购买国产小汽车准购单》 （2）来华专家提供国家外国专家局或授权单位核发的专家证；公安部门出具的境内居住证明
6. 城市公交企业在办理车辆	提供所在地县级以上（含县级）交通运输主管部门出具的城市公交企业和公共汽电车辆认定证明，主管税务机关依据证明文件为企业办理免税手续
7. 其他车辆可减免车辆	提供国务院或国务院税务主管部门的批准文件

小玮答疑

吴薇薇：**我们公司给牛总购买了一辆轿车，后来该车因为质量问题退回厂家，请问车辆购置税是否可以退回，退税金额如何计算？**

叶小玮：根据《车辆购置税征收管理办法》规定，因质量原因，车辆被退回生产企业或经销商的，已缴车购税的车辆，准予纳税人申请退税。申请退税时，自纳税人办理纳税申报之日起，按已缴税款每满1年扣减10%计算退税额；未满1年的，按已缴税款全额退税。

张会计：**我公司购买的多辆二手小汽车，需要再交一次车辆购置税吗？**

叶小玮：车辆购置税实行一次征收制度，购置已征车辆购置税的车辆，不再征收车辆购置税。但是，购买的二手小汽车如为已办理车辆购置税免税手续的二手车，则需要重新办理申报缴税或免税手续。

李同学：**我是美国留学生，想把一辆二手的美国车带回来，不知国家是否对这一方面有什么税务上的减免？**

叶小玮：根据《车辆购置税征收管理办法》第三十二条的规定，在外留学人员（含香港、澳门地区）回国服务的（以下简称留学人员），购买1辆国产小汽车免征车辆购置税。因此，您这种情况没有车辆购置税上的减免。

49 资源税减免优惠

【优惠提要】

资源税的优惠政策甚少，但纳税人开采或者生产应税产品过程中，因意外事故或自然灾害等原因遭受重大损失的可申请减税或免税。

大维讲税

自然灾害中遭受损失如何申请资源税减免？

【案例 7—10】 宏发集团与某矿产公司合资经营一处资源税应税产品的矿场，不久前，该矿场发生严重的泥石流灾害，公司遭受人员伤亡和重大经济损失。牛总听说能申请减免优惠，派刘总监带着吴薇薇去处理相关财务问题。吴薇薇没接触过这类业务，想知道该如何向当地税务部门申请减免资源税？

叶大维： 对于纳税人遭受自然灾害损失的，税收法规给予了纳税人延缓纳税、减免税、损失税前扣除等税收优惠政策。《资源税暂行条例》规定，纳税人开采或者生产应税产品过程中，因意外事故或者自然灾害等原因遭受重大损失的，由省、自治区、直辖市人民政府酌情决定减税或者免税。根据这个规定，宏发集团的矿场发生泥石流灾害，符合减免条件，吴薇薇可以去查阅矿场所在地方税务机关的规定，按照要求提出减免申请，在申请减免税书面报告包括企业基本情况、减免税年度的主要经济指标、减免税依据或理由、税款缴纳及滞欠情况、减免金额等内容，并提交相关的证明材料。

优惠政策

一、《资源税暂行条例》减免优惠规定

1. 纳税人开采或者生产应税产品，自用于连续生产应税产品的，不缴纳资源税；自用于其他方面的，视同销售，依照本条例缴纳资源税。

2. 有下列情形之一的，减征或者免征资源税：

（1）开采原油过程中用于加热、修井的原油，免税。

（2）纳税人开采或者生产应税产品过程中，因意外事故或者自然灾害等原因遭受重大损失的，由省、自治区、直辖市人民政府酌情决定减税或者免税。

3. 国务院规定的其他减税、免税项目。

二、其他文件减免优惠规定

1.《关于调整锡矿石等资源税适用税率标准的通知》（财税［2012］2 号）规定：铁矿石资源税由减按规定税率的 60％征收调整为减按规定税率的 80％征收。

2.《关于加快煤层气抽采有关税收政策问题的通知》（财税［2007］16 号）规定：对地面抽采煤层气暂不征收资源税。

3.《关于印发〈新疆原油、天然气资源税改革若干问题的规定〉的通知》（财税［2010］54 号）规定：在新疆开采原油、天然气缴纳资源税的纳税人，开采的原油、天然气，自用于连续生产原油、天然气的，不缴纳资源税；油田范围内运输稠油过程中用于加热的原油、天然气，免征资源税；稠油、高凝油和高含硫天然气资源税减征 40％；三次采油资源税减征 30％。

操作要点

◆ **要点一：核算要求**

资源税的减税、免税项目，应当单独核算销售额或者销售数量；未单独核算或者不能准确提供销售额或者销售数量的，不予减税或者免税。

◆ **要点二：纳税地点**

1. 凡是缴纳资源税的纳税人，都应当向应税产品的开采或者生产所在地主管税务机关缴纳税款。

2. 纳税人跨省开采资源税应税产品，其下属生产单位与核算单位不在同一省、自治区、直辖市的，对其开采的矿产品一律在开采地纳税。

3. 扣缴义务人代扣代缴的资源税，应当向收购地主管税务机关缴纳。

办税指引

纳税人的减税、免税，应当先向主管地税机关提出书面申请，详细说明要求减税、免税的理由，并同时按主管税务机关的要求报送的相关资料：

1. 减免税申请报告。

2. 资源税减免税申请表。

3. 遭受自然灾害企业：

（1）受灾或事故造成的直接损失清单（明细资料）、间接损失清单（包括增加的支出、停产造成的损失等）、图片资料；

（2）保险公司理赔的资料，包括保险公司同意赔款通知、赔款支付的单据等。

4. 税款入库凭证或缓缴审批文书。

5. 申请减免税款所属期限的财务报表，包括资产负债表、利润表。

小玮答疑

陈会计：**小玮，请介绍一下“资源税管理证明”？**

叶小玮：“资源税管理证明”是证明销售的矿产品已缴纳资源税或已向当地税务机关办理纳税申报的有效凭证。“资源税管理证明”分为甲、乙两种证明，由当地主管税务机关开具。凡销售方不能提供“资源税管理甲种证明”的或超出“资源税管理乙种证明”注明的销售数量部分，一律视同未税矿产品，由扣缴义务人依法代扣代缴资源税，并向纳税人开具代扣代缴税款凭证。开采应税矿产品的单位和个人，在销售其矿产品时，需申请开具“资源税管理证明”，提供给收购方（资源税扣缴义务人）。购货方（扣缴义务人）在收购矿产品时，应主动向销售方（纳税人）索要“资源税管理证明”，扣缴义务人据此作为销售矿产品已申报纳税免予代扣资源税的依据。

李会计：**如何理解资源税自用视同销售？**

叶小玮：《资源税暂行条例》第六条规定，纳税人开采或者生产应税产品，自用于连续生产应税产品的，不缴纳资源税；自用于其他方面的，视同销售，依照本条例缴纳资源税。例如企业采掘煤炭后，如果将煤炭用于职工福利发给职工用作燃料，应视同销售缴纳资源税；如果将煤炭用于生产焦煤，在此环节可以不缴纳资源税，待生产出焦煤后，按每吨 8～20 元缴纳资源税。

吴薇薇：**小玮，我们公司想投资饮料行业，请问生产矿泉水和纯净水是否应该缴资源税？**

叶小玮：《国家税务总局关于印发〈资源税几个应税产品范围问题的解答〉的通知》（国税函发［1997］628 号）规定，矿泉水等水气矿产属“其他非金属矿原矿——未列举名称的其他非金属矿原矿”，是资源税的应税项目，应该征收资源税。矿泉水是含有符合国家标准的矿物质元素的一种水气矿产，可供饮用或医用等。此外，水气矿产还包括地下水、二氧化碳气、硫化氢气、氦气、氡气等。

矿泉水和纯净水的区别在于，矿泉水是自地下深处开采的天然矿水；纯净水是以江、河、湖水或自来水等为水源，采用蒸馏法、电渗析法、离子交换法、反渗透法等水处理工艺，达到了纯净、卫生条件的水。如果纯净水是用购进的自来水经过加工生产出来的，不是直接采自地下矿水，不属于资源税课税范围。